北京传

Beijing
The Biography

邱华栋 著

北 京 出 版 集 团
北京十月文艺出版社

目录

序章：“第一高楼”的瞭望

北京第一高楼

2019年，在北京东三环中央商务区的核心区中，矗立起一座挺拔傲岸的建筑，从北京城的多个角度望过去，都能看见它，而它也在瞭望着你。

这就是中信集团的新大厦，在当前全世界最高的十座建筑中，位列第八。它高达五百二十八米，地上有一百零八层，地下八层。2019年大厦全面竣工，中信集团验收后入驻此楼，中信银行、阿里巴巴集团也入驻大厦。中信大厦由此成为北京最高的人工建筑和新地标。

中信大厦的造型十分独特醒目。它就像一只尊。尊，也写作樽，它的起源，最开始是用作盛酒的青铜器皿。从商代到西周时期，尊就渐渐演化为祭祀的礼器。目前我们在博物馆里见到的青铜尊，有圆尊，也有方尊，其中有一座方尊很有名，叫四羊方尊。那么，在建筑设计师的巧手妙用之下，中国古老的青铜尊的意象，被化用为这座摩天大楼的建筑外形，最终建成在北京中央商务区内。

尊在文学作品中也常出现。我记得李白的诗篇《行路难》（其一）的开首，就有这样的句子：“金樽清酒斗十千，玉盘珍羞直万钱”。气势豪迈之外，在于李白举起金樽把酒喝，却“拔剑四顾心茫然”。

苏轼则在他的《念奴娇·赤壁怀古》当中，写下了这样的句子：“人生如梦，一樽还酹江月。”在唐诗宋词中，我们常常看到“樽”的字眼。樽后来简化为尊。尊的出现，让我们看到了一个喝酒做事豪情万丈的时代。你想想吧，举起铜樽金樽豪饮的那种激情，往往都来自尊这种酒器的引发。

这座大厦的落成，标志着北京的建筑高度跃上了一个新台阶。此前，北京最高的大厦是中国国际贸易中心三期大厦，高三百三十米。中信大厦五百二十八米的高度，使北京的建筑拔高提升了一百九十八米。北京一向对建筑的高度非常敏感，在东西

中信大厦

长安街二环内沿线的建筑规划当中，长期限高四十五米。而现代经济社会发展的一个象征，就是摩天大楼的高度竞赛，"欲与天公试比高"，此前中信大厦最初的设计是五百五十五点五五米，后来因北京规划委的反对，最后降到了五百二十八米。中信大厦的落成，不仅使得中央商务区（简称CBD）核心区的轮廓初显，也改变了北京东部的城市天际线。

我们现在看到的是中信大厦的落成，但它的建筑谋划是起始于2010年在北京小汤山九华山庄的一次竞标会。在那次竞标当中，一共有十二块北京中央商务区的土地被拿出来挂牌竞标，其中就有标号为Z15的地块。这块地在规划中，显示为中央商务区核心区的“北京第一高楼”。

经过了一番激烈角逐，中信集团、万达集团和海航集团三家进入最后一轮竞标。最后，中信集团以六十三亿元的报价，拔得头筹，拿到了这块将要兴建“北京第一高楼”的地块。

地拿到手里了，后面的事情还多着呢。从2010年12月中信集团收到了这块土地的中标书，一直到2019年中信大厦的建成使用，其间经历了九年、三千多天的建设周期，同时也经历了资金投入、建筑设计、施工建造、消防安全、内部装修、验收入住等多个环节的考验，一环套一环，哪一环都是紧要的。在建设早期，北京市政府为了这幢大厦早日完工，还特别召开市长办公会，专门优化精简了关于大厦的审批流程，使得时间进度整体缩减了一年半，为这幢大厦的早日建成争取了时间。

担纲这幢建筑设计工作的，是北京建筑设计研究院。这家机构的有限公司执行总建筑师邵伟平领衔设计。他还是北京中央商务区核心区规划与城市设计项目的责任建筑设计师，参与了CBD建设的总体规划设计。我从20世纪90年代就很关注北京中央商务区的建设，这个中央商务区CBD的规划面积是三点九九平方公里，从2003年到2009年，中央商务区的核心区概念更加清晰，并进行了两次详细规划的调整完善，最终使得核心区的建筑高度限制，提高到了五百米左右。

2010年到2012年，北京中央商务区核心区规划中的17块土地经过挂牌竞标，大都被中国的银行、保险业的大公司拍得，如中国人寿、中国投资集团、中信集团、中金公司、中国中期集团等等，显示了中央商务区将成为中国乃至世界商务、金融服务业的总部基地。

后来，有关中央商务区建设的规划有了新变化。2017年9月，在北京市政府发布的《北京城市总体规划（2016年—2035年）》中，将长安街东西延长线的建筑高度做了新规定。根据这一总体规划，未来东三环北京中央商务区核心区的建筑高度，被限定在一百米到一百八十米。那么目前在中央商务区尚未建设而已经设计完成、设计高度超过了这一标准的，都将按照新规定重新设计。

走近“第一高楼”

我们再来看看“第一高楼”。由于有“尊”的造型，它具有了别具一格的中国文化意蕴。可以说是神来之笔，把“尊”这一古代酒器和礼器的外形意象取过来，然后进行优化，使得“尊”的文化符号在现代建筑中得到了变形和应用，发展和生长。

我不仅喜欢远观“第一高楼”，我还走近“第一高楼”，体会它给我带来的各个方面的感受。如今的“第一高楼”，就像是高高矗立的一尊擎天柱，天圆地方的理念也隐含在建筑中，弯曲和收腰的弧线使得这幢大厦既能抵挡强风的冲击，也能在抗震强度上获得极佳的安全感。双曲线的收腰造型，拉长的体量，使得这幢建筑流畅而稳定，外部线条柔和中带着硬朗，在审美上带给我们视线和观感的愉悦，同时还带来了北京这座城市昂扬向上、努力发展的气度和力量感。

中信大厦的外观是蓝灰色玻璃幕墙，显得低调含蓄。一幢大楼的玻璃幕墙的选择十分重要，不仅有外观的审美要求，还有环保、安全和使用上的方便。中信大厦的玻璃幕墙使用了一种加涂层的白玻璃，设计团队将不同颜色的幕墙玻璃反复对比，在不同的天气、天色中进行测试，使得现在大厦外墙的幕墙玻璃与北京市的市色——一种高级灰色完美相合，灰色中透着银色的明亮，远远地看去，挺拔中别有一种内敛的从容感。

中信大厦的外形有弧度，在蜘蛛人能否顺利擦窗户这样的细节上，设计者都考虑得比较充分。这要结合不同高度、方位的大厦弧度、风力和重量的对比，擦窗机的升降情况，反复对比，最终形成了现在的方案。就像是方尊也有坚实的底座，中信大厦的底部有一个裙边设计，这样不仅使靠近大厦的人有一种底座坚固牢靠的视觉感，也使远观大厦时，具有线条流畅的美感。

走进中信大厦，内部空间宽敞明亮，层高设计比一般写字楼的都要高，空间格局大气、实用、宽敞、明亮。中信大厦的电梯系统非常先进，在施工过程中就采用了与提升高度同步的跃层电梯，跟随大楼的升高而不断提升。高速电梯的运行，保证了这样的超高层建筑内部人流可以迅速抵达和撤离。

“第一高楼”近景

从消防的角度讲，中信大厦内部每十二层就有一个避难层，这样你跑上六层和跑下六层，都能抵达避难层。在大厦的一百零三层，还设有一个六百九十立方米的大水箱，这个水箱在大厦发生火灾情况时，不用依赖大厦的消防电力系统，凭借重力就可以提供消防用水三个小时。

如果你的车子行走在东三环国贸桥之上，在北京中央商务区摩天大楼林立的视野中，能够看到大厦确立了地标和中心的地位。它与东三环西侧中国国际贸易中心建筑群、库浩斯设计的中央电视台大厦、老牌的京广中心、北京电视台新大厦、银泰中心建筑群、建外SOHO等，共同形成了北京商务中心区的轮廓线，十多座两百米以上的摩天高楼组合在一起，高低错落，成为了北京最具现代性的商务、金融、传媒、外贸和总部基地中心，也演奏出一曲旋律优美的城市乐章。有人说，建筑是凝固的音乐，那么大厦的美与力结合的身姿，就是这个乐章中最华美的部分。

不断拔高的摩天大厦

摩天大厦的历史并不长，但人类追求建筑高度的梦想，却一直没有停歇。我们只要想起埃及金字塔的雄伟和山峦之上中国长城的壮观，法国巴黎埃菲尔铁塔的挺拔，以及巴比伦王国巴别塔的传说，就知道这个梦想有多么的久远。

1909年，在纽约竣工的大都会人寿保险大厦的高度达到了二百一十三米，这是人类建筑的摩天大厦第一次突破了二百米。此后，摩天大楼的高度纪录就不断被刷新。尽管一直存在着争议，人类建设超高层建筑的举动却一直没有停步，梦想也没有终止。

摩天大厦可以说是经济发展与科技进步的结晶。进入21世纪，在这前二十年时间里，在欧美耸立起来的摩天大楼数量并不多，如俄罗斯联邦大厦四百二十米，圣彼得堡在建的拉赫塔中心大厦高达四百六十二米。这种象征经济奇迹与发展速度的建筑，在亚洲的土地上却在加速崛起。亚洲，正是全球经济发展最快的地区，摩天大楼的高度不断被刷新，显示了这一大洲的经济活力和雄心勃勃。

亚洲的摩天大厦建设热潮的起点，是在马来西亚的吉隆坡。1998年，马来西亚吉隆坡双子座大厦（国家石油公司大厦）建成，以八十八层、四百五十二米的高度，超过了美国芝加哥的四百四十三米高的西尔斯大厦，成为全球最高楼，并将修建摩天大楼的新热潮带到了亚洲。

新加坡曾经的最高建筑是三栋同样的建筑，海外联合银行中心、大华银行、共和广场，都是二百八十点一米高。现在它们的高度被二百九十米高的丹戎巴葛中心大厦所超越。

日本现今最高的摩天大厦，是2014年建成的阿倍野大厦，它的高度是三百米。此前，日本摩天大厦的高度纪录一直是由七十层的横滨里程碑大厦保持的，它有二百九十六米高。日本有建设摩天大厦的设计能力和建造能力，他们的建筑设计师早就设计出超过八百米高的建筑方案了，但因为日本是岛国，地震多发，所以并不适合盖摩天大楼，他们就很少盖摩天大楼。现在的摩天大厦就停止在三百米的高度，这是日本人预防地震的务实举措。

印度的世界一号大厦是世界上最高的住宅楼，共一百一十七层、四百四十二米高，位于孟买市，2017年封顶。印度的多座二百米高的大厦都是住宅楼，都位于孟买市。

韩国的最高大厦是2017年建成的首尔乐天世界大厦，高达五百五十四米。

中国香港是亚洲摩天大楼最多、最密的城市。香港环球贸易中心大厦高度为四百八十四米，香港中环广场大厦共七十八层、高三百七十四米。

在中国内地已建成的摩天大楼有：上海金茂大厦，高四百二十米；上海环球金融中心大厦，高四百九十二米；广州的中信广场，高三百二十二米；广州国际金融中心，高四百三十七米；深圳地王大厦，高三百二十五米；深圳京基金融中心，高四百四十一点八米；南京紫峰大厦，高四百五十米；重庆嘉陵帆影大厦，高四百五十六米。

近年来，摩天大楼的高度不断被刷新。目前，中国内地最高大厦是六百三十二米高、一百二十八层的上海中心大厦，建成于2015年。高五百九十九米的深圳平安金融中心，五百三十米的广州周大福金融中心大厦，五百零八米的中国台北101大厦等，都是现今世界十座最高建筑之一。这还不算广州"小蛮腰"，又叫广州新电视塔，它的综合高度六百米，塔身主体四百五十米，天线高度一百五十米。观光台设在四百五十四米处的高度，成为一览广州美景的绝佳观景点。

有趣的是，上海金茂大厦四百二十米，上海环球金融中心四百九十二米，上海中心大厦六百三十二米，这三幢大厦形成了浦东中央商务区壮观的天际线，三座高楼造型奇特，被人戏称分别像是注射器、开瓶器和打蛋器，俗称"厨房三件套"，这和北京的央视新大楼俗称"大裤衩"，国家体育场俗称"鸟巢"是一个道理，老百姓还是喜欢第一视觉印象的感受，起个别名，聊备一格。

到2019年年底，世界上最高的人工建筑是阿联酋迪拜的哈利法塔，高达八百二十八米，一百六十三层，2010年竣工。它那直冲云霄的塔身和尖顶，着实令人惊叹不已。而迪拜高楼林立，成为世界瞩目的旅游城市。

2019年，全球超过三百米高的摩天大楼已经超过了一百四十座。其中，有不少是在中国的城市中矗立起来的。此外，还有一些在建的、超过六百米高的建筑不在本文涉猎之内，因为还没有落成。而在世界其他地方，由于受到经济衰退的影响，有的摩天大厦的计划就搁浅了。比如在沙特阿拉伯，2008年沙特王子就宣布要建设超过一千米高度的王国塔，但截至2019年，这一计划并未实现。

不过，追逐高度、建设巨型建筑还会继续，高度是人类拔高的梦想，体量是人类建筑的可能性。人类想飞行，发明了飞机，想潜入大海，发明了潜艇，想上太空，发明了宇宙飞船，这些都实现了。人类要盖高大建筑的梦想，也一直在拓展。无一例外的是，凡是有摩天大楼的地方，也是世界的经济中心和热点地区。由此可见，摩天大楼的高度纪录，将不断被刷新。

“第一高楼”的瞭望

那么，“第一高楼”的落成对于北京的意义在哪里呢？

首先，使作为首都的北京，在2019年新中国成立七十周年之际，有了一个新的高度标杆。其次，表明了北京东三环中央商务区的核心区建设，有了标志性建筑，多中心化到达了一个新阶段。

在中信大厦的四周，我们看到超过二百米高的摩天大楼有十多栋，共同构成了北京中央商务区建筑的轮廓线。北京中央商务区的这些摩天大楼的矗立，标志着北京作为国际化大都市、作为中国的政治中心、文化中心、国际交往中心的地位在进一步凸显，标志着北京拥有着活跃的经济和强大的物质基础，以及雄心勃勃的建设计划和奋斗精神。

中央商务区呈现的现代建筑群的天际线轮廓，是北京作为世界都市呈现的建筑景观，是奉行改革开放道路的视觉效果的绝佳体现。想要看到北京城市现代化的程度，在中央商务区里走一走，在中信大厦下往上看，那种全球化带来的中国发展的活力和对未来的期许，就会油然而生。

中信大厦也曾建有观光层，位于五百二十四米处的餐厅，可以一览四周的城市景观。但因安全考虑，最高的三层西侧不再开放。站在中信大厦的顶端观光层瞭望北京，会有一个什么视野呢？我们可以试想一下。

从中信大厦顶层，也就是五百米左右的高度向西看去，就能看到从东三环到东二环，再到故宫建筑群的高度在缓慢地减低。天气好的话，可以看到西山那逶迤而去的黛色身影。继续向西瞭望，从西二环到西三环、西四环，建筑高度又逐渐增高起来了，你能看到，北京的东西方向的建筑轮廓线是“凹”字形的。

从中信大厦向东看去，十公里之外，通州大运河的身影一衣带水，在太阳之下熠熠闪光，那里是正在兴建的北京城市副中心，北京市委、市政府、人大、政协四套班子已经搬到了那里。可以看到城市副中心建设所带动的京通快速路两侧高楼林立，发展迅速，而沿着飞向首都机场的航线，在东五环外侧的上空，一架架飞机正在缓缓向北京首都机场降落，银色机翼的闪光是瞬间生成的，也是飞机降落之前的影子。

北京城市副中心这一笔浓墨重彩，是北京城市空间发展的新变化，我在本书的结尾会着重谈到。

从大厦向南看去，可以一直看到亦庄经济技术开发区。北京的南城历来是经济发展的价值洼地，而大厦南面的劲松、潘家园、南三环、南四环的东侧，如今都在不断长高，楼群林立，配合着城市组团建设模式的不断延伸，亦庄的总部经济、新技术产业等，在未来也有很大的空间。

从大厦向北看去，首先看到的是央视新大厦由“大裤衩”变成了“小裤衩”，人民日报国际传媒大厦变成了一根小春笋，体量顿时都变小了。

你的目光穿越团结湖上空的鸟群，到达静安庄一带，继续延伸，能够看到望京地区在四环和五环之间完全填满了的组团式建筑群，那里人丁兴旺，气势安详。望京地区本来是北京的一个城市副中心区域，后来这一规划并未实现。但望京地区建成了一个庞大的都市居住区。继续向西北方向望去，云气蒸腾之处，是北四环外中轴线北端的奥运村和奥林匹克公园的葱葱郁郁。

大厦所处的东三环东侧这个位置，在CBD的核心区屹立着这么一座五百二十八米高的标志性建筑，非常令人瞩目。中央商务区也是北京建设现代金融服务业、世界五百强企业总部服务基地、国际经济交流的核心承载区。

这就是北京中央商务区的功能定位，是北京空间格局多中心的位移，也是北京作为世界都市的象征。

“第一高楼”上的瞭望，瞭望到的是北京四面八方的城市天际线。城市如海，在北京湾的大地上，这座城市像地衣一样扩展。一座城市当然是有生命的，它的不断生长的力量，就来自地上不断崛起的建筑，地下不断延伸的地铁，和这座城市里穿梭不停忙碌的人。

第一章：蓟城与燕都

都城的诞生

一座城就像是一个人，也是慢慢生长起来的，城市是一个生命体。那么，书写北京城的传记，也要从她的诞生写起吧？可北京城从什么时候诞生的呢？在这一点上我们要依赖两本书：一本书就是历史文献的记载；另外一本书，就是考古学家们发现的出土文物证据。

我肯定不会从周口店的北京猿人开始写起。那个时候的北京人，虽然叫北京人，可还是猿人。

北京城的诞生，与生活在这里的人繁衍到一定程度、文化发展到一定程度之后，根据地理、气候等生存条件，聚合起来，建立城邑有关。一座城市的诞生，绝对不是偶然的，是人们对如何更方便生活选择的结果。

北京，从地理位置上讲，位于华北平原西北部，北部是燕山山脉作为屏障，西部是太行山由南向北环抱，面向东南，则是一片平原开阔地带。永定河的河水一泻而下，带来了丰富的土壤，并给这一区域带来了适宜生物生存的水源，这样就形成了一个面向冲积平原的北京湾。北京湾地处华北平原、辽河平原的交界之地，同时又受到了蒙古高原的俯瞰式的影响，因此，从文化上讲，是农耕文化、游牧文化和海洋文化三者的交汇点，也是采取上述三种生活方式的人类能够聚合的地点，非常适合建立一座

永定河风光

城市。

在华北大平原之上，从古至今，多条河流纵横流淌，带来了丰富的水源和土壤。滦河、海河、黄河、淮河共同作用，给华北大平原带来了生机。有水就有生命，而源自山西和内蒙古的永定河，就成为了北京的母亲河。她一路走来，经过了河北、北京和天津，与潮白河、温榆河一起，冲刷出一个土地肥沃的北京湾中的扇面平原，这就为人们在这片土地上营造城邑，奠定了很好的基础，为北京的诞生，创造了有利条件。

营造城邑的必要条件有了，那么，建造城邑，人的心理和文化上的要求是什么呢？在《吕氏春秋·君守》中，有这样一句表述：

> 古之王者，择天下之中而立国。

这句话是什么意思呢？就是说，古代的帝王、皇帝、国王，都选择他心目中天下的最中心地点，来建立国家的国都。这样的位置，到达国家边界比较适中，有水源，有物产，便于统治。

那么，在北京湾这一片区域中，从南部中原、东部辽东、西北部的蒙古高原方向来往的古代大道的交会处，人来人往，慢慢定居下来，在那永定河畔的开阔高地上，在太行山麓的山脚下营建一座城邑，就有了可能。

城市，就是人们建立在大地上的居所的汇合。城市，得靠近水源地，取水方便。城市得有城墙，有房屋，有交易的市场，字面意思非常简单明了。在中国古代的周朝，对国都的营建就有一些规定。比如，在《周礼·考工记·匠人》中，对如何营建城邑，有着十分具体的规定，提出的原则是：

> 匠人营国，方九里，旁三门。国中九经、九纬，经涂九轨。左祖，右社；面朝，后市。市、朝一夫。

这段记载，很清晰地表明了周代对都城营造的规制。就是一国之都城，要建成四方形的城市，有城墙，四边城墙每边长九里，每边城墙上各开三座城门，这样是十二座城门。由九条经纬大道贯穿全城，城门对着城门，马路对着马路。这座城面向南，左边是祖庙，右边是社稷坛。

“面朝”，是指后宫宫殿要面对三朝殿，也就是外朝、治朝、燕朝。外朝是皇帝举行朝会、颁布法令、进行大典的地方。治朝，在外朝之北，是皇帝和大臣商量国家大事的地方。燕朝，是内朝，是皇帝履行册命、接见群臣、举行喜庆典礼的地方。

明、清两代的宫城里，核心的三大殿的营建规制，与之十分相符。故宫三大殿，明代叫皇极、中极、建极殿，清代改了名字，叫太和、中和、保和殿。这样的规制，与《周礼》记载的规定是相符合的。

“夫”，指的是面积单位，“一夫”就是一百步的平方。如果一步是六尺，一百步为六十丈，那么方百步，就是三千六百平方丈。

一般认为，《周礼·考工记》虽然号称是周代人所作，其实是西汉晚期的人整理的，假托“周礼”，却带有西汉时期鲜明的儒家思想。比如，在《周礼·考工记》中记载了营建城邑的礼制规范，对王、诸侯、宗室、大夫建造城邑的营建规制规定了三个等级标准。最高的标准，当然是王城；其次，是诸侯封国的诸侯城邑；再次就是宗室和大夫的采邑之城，叫作都。

我们能看到，王城的营建规制是四方城，分为外城和内城，外城是老百姓居住，内城也就是宫城有君王处理国事的宫殿和寝殿，由君王居住和办公。同时，这一四方城的边长都是九里，这样四九三十六里的周长，是王城的基本规制。由此看来，王城就是一个国家的政治中心，是君王发出命令的统治中心，君王必须位居城中央，君权神授，受命于天，体现着天人合一的理念，带有着与上天沟通并且达成和谐的“奉天承运”的基本理念。

北京城溯源

北京城的起始源头，是从什么时候开始的呢？又是如何发展和不断扩展的呢？经历了哪些历史阶段？空间格局上发生了哪些变化？

一些历史地理学家进行反复研究，结合出土文物和历史记载，从各种历史信息和自然信息中推导出来，北京建城史历经了蓟城、燕上都、秦汉广阳郡、唐幽州城、辽南京城、金中都、元大都、明北平府和北京、清京师、民国北平特别市、新中国首都北京等各个历史阶段。

根据相关文献记载，大部分学者把北京城的起点定在了西周初年。有多种历史文献记载，前后相隔十年左右，周武王分封了蓟国，他去世后，过了几年，周成王又分封了燕国。蓟国的首都叫作蓟城，建立的年代为周武王十一年，也就是公元前1046年。

从那个时候起，北京城的历史就开始了。在司马迁的《史记·周本纪》中，这么记载：

> 武王追思先圣王，乃褒封神农之后于焦，黄帝之后于祝，帝尧之后于蓟，帝舜之后于陈，大禹之后于杞。于是封功臣谋士，而师尚父为首封。封尚父于营丘，曰齐，封弟周公旦于曲阜，曰鲁，封召公于燕……

这一段的信息量很大。周武王分封了先王后裔，也分封了一些功臣谋士。这一次的分封，帝尧的后代被分封在了蓟，也就是现在北京广安门一带，建立蓟国国都城。分封了姜尚到现今的山东营丘——营丘还是我的邱姓的起源地。因分封了姜尚后人在营丘，结果他的后人就姓丘，再后来为了避讳孔丘孔圣人，加了一个耳朵旁，就改为邱了。

周武王的这次分封，还封了召公在燕地建立封国。那么根据《史记》里的这一段记载，在北京湾这片地方，在西周时期有两个方国，一个叫作蓟国，一个叫作燕国。

实际上，无论蓟国还是燕国，都应该是很早就在这一地区统治与管理着一片国土的小方国。周武王分封的时候，不过是强调了周朝一统天下的理念，将这里本来就有的地方政权分封为周朝的诸侯国蓟国和燕国。褒封，指的是原先就有的、周武王再次分封的意思，说明北京地区的蓟国和燕国是在商朝就有的小方国，历史更加久远。北京湾的大地之上，在永定河两岸相距几十公里处，两个小诸侯国蓟国和燕国就同时存在着。

那么，蓟国和燕国后来的关系如何呢？司马迁在《史记·周本纪》中也有记载：

蓟燕二国俱武王立，因燕山、蓟丘为名，其地足自立国，蓟微燕盛，乃并蓟居之，蓟名遂绝焉。

司马迁的这一段的意思也很明确。蓟国、燕国都是武王时代分封的（也有人研究表明，燕国是周成王分封的）。燕国的国名来自燕山这个地名，蓟国的国名来自蓟丘这个地名。后来，蓟国实力弱小，被燕国吞灭，燕国占领了蓟国的都城“居之”，蓟国就灭亡了，燕国就把蓟城当作了都城，继续发展。

为什么叫作蓟城呢？古代的城邑得名，一般是根据地名或者物产特征来取名。蓟城是建立在蓟丘边，蓟丘就是长满了“蓟”的、地势较高的高丘。

蓟是一种菊科的植物，分大蓟和小蓟，大蓟长得非常高大，能够长到一人多高，所以很让先民注意，就把这个地方叫作蓟丘了。所以蓟城的来历就是这样的。现在我们在北京城郊的山林野地里还能找到小蓟，这种植物很温顺，叶子带小刺。而大蓟则逐渐退到了山林深处，不好寻找了。这就是人进植物退却的历史变化。

也有历史学家认为，是山戎把蓟国先灭了，燕国联合齐国，又把山戎赶走了，在蓟城建立了新燕都。

如此来看，蓟城比燕都建立的时间稍早一些，是北京城的真正起始点。我们要记住周武王十一年，这是周武王分封蓟国的年份。据夏商周断代工程推算，这一年是公元前1046年。那么从公元前1046年到现在的公元2020年，时间已经过去了3065年了（没有公元0年这一纪年）。

这就是“北京建城三千年”的由来。

历史地理学家侯仁之先生，还有一些考古学家综合研究后认为，蓟国的位置以北京广安门一带为中心，燕国的位置以现今永定河以南的拒马河一带为中心，蓟城在广安门内外，燕国在永定河畔建立了燕都。考古学家发掘了一处西周时期遗址，这个遗址位于现今北京房山区琉璃河董家林村，出土了大量文物，证实了遗址是西周燕国都城所在地，因此后来开辟了一个博物馆，叫作“西周燕都遗址博物馆”。

有关蓟国的历史文献记载很少。在上述司马迁的《史记》中记载，当燕国强大起来之后，就把蓟国灭了，燕国从南向北而来，把首都迁移到了蓟城，就是现在的北京广安门一带。此时的燕都城还叫作蓟城，但已经是燕国的上都了。

班固在《汉书·地理志第八下》中，对蓟城风俗做了描绘：

蓟，南通齐、越，勃、碣之间一都会也。初，太子丹宾养勇士，不爱后宫美女，民化以为俗，至今犹然。宾客相过，以妇侍宿，嫁取之夕，男女无别，反以为荣。后稍颇止，然终未改。其俗愚悍少虑，轻薄无威，亦有所长，敢於急人，燕丹遗风也。

这一段话，把燕国蓟城人的性格奔放和落拓不羁的样子描绘得很传神。

蓟城作为燕国的上都存在了很多年，此后，经过了秦、两汉、三国、两晋、南北朝，一直到隋代，蓟城的城址都没有什么变化，即现今广安门内外、南北的区域。

在漫长历史长河之中，蓟城也遭到了多次破坏。公元前226年，秦军攻克蓟城，蓟城遭到了一次破坏性的焚毁，燕王喜这时逃到了现今辽阳、当时叫作襄平的地方躲了起来。公元前215年，秦始皇听了方士的话，担心各地有王气出现，就破坏旧有诸侯国国都的城墙，也拆除了蓟都的部分城墙。

后来，在西晋、后秦时代，蓟城都遭到过战火的焚毁和破坏。因此，根据考古发掘，蓟城并未有任何地上建筑留存至今。

历史地理学家、考古学家确定蓟城的位置，经过了一番争论。在现今广安门外以南七百米处，考古学家曾发掘出了战国及更早期夯土墙的遗址，但并无西周时期都城的考古发现。

不过，北大环境考古学家岳升阳教授对北京古河道的考古勘察发现，永定河河水从西冲荡过来，由于八宝山的阻挡，分成了两条河道，一条在北侧，一条在南侧，刚好将现今从公主坟、白云观、广安门，一直到亦庄的连续长条形高地包在中间。他推想，蓟城是一座长方形的城池，建立在白云观到广安门一带的高丘上，两条河道一南一北，蜿蜒而过。

岳升阳先生的这种猜想，因为有对古河道的考古发现作支撑，很有说服力。他认为，蓟城至少在西汉还是长方形的城市，被两条河道包围着。到东汉时期，这片连续高地被河水侵蚀后部分坍塌，致使蓟城缩小了很多。

在现今右安门东边、开阳桥北侧的河道考古中，出土了几条唐代的木船，证实了至少在唐代，滔滔河面上还能行驶装载量较大的船只，直达幽州城城墙之下。

现今广安门内外的区域，也是辽代和金代的宫城遗址所在。考古学家们继续深挖，在辽、金时期宫城夯土基地土壤的下面，又挖掘出了更早年代的文化层土壤，出土了不少战国时期的陶片、瓦砾、陶豆、瓦当等的残片，根据测定，这一带的土壤扰动非常复杂，说明在辽代和金代的宫城遗址之下，还有一个都城的所在，那可能就是蓟城的旧址了。

不过，这只是一个推测，历史文献和考古发掘证据都不足以证实这一点。但侯仁之先生根据郦道元的《水经注》的记载，判定这里就是蓟城的位置。

1995年10月，侯仁之先生为“蓟城纪念柱”题写了一篇非常重要的《北京建城记》，这个纪念柱是前碑记后纪念石柱，矗立在广安门立交桥北侧的滨河人行公园里。这篇碑文如下：

北京建城之始，其名曰蓟。《礼记·乐记》载，孔子

蓟城纪念柱

授徒曰："武王克殷反商，未及下车而封黄帝之后于蓟。"《史记·燕召公世家》称："周武王之灭纣，封召公于北燕。"燕在蓟之西约百里。春秋时期，燕并蓟，移治蓟城。蓟城核心部位在今宣武区，地近华北平原北端，系中原与塞上来往交通之枢纽。

蓟之得名源自蓟丘。北魏郦道元《水经注》有记曰："今城内西北隅有蓟丘，因丘以名邑，犹鲁之曲阜、齐之营丘矣。"证以同书所记蓟城之河湖水系，其中心位置在今宣武区广安门内外。

蓟城四界，初见于《太平寰宇记》所引《郡国记》。其书不晚于唐代，所记蓟城"南北九里，东西七里"，呈长方形。有可资考证者，即其西南两墙外，为今莲花河故道所经；其东西墙内有唐代悯忠寺，即今法源寺。

历唐至辽，初设五京，以蓟城为南京，实系陪都。今之天宁寺塔，即当时城中巨构。金朝继起，扩建其东西南三面，改称中都，是为北京正式建都之始。惜其宫阙园囿湮废已久，残留至今者惟鱼藻池一处，即今宣武区之青年湖。

金元易代之际，于中都京北郊外更建大都。明初缩减大都北部，改称北平；其后展筑南墙，史称北京；及至中叶，加筑外城，乃将古代蓟城东部纳入城中。

历明及清，相沿至今，遂为人民首都之建设规划奠定基础。

综上所述，今日北京城起源于蓟，蓟城之中心在宣武区。其地承前启后，源远流长。立石为记，永志不忘。

侯仁之先生的这篇碑记，将北京城发源于蓟，一直延续下来的历史变化，在各个历史时期的历史地位，以及作为全国性都城的历史要从金中都建立算起等重要观点，梳理得非常清楚。

燕国的故事

从中原地区和关中地区来的人，在古代向华北和东北方向走，就是要沿着太行山脉的东侧山麓下的道路，一路向东北方向走，就能走到古燕国的所在地。这条古道上河汉纵横，一个通向更北和东北方向的渡口，就是卢沟桥所在地。卢沟桥曾是永定河的一个渡口，从这里过河，然后进入北京的冲积平原，蓟城作为最早的城邑，就耸立在距离渡口几十里外的高地上。

永定河是从蒙古高原上穿山越岭流下来的，因此，华北、中原地区的人要想前往蒙古草原一带，必然要经过蓟城，从这里向北，从昌平的居庸关向西北方向，进入蒙古高原的边缘地带。人们沿着几条贯通南北东西的古代大道而来，在蓟城燕都停留下来，交通四方八达的信息和货物，这又是一番什么样的情景呢？

燕国虽然吞并了蓟国，把蓟城变作燕都，但燕国当时还比较弱小。从周武王封燕（或周成王封燕）算起，到公元前222年，秦始皇灭了燕国，燕国的历史有八百多年。这么长时间里，在北京湾这片美丽的土地上，燕国演绎出了多少动人心魄的故事呢？

我想，也许燕国人喜欢击筑鼓琴，因为高山大水养育了他们。北方的游牧文明和南方的农耕文明都影响到了这里，燕国的位置三面环山，蓟城就像一个安全的婴儿那样被抱在怀里，生活在燕国的人，性格都很奔放豪爽，喜欢慷慨悲歌，就像他们自身的命运一样。

关于燕国的历史，明代郭造卿的《燕史》做了较多爬梳与记述，在《史记》中也有只鳞片爪，关于早期燕国情况的记载并不多见。

燕国成为战国七雄之一，与齐、楚、韩、赵、魏、秦国并列，当过霸主，肯定有很多有意思的事。《史记·燕召公世家第四》中，记录了一些燕国的主要史事，全篇其实写了三件事，一是燕召公以德治国，讲求德政，这一点被司马迁大加赞许；二是燕昭王选贤任能，忍辱负重二十八年，最终崛起，差点将齐国灭掉；第三件事，就是我们耳熟能详的荆轲刺秦王的故事了。

荆轲刺秦发生的时间，已经是燕国的晚期了。除了燕太子丹和荆轲，燕国比较有名的王是燕昭王，他的崛起很传奇，形成了一个典故。公元前314年，齐国讨伐燕国，杀了燕王哙，还抢走了燕国的青铜大鼎。在韩国做质子的太子回到燕国即位，称为燕昭王。他励精图治，到处招徕勇士和有才能的人。有一个叫郭隗的贤人投奔了他，但燕昭王似乎还不怎么重视他。他对燕昭王说了一番话，燕昭王听进去了。

燕昭王抓紧时间造了一座好房子，院子里还构筑了一个高台，起名为黄金台，台子由黄金和美玉装饰得十分炫目，台子中间，还放了一千两金子，熠熠生辉，然后燕昭王对外公开宣布，这个屋子是他赠送给郭隗的，以此来对待贤士和才人。

其实，这本来就是郭隗给燕昭王出的主意。

燕昭王以黄金台馈赠贤士的消息传开了，很多有才华的人就来投奔他，燕国在他治下人才济济。燕昭王能够沉得住气，不断积累力量。公元前284年，他下令大将乐毅率燕国大军出击，一举击败齐国，夺回了燕国大鼎，雪了前耻，并抢夺了很多齐国的财宝，燕国从此崛起成为战国七雄之一。

燕昭王建筑黄金台对待贤人郭隗的举动后来广为传颂，黄金台由此成为招纳贤人的代称。黄金台是燕国修筑的，所以也叫燕台。

燕国灭蓟国后，占领蓟城为燕都，很多年里，蓟城都是燕国首都，也可称为燕都蓟城。后来，燕昭王将蓟城变为燕上都，在今天的河北易县又建造了燕下都，算作陪都，这座城池靠近易水边。

在今天的河北易县，经过考古工作者的挖掘，发现有城墙遗址，呈现两个长方形的斜角交叉的不规则形状，被北易水和南易水环绕。可见，营造城市，首先考虑的问题就是水系来源。

燕下都之所以建为燕国陪都，是因为城市的水系在那个时候很发达，被两条河流围在一片高台上，易守难攻。

燕下都的城墙根基遗址东西约八公里，目前还有几个夯土台子遗址，被考古学家命名为武阳台、张公台、老姆台、路家台等。这几个台子连成了一条中轴线，现存的高台夯土遗址，很可能就是燕下都城垣宫殿建筑的夯土基础。

这样的高台建筑在春秋战国时期比较常见，一般都建有台阶，不断上升，在土台的顶端建筑木质的房屋，土台在下面作为基础相互连接，木质建筑形成楼阁和宫殿，体量巨大，气势宏伟，成为营造城邑的主要手段。这一点，也和当时的建筑工艺相配合。燕下都的遗址中除了宫殿地基夯土，还有居民居住区和手工业作坊区。此外，在城郊还有墓葬区遗址。当时，铁制农具就已经大量使用。在整个战国时代，冶铁技术就有了长足的发展，铁制农具在农业生产中使用广泛。

在现今易县，也有一个被称为是黄金台的土堆，并不可考。

《史记》里记载的燕太子丹派荆轲去咸阳刺杀秦始皇的故事，一直在流传。当代作家莫言还写了一部话剧，演绎这一故事。这个故事已经成为中国历史的原型故事，会不断被后人解读。

公元前227年，距离燕昭王去世已经四十多年，燕国此时在战国群雄中衰落，逐渐尝到了唇亡齿寒的味道。此时，秦国越来越强大，燕太子丹就秘密招募勇士荆轲，前去刺杀秦王政，结果功败垂成，荆轲没有成功，反而被杀。

公元前226年，秦王政派大将王翦率大部队攻打燕国，攻入了燕国的首都蓟城。燕王喜沿着前往辽东的古道，逃到了辽东半岛躲起来。四年之后，他被秦军俘获。燕国自召公受封，到公元前222年灭国，存在了八百二十四年。

对于燕国的历史处境和命运，司马迁在《史记·燕召公世家第四》中说：

> 燕外迫蛮貉，内措齐晋，崎岖强国之间，最为弱小，几灭者数矣。

这段话的意思是，燕国外部生存环境恶劣，既要抵御燕山北面匈奴和东胡等游牧民族强敌南侵，面对南方，还要抵挡齐国和晋国这样的强国，和战国其他群雄比起来，燕国最为弱小，好几次都差点灭亡了。真不容易啊！

小小的燕国存在了八百多年，在夹缝中求生存，留下了像荆轲刺秦王这样的可歌可泣的人物故事，构筑了这片土地与人的慷慨达观的精神气质，这种精神气质，在今天的北京人身上也有体现。

白云千载城邑在

秦王政统一全中国，是在公元前221年。

秦王政不再叫作秦王政，他要做中国的始皇帝，一统天下之大功，的确是他开创的。他将治下的国土分为三十六郡，相当于三十六个省，并且花了很大的力气修建供双轮战车和四轮马车快速奔驰的秦驰道，这条条驰道一马平川，直达大多数郡治的治所。

在秦朝，蓟城作为一座城邑继续存在，属于广阳郡管辖，成为了秦朝在北方的重镇，从咸阳到蓟城，也有一条驰道相连接。如果发生了战乱，高速奔跑的战车就会迅速抵达蓟城，剿灭来犯的敌人。

秦始皇还设置了居庸关。庸，指的是犯人，居庸，就是让犯人集中居住之处。居庸关，是北京西北面通向河北、山西、内蒙古的隘口设置的一个军事关隘，提升了这个地方的防卫能力。

现今的密云区则属于渔阳郡，不属于广阳郡。渔阳郡的郡治在密云。秦二世统治时期，陈胜、吴广等被秦征发的九百个人，就是在前往渔阳郡戍边的半路上，发动了暴动，这支起义军开始举起了反秦的大旗，最后导致了秦朝灭亡。

刘邦兴起，攻破咸阳，打败项羽，建立了汉朝，都城设在长安，史称西汉。西汉时期，旧燕国这片地区仍旧叫作广阳郡，蓟城仍是郡治所在。

到了汉武帝朝，他的儿子刘旦被封为燕王。燕王刘旦在蓟城大兴土木，建造万载宫。后来，汉武帝死后，他因谋反被告发，自裁而死，埋在北京西部的山区，因结局不好，他的陵墓叫作戾陵。

公元25年到公元220年的东汉时期，旧燕地被提升为幽州，管辖着广阳、渔阳等十一个郡，这时的州相当于省级建制。

公元265年到317年的西晋时期，这一地区仍称为幽州，治所设在蓟城。就是在这一阶段，佛教从山西大同一带继续东传，佛教兴盛于幽州地区，出现了一座古老的寺庙嘉福寺，也就是潭柘寺的前身。

公元317年到420年是东晋时期，这段时间里，北方的幽州先后为走马灯般的小政权前赵、后赵、前燕、前秦、后燕所据有，名称并未改变，州的治所还在蓟城。

郦道元所著《水经注·漯水篇》中记载，公元350年，鲜卑人慕容儁从东北辽东方向攻打蓟城，破城而入后，他在宫城的东掖门塑了一尊马的铜像。这匹铜马的原型是他父亲慕容皝的坐骑，还有个名字叫“赭白”。铜马像铸成之后，这匹马就死去了。后来，蓟城的东掖门改名为铜马门，还设立了铜马坊。

南北朝时期，北魏、东魏、北齐、北周继续统治这片地区，先后叫作幽州和燕郡，治所在蓟城。

隋代初建时期的北京叫幽州，下辖燕郡、范阳郡、渔阳郡，在蓟城设立了幽州总管，管理幽州军政事务。隋炀帝又改幽州为涿郡，郡治在蓟城。

隋文帝一开始建都在长安，因人口增加，长安近郊破坏严重，从江南来的粮食运输是一大问题，隋炀帝就建东都洛阳，他开凿运河，便于将江南的粮食、丝绸等东西运到洛阳和长安。

隋文帝和隋炀帝这两位皇帝在中国历史上都很有名。隋文帝名声比较好，统一中国，开科取士，休养生息。隋炀帝就不同了，他是一个好大喜功、颇有雄心的皇帝。在大业年间，隋炀帝开凿了大运河，将洛阳、长安、余杭都连接在一起。他还下令开凿了永济渠，使船队能够沿着永定河的故道抵达涿郡的郡治所在蓟城的南侧城下。

这个时候，涿郡的军事地位开始增强。为什么？因为隋炀帝发动了对辽东崛起的高句丽政权的战争。在当时，高句丽是东亚第二大强权，在中国陷入分裂的时期，高句丽趁机扩大地盘，不断侵蚀辽东一带，势力急剧扩张，且高句丽上层统治集团雄心勃勃，既善于韬光养晦，也很善于抓住时机突然发动攻击，侵占土地，扩大地盘，因此成为隋朝建立之后在东北的大患。

公元611年，隋炀帝乘船从江都出发，进入永济渠后于四月抵达涿郡，住在临朔宫，下诏讨伐高句丽，总征天下兵士，一时之间，大运河上南来北往，士兵、粮草船只络绎不绝，蔚为壮观。隋炀帝发动的征伐高句丽的战争中，大运河的功用较大。

公元612年正月，各路大军在涿郡集结了一百一十三万人，号称二百万大军，隋炀帝下令出击，大军开始分道出发，攻打高句丽。七月，征伐高句丽的大军遭遇了失败，他不得不回到东都洛阳。公元613年、614年，他又发动了两次征伐辽东高句丽的军事行动，取得了部分胜利，高句丽派人乞降。但这两次战争受到了后勤补给、瘟疫和风浪的影响，军队损失惨重，直接导致了后方空虚，国内大乱，隋朝很快走向灭亡。

这两次征伐高句丽的辽东之战，隋炀帝都是在涿郡进行军队集结、粮草筹备和战争谋划的，从地缘政治角度讲，涿郡治所蓟城就成了军事重镇。

可以说，从东汉初年朱浮担任幽州刺史，东汉末年刘虞担任幽州牧，再到晋、隋朝，再到唐代的幽州，幽州这一地名使用时间较长，都是以蓟城为治所的，虽然蓟城的名字后来不再使用了。

在唐朝，幽州的军事重镇地位凸显出来。唐太宗曾在幽州城检阅出征辽东和高句丽的军队，就是以幽州作为军事基地。

唐朝的衰亡也和幽州有关。公元755年，范阳、平卢、河东三镇节度使安禄山在范阳，也就是现在的北京南部的涿州起兵，自称为大燕皇帝，将幽州升格为燕京。后来他的部将史思明也跟着反叛，这一场“安史之乱”持续了八年时间。

在时间的大河里，朝代变换是一朵朵的浪花，白云千载飘过，目睹历史沧桑惊变，北京湾的这座城邑宠辱不惊，仍在大地上生长。

副章：董家林与永定河

董家林遗址

从北京城里出发，驱车往西南方向走，没多久就会来到琉璃河镇。

前些年，琉璃河水泥厂很有名，出产高标号的水泥。但在琉璃河镇去寻找北京起源的考古发现，也是一个好去处，这是因为，在现今房山区琉璃河镇董家林村，有一座“西周燕都遗址博物馆”。

从这一遗址出土的文物，在博物馆里都能看到。作为一个政治实体，燕国在西周初年被分封在这一地区，在现存的燕国封国遗址上，考古学家仔细发掘，遗址的面积在五点二五平方公里。经过考古发掘，勘探出燕都所在遗址有长方形的城墙遗址，燕都遗址东南方向，还发掘出商代和西周时期的不少古墓葬。

这个位于董家林村的燕国古城遗址，经过考古学家发掘和测量，东西长八百多米，南北长六百米，城墙厚度约四米，夯土构筑，在城墙外还有一条壕沟，显然是护城河。

在董家林村的燕都遗址，没有遗存任何地面建筑。这是一大遗憾。因为时间过去得太久远了，地面建筑很难留存。而在遗址的地下发掘方面，收获却很丰富。考古学家在这里发现了人们居住的房屋夯土遗迹、陶土窑遗迹，出土有很多陶器、石器和骨头做的生活用具，还出土了一件带有“匽侯”铭文的青铜鬲。

匽侯，就是燕侯，由此可以判定，燕国的封国和国都，就在琉璃河镇董家林村。可以猜想，在西周初年的燕国都城就位于现今房山区琉璃河镇东南方向的董家林村的这片遗址之中。

穿越了时间的帷幕，我们似乎能够看到三千年前，永定河奔放不羁的河水逶迤而来，又盘旋而去，给这里带来了水源和生机。在永定河河道边的高地上，南来北往的人们在这里先建立了一个渡口，建造了一些房屋。久而久之，一座城池拔地而起。这就是燕国的首都，背靠太行山，面向东部高地。

要是拉远了视线，以更大的大地尺度来看，董家林村所在的燕都城，地处华北平原的北端。侯仁之先生认为，这里是古代大道经过的一个交叉点。在古代殷商时期，沿着太行山山麓的古代大道向西南方向走，就可以抵达安阳，向北走有两条路，一条古代大道沿着山麓一直向东，走到现今秦皇岛附近，再向北走就能进入辽东半岛，过了现今山海关边的一条狭窄的通道，就能进入

西周燕都遗址博物馆

广袤的东北平原，辽河平原和松嫩平原在那里等待着你。

另外一条古代大道则是向东北方进入燕山山脉的崇山峻岭，翻山越岭，过了张家口、宣化谷地，继续走，就能抵达塞上的蒙古高原。

燕国就是从这里向东、向北开拓疆土。燕国文化可以说是杂糅了草原游牧文化、山地狩猎文化、平原农耕文化和海洋渔业文化的综合体。董家林村的西周燕都遗址的发掘，更是给我们想象古代燕国在此繁衍生息，构筑城邑、村落的景象增添了证据。

司马迁撰写的《史记·燕召公世家第四》这一章的内容，是关于燕国历史的。但因燕国在中原以北，从召公被武王分封后，从公元前1046年到公元前八百多年，有两百年的时间完全没有任何记载，所以，不可靠的历史信息，司马迁也没有采用。他只写了燕召公以德治国、燕昭王奋发图强、燕太子丹派荆轲刺秦王失败等几件事情。

郭沫若先生认为，燕国是殷商时期就存在的、自然生长的小方国，历史非常久远，并不是周武王或者周成王分封时才诞生的诸侯国。这样的观点很有道理，我在前面也说了，周武王分封蓟国和燕国，是再次确定了蓟和燕在周王朝灭商之后的诸侯国地位。

侯仁之先生在他的《说燕》一文中，对这一问题进行了更多的阐发：

> 近年来，在房山区琉璃河乡董家林一带所发现的大规模的商周遗址，终于使这个至关重要的问题得到了解决。这处遗址包括居住地、墓葬区和古城址三部分，从出土的大量有“匽侯”铭文的西周青铜器中，不仅可以确定这里就是周初燕国的始封之地，同时还发现有两座商末周初墓葬打破了残存的城墙夯土，从而证明该城始建的年代最晚也不会晚于商末周初。
>
> 这就进一步证明：前人认为周武王分封燕国之前，当地就早已有个自然生长起来叫作燕的地方势力的存在，是正确的，至于燕的得名，迄今仍无定论，它始建的年代，也就更难考订了。

我们今天喝着燕京啤酒，到达燕山石化附近那广阔的山峦边，遥望着燕山逶迤远去，心里还能怀念燕人的慷慨悲歌吗？这一切，在董家林出土的大量陶片上都有回声。燕国也是在分封后没几年，就灭掉了蓟国，然后把都城搬迁到蓟城去了，这里就废弃了。

董家林村的西周燕都遗址，是一座被时间的容器封闭了三千年的处所。从那里，我们可以听到永定河破空而来的呼啸。

永定河

北京的母亲河是永定河。这条河的名字叫作“永定”，但它其实很长时间是最不定的，水量不定，河道不定，因此走向也不定，脾性就更加不定。它沉默、它狂野、它发怒、它温柔、它喧哗、它消遁了。

永定河现在的名声衰微了。在古代，永定河一直是北京最重要的水源。它有两个发源地，南脉在山西宁武县发源，流出来的时候叫作桑干河；北脉发源于内蒙古兴和县的大山中，流出来的时候叫作洋河。桑干河和洋河在朱官屯汇流之后就叫作永定河了。

在早期燕国时代，可以想见，永定河从蒙古高原发源，穿越了崇山峻岭破空而来，与潮白河、温榆河共同构成了从西北、东北方向，流向东南和西南方向的河流。三条河流在古代的水量都比现在大很多，挟带的泥沙就更多，在北京湾形成了一个个冲积小平原，这几个冲击小平原的扇面土地十分丰腴肥沃，慢慢连接起来，就构成了更大的华北平原北端部分。

我也曾在永定河的上游和中游的河道勘察过。可以想见，那干涸而宽阔的河道在古代会是如何奔腾不息，水流汹涌，咆哮不止。永定河从北京西山的重峦叠嶂中破空而出，在现今的三家店显露真容，奔流在北京冲积扇平原之上。一旦冲出三家店，河水就在北京冲积平原上四下乱窜，加之挟带的泥沙又比较多，等于是水患连连，泥沙滚滚，河水浑黄，号称小黄河，甚至一度还叫作浑河。

这条水量非常不稳定的河流，在几千年的时光中，多次改道。由于从蒙古高原的夹缝中奔流而下，蒙古高原往南的宣化和怀来盆地中积累了千万年的黄土细沙，都会随着永定河的河水被不断冲刷下来，一年年、一月月，这些黄土细沙一层层地铺展在北京小平原的土地上，这样的场景在过去每天都在发生。从南方来的人，也可以经过古北口继续北上，前往北方。但如果永定河河水不稳定，在春夏季节河水暴涨，到了秋冬季节又十分干枯，就不能成为良好的水源地。所以，对永定河的治理，总是历朝历代的统治者比较头疼的一件事。

永定河在地表奔腾，也带来了丰富的地下水。在燕国时代，可以想见，在现今卢沟桥、琉璃河一带都是沼泽连片，人们行走在古代大道之上，古道沿着山麓蜿蜒而去，并不是像现在这样在平原上能够自由穿梭，不然，那长满了青草的沼泽就可能吞没你。

永定河常年水量不稳定，经常改变下游河道。北大环境考古学家岳升阳先生根据他对北京古代河道的勘测发掘就发现，永定河的河道曾经向北连接了现今清河的水系，也曾连接高梁河，穿越了北京皇城的“三海”水系，还曾在现今长安街国家大剧院之处冲刷出几百米宽的河道，更是莲花池到亦庄的一条唐代古河道的始作俑者。

根据更多的历史文献和当代考古学家的发掘，也可以证明永定河的河道与现今的清河、高梁河，还有灅水故道都有关系，特别是连通中海、南海和北海的水道，对北京皇城的营建，起到了很大作用。

越靠近现在，永定河的河道就逐渐向西南移动了。我们可以想见，永定河之所以是北京的母亲河，是因为它从大山里面一出来，就开始在北京湾来回摆动，像是一条脾气暴躁的巨龙，翻滚着身体在北京湾上扫动出一个扇面来。它从现今昌平的清河，到高梁河，又到金口河，再变成了现今的西南部一条几乎干涸的河流，经历了太多混乱的改道。

它是那么无定，因此，才给它起名叫“永定”。

现今卢沟桥的位置是古代渡口和交通要道。南来北往的人们经过这里，看到咆哮而下的永定河水带着滚滚的泥沙，觉得并不安全，需要再继续走，寻找到一个地势较高的地方建立居所。

永定河不断改道、冲刷出来的冲积小平原，北到昌平清河，南到大兴和涿州交界，西到石景山脚下，东到通州潮白河畔，这样一个三千平方公里的平原地带，北高南低，最适合营建城市了。这也就是为什么卢沟桥附近并没有发展出都城，而燕国最终向更高的地方迁徙，灭了蓟国，占领了蓟城，继续发展燕国的势力。

北京作为都城，之所以能够从蓟城发源，然后三千年里一路走来，就是因为一代代的城建设计者，包括那些深谋远虑的皇帝，优先考虑的，就是水源问题。在这一点上，永定河起到的作用是至关重要的。

对于北京城建过程中对水系的利用与考虑，历史地理学家侯仁之先生有着丰富的考察和研究，他的成果大都收在了《北京城的生命记忆》中，可以详细参阅。

我还要继续说一说永定河。它带给了我们近三千平方公里的冲积平原，视线良好，坐北朝南，一览无余，当然是建都城最好的地方了。北京能够成为都城，和永定河水密切相关。不仅营建都城需要水源滋润，北京的园林、郊野皇家宫苑，无不和永定河的来水有着密切关系。

如今在怀来县境内的官厅水库，就是一个北京水源地。在官厅水库入口，汇聚了流经延庆的一条河流——妫水，这是一条很古老的河流。妫水汇聚到了官厅水库，然后沿着山峡一路下泄，从官厅水库流出的水沿着官厅山峡，一路在夹缝中奔流而下一百一十公里，从三家店走出大山，流向北京湾的小平原。

过去，没有官厅水库调水蓄水，永定河就是无定河，发怒时充满了破坏性，遇到旱灾年，在断水时却像一条垂死的小溪，了无生气。

公元250年，曹魏政权的曹芳派出征北将军刘靖，攻破并占领蓟城，然后驻守这里，成为曹魏政权防止北方强敌南侵的重要节点。

刘靖将军仔细考察蓟城水源系统，他发现了永定河的河水对于蓟城的重要性，于是派出挖河大队，从石景山的永定河进入北京冲积平原的入口，开凿引水渠。这条引水渠就是车厢渠。车厢渠的挖掘，目的在于将永定河上游来水引入古高梁河，古高梁河北部连通了颐和园的昆明湖，在北城外还与坝河连通，坝河的下游和温榆河连通起来，这样北京的水系就打通了南北西东。

金代曾经修建卢沟桥，并修建引水渠进行了水系沟通，保证了金中都的用水。水源也引自永定河。

京杭大运河通到北京之后，连通潮白河、温榆河，在北京北部又挖掘新高梁河，新高梁河在北京水系中起到了连接内城三海水系、沟通护城河，又连通通惠河的关键作用。

在清代，为了拱卫京城，朝廷专门派工匠治理这条河，主要是加固河堤，引水向南，固定河道，然后给这条河起了新名字叫永定河。它的古老名字灅水，之后就不再使用了，灅水的故道也废弃了。

我还记得2012年7月21日发生在北京的那次洪涝灾害，根本想不到强降雨瞬时就达到一百毫米，不仅使北京城发生内涝，从怀来上游的大山之中，山洪沿着永定河河道一路下泄，冲到了房山区、丰台区，至少导致城内和郊区几十人在洪灾中丧生。这就是永定河发脾气了。

清代以前，尽管屡次进行永定河的治理，但限于工程技术原因和永定河本身的无定性，一直没有治理好，直到新中国成立后，在上游修建了官厅水库，能调节上游来水，使永定河真的成了永定河。

桀骜不驯的一条河就这样被驯服了。

永定河虽然是北京的母亲河，在当代的地位却不断下降。由于北京城常住人口已经达到了两千多万人，这座都市日益缺水，年人均水资源在一百立方米左右，水资源非常紧张。多年来，全靠地下水开采，但早已超量，南部地区形成了地下漏斗区，地质灾害隐患很大。

2014年年底，南水北调中线工程竣工，开始将丹江口水库的水通过引水渠南水北引，沿着永定河南下的河道东侧反向奔走，给北京带来了新水。五年来，已经带来了五十多亿立方米，人均水资源在2019年年底达到了一百五十立方米，地下水位持续上升。密云水库的蓄水量达到了二十六亿立方米，使北京这样一个日渐缺水的城市，再次获得了新的水源和生机。

第二章：唐幽州城

幽州诗篇

幽州这个地名非常古老，最早见于中国古书《尚书·舜典》，记载了天下九州，其中“燕曰幽州”。也就是说，燕地就是幽州。从东汉到魏、晋再到隋、唐，幽州城就在现今北京西南二环的广安门一带。

唐代以前，幽州的地位在国家格局中并不高，因为它是一座边地城邑。到了隋唐时代，因两朝皇帝前后脚征伐辽东、高句丽，都要从幽州发兵，幽州的军事重镇地位就凸现出来了。

唐朝灭亡之后，长安衰落了，国家政治中心开始东移，后来又北移和南移。北宋都城在开封，辽代南京城、金中都、元大都，都在北京，南宋都城在杭州，明代初年建都在应天，也就是南京城，后来也迁都到北京。清代更是将北京作为京师。这是中国统治中心的位移，幽州逐渐从一座边缘城邑，变成了全国的政治中心、军事中心、经济和文化中心。

说到唐代的幽州城，我们还是先从诗人笔下的幽州说起吧。诗人记录的幽州城对于我们来说更可感，带有着现场的亲历性和感情色彩。

比如陈子昂，他在武则天时代是一颗耀眼的文学明星，他凭借才华进士及第，最后做到了右拾遗的官。他也来到了幽州城，耳闻目睹，关于幽州，他留下了千古名诗《登幽州台歌》：

前不见古人，后不见来者。
念天地之悠悠，独怆然而涕下。

在这首似乎凝聚了万古愁闷的诗篇中，唐代的陈子昂在幽州找到了时间的坐标系。不见古人，不见来者，只有他站在猎猎风中，眼见天地悠悠，一个人感怀伤心，为时间的流逝和生命的短暂而流下了眼泪。

陈子昂还有一首诗，叫作《蓟丘览古》，是一首怀古诗：

陈子昂雕像

北登蓟丘望，求古轩辕台。

应龙已不见，牧马生黄埃。

尚想广成子，遗迹白云隈。

就像是陈子昂感叹的那样，白云苍狗，岁月变幻，古今多少事，都付苍茫中。他在幽州遍访古迹，写下了关于燕昭王、大将乐毅、燕太子丹、田光、邹衍、郭隗等古人物的诗篇，对燕地历史人物的慷慨悲歌的命运，对燕人的仗义疏财和两肋插刀的性格有很多的赞赏和感喟。

除了陈子昂，卢照邻、张说、高适、贾岛，或者自己就是幽州本地人，或者曾访过幽州，都写过幽州边地题材的诗篇。最重要的是，唐代大诗人李白也留下了关于幽州的名作《幽州胡马客歌》，这是他在唐天宝十一年，也就是公元752年秋冬旅居幽州时所作：

幽州胡马客，绿眼虎皮冠。

笑拂两只箭，万人不可干。

弯弓若转月，白雁落云端。

双双掉鞭行，游猎向楼兰。

出门不顾后，报国死何难。

天骄五单于，狼戾好凶残。

牛马散北海，割鲜若虎餐。

虽居燕支山，不道朔雪寒。

妇女马上笑，颜如赪玉盘。

翻入射鸟兽，花月醉雕鞍。

旄头四光芒，争战若蜂攒。

白刃洒赤血，流沙为之丹。

名将古谁是，疲兵良可叹。

何时天狼灭，父子得闲安。

李白的这首诗，把一个骑马的绿眼睛刀客的形象，描绘得栩栩如生。可见他在幽州看到的各色人来来往往，不完全是汉地的感觉了。

他还有一首诗的信息量也很大，可见到当时幽州的社会情况。这首诗的题目是《出自蓟北门行》，题解就是出幽州城的北门，向更远的北方而行。这首诗是这样的：

虏阵横北荒，胡星耀精芒。
羽书速惊电，烽火昼连光。
虎竹救边急，戎车森已行。
明主不安席，按剑心飞扬。
推毂出猛将，连旗登战场。
兵威冲绝幕，杀气凌穹苍。
列卒赤山下，开营紫塞旁。
孟冬风沙紧，旌旗飒凋伤。
画角悲海月，征衣卷天霜。
挥刃斩楼兰，弯弓射贤王。
单于一平荡，种落自奔亡。
收功报天子，行歌归咸阳。

《出自蓟北门行》这样的诗题是乐府诗的杂曲歌词，是一种古风诗体，自从魏晋南北朝以来，被诗人用作征战题材和描绘蓟城和燕地风光结合起来的诗歌写作。很多人如鲍照、庾信等诗人都写过。写得大气磅礴，笔墨神奇。

在这首诗中，李白描述了汉军对垒北方匈奴的来犯之敌，两军对峙的状况十分紧急，描写战况的书信闪电般抵达。大敌当前，将士必须出征，共御外侮。汉军英勇作战，灭掉左右贤王，杀掉大单于小单于，取得了战果。最后汉军凯旋回到咸阳。虽然李白是写汉朝御敌的拟古诗，但从这首写征战的拟古诗，也能看到幽州城作为唐朝边地的军事重镇的景象，唐代幽州城的人物、天气的情况，也能从诗中看到一些端倪。

李白还有这样的诗句："燕山雪花大如席，片片吹落轩辕台"。带给我们的震撼千年不衰。每次在北京遇到大雪天，我就会立刻吟诵出这两句诗来。

除了李白，杜甫在安史之乱后，写过《后出塞五首》《渔阳》等多篇描绘幽州当时的情景，深沉、忧愤，不愧是一代"诗史"。比如《渔阳》：

渔阳突骑犹精锐，赫赫雍王都节制。

猛将飘然恐后时，本朝不入非高计。

禄山北筑雄武城，旧防败走归其营。

系书请问燕耆旧，今日何须十万兵。

杜甫诗中的沉痛感，我们在今天还能感觉到。

幽州重镇

公元581年隋朝建立之后，一开始还叫幽州，治所仍在蓟城。不久，改名为涿郡，开通了大运河，从杭州一路到达涿郡。

隋朝和唐朝的关系非常紧密。公元618年，李渊建立唐朝，但他和隋炀帝杨广是很近的亲戚，从血缘上算起来，他俩是姨表兄弟。那就是说，他们的母亲是亲姐妹，最后是表哥把表弟的政权给推翻了。隋朝很短暂，唐朝建立之后，延续了隋朝的很多基本政策。

从公元618年，唐朝建立，将涿郡改回了幽州，设立范阳郡，治所设立在幽州城，然后大兴土木，不断修建完善幽州城的建设，幽州城在唐代有很好的发展，成为唐朝在北方的一个军事重镇城市。因为大运河的关系，幽州与洛阳、长安能够连通，与山东、江淮也能连通，南到江都也就是扬州都有货物贸易，船只可以方便抵达。后勤粮草补给问题解决了，幽州城的北方军事重镇的地位就进一步增强了。

唐朝气象很大，唐代开国之后，唐太宗和唐高宗对突厥、吐谷浑、薛延陀等国的战争都取得了胜利，在西域、北疆、西南方向都拓展了空间，疆域辽阔，人口众多。

唐太宗以“天可汗”来称呼自己，就是认为所有的民族都将包容在中国之内，天子和可汗是同一个人，游牧民族和中原人民都是大唐帝国的子民。这种观念已经超越了一般的华夏和蛮夷的观念。历史地理学家估算，在唐高宗时期唐代疆域面积达到了一千零七十六万至一千二百三十七万平方公里，庞大的唐帝国以长安和洛阳为都城中心，向四面八方辐射着影响力。

在唐代疆域辽阔的空间格局中，幽州作为唐朝防卫北部的突厥、进击辽东高句丽的前哨城市，越发显得重要。

唐幽州城是一座繁华的北方城市，幽州城还是蓟城老城发展而来，也就是以现在的广安门到白纸坊一带为中心。根据考古学家的发掘和勘察，当时的幽州城周长约十二公里（现今北京北二环周长二十二公里，三环周长四十八公里，四环周长六十五公里，五环周长九十九公里），东城墙到达现今的宣武门一带，南城墙到达白纸坊街一带，西城墙在现今白云观一带，北城墙则在新文化街一带，是一座方形的城邑。

幽州城的城市空间格局分为内城和外城，都有城垣卫护。外城叫作大城，内城叫作子城。但幽州城的子城，也就是内城，它的西侧和南侧的城墙与外城城墙是一致的，这是幽州城的一个特点。

唐朝存在了近三百年，幽州城也随着唐朝的命运起伏而跌宕不已。武则天时期，幽州成为羁縻突厥等北方民族的前沿，在幽州任职的很多官员得到了大唐王朝的重用。幽州也是北方民族文化和中原文化、江南文化的一个交汇点，五方杂处，民族众多，使得幽州城有一种别样的繁华。

一直到“安史之乱”爆发，幽州城的繁华才开始凋落。安禄山死后，史思明继续叛乱，定都范阳，将幽州改为燕京。他还将幽州城的子城改建为皇城，大兴土木，建了听政楼、紫薇宫等象征着王权的建筑，“安史之乱”平息后，这些建筑又遭到了焚毁。

幽州城的子城是治所所在，子城的外围模仿了长安城的建筑结构布局，以里坊制来建设，在外城的北部，还建了幽州北市，这是一个交易市场。

里坊是长方形的城市居住区域空间，按照功能区分，就是居住生活区。“里”在秦汉的城邑建造中常见，“坊”则是街道形成的棋盘状的区域。

由于幽州是唐代北方重镇，高句丽自隋炀帝时期就私下勾通突厥可汗，秘密联络北方少数民族部落，成为反对隋、唐的先锋。且在隋、唐朝的朝廷看来，高句丽自两汉、魏晋以来，都是朝贡国，文化上已经在同步发展，不是少数民族的蛮夷，需要羁縻，并没有把高句丽看作未开化民族，而是看作朝贡国。高句丽野心膨胀，不断出击，侵占辽河平原的土地，扩大地盘。所以，隋文帝、隋炀帝、唐太宗、唐高宗才不断进击高句丽。

那么，有抱负的君王唐太宗就选择幽州城，作为他出征高句丽的军事集结地。公元645年，唐太宗在幽州城南门外的旷野之地，举行了征伐高句丽的誓师仪式，之后就御驾亲征，率军征伐高句丽。

唐朝军队在唐太宗的御驾亲征之下，士气高亢。大唐远征军一开始势如破竹，进入辽东半岛之后连连告捷。但在和高句丽士兵作战进入攻城战之后，就僵持不下了。

到了十月，天气转冷，大唐的军队遇到了后勤补给跟不上的难题，在残酷的拉锯战中，各有胜负。最后，唐太宗宣布班师回朝，征伐高句丽受挫。高句丽的军队抵御大唐军队的防御战很顽强，唐军死伤枕藉，天气转冷，不再适合继续打仗。

唐军返回了幽州，因这场战争唐军死伤较多，士气低迷。不过，唐军还带回来一万多高句丽的俘虏，将军们都把俘虏赏给了打仗的军士，但唐太宗得知之后，下令允许这些俘虏以钱布等金钱和实物，赎买为民。

为了重振士气，安抚军心，唐太宗下诏在幽州城南修建了一座寺庙，叫作悯忠寺，专门为纪念征伐高句丽的阵亡将士。寺庙还没有盖，唐太宗就死了，寺庙建设计划有所拖延。

几经周折，悯忠寺最后于公元696年建成时，已经到了武则天万岁通天元年了。

幽州空间

唐代幽州城，如今在北京留下来的地面建筑屈指可数。出土的唐代文物相对来说还有一些。比如，在开阳桥北侧发掘出的三艘唐代的木船，实际上非常有研究价值，承载的历史信息量非常大。

北京城的发展，是叠加型的，一座新城叠加在老城之上，所以，对早已不存的唐代幽州城进行遗址发掘，在现今的城市考古学中，已经难上加难了。幽州城址就在原先的蓟城城址之上，千百年来不断叠加新建筑，不可能挖去新城，去地底下寻找那个存在于历史文献中的唐幽州城了。

我在谈到城市的历史空间结构的时候，说到要读两本书，一本是历史文献记载，还有一本就是大地之书、考古发现之书。既然考古发现很匮乏，那么历史文献中的唐幽州城，是不是栩栩如生呢?

如果我们展开想象，幽州城就会向我们展现它迷人的风采。唐幽州城城市空间，是里坊制的营建格局，这是唐幽州城的基本布局，和大唐都城长安的里坊制相似。考古学家分析，唐代幽州城是一座长方形的城邑，东西短而南北长。在《太平寰宇记》中，详细说到了唐幽州城有十座城门可供出入。

我们要是来对照《周礼·考工记》所记载的匠人营国，如何对都城进行营建的规定，就知道四方形的都城，一般要开十二个门。就是说，四面城墙，每一面城墙要有三座城门。

唐代的幽州城不是首都，算是一个省会城市，北方的军事重镇，它修建有十座门。幽州的子城城墙部分和外城合用，已经开了两座门，那么外城就有八座城门。幽州城的城门一般都对应着一条道路，道路一般都是笔直的，不是歪斜的，这样就把子城和大城，以城门为对应，将幽州城区划分为棋盘街结构，为里坊制的实施创造了条件，里坊制度是唐代在城市建设中风行的制度，秦汉时期管理城邑中的居民居住，施行闾里制度，街坊邻居互相形成了单元。唐代的里坊制是因城市的扩大，导致了管理上的难度，因此里坊的设计要比一般的闾里更大。

里坊制在幽州城的布局很清晰，城里这样的长方形功能区连成片。里坊也修建了外墙，把里坊包围起来，安全性、封闭性都很好，还设有坊门可供出入。几个里坊可以共同设立一个集市，就叫作市，是用来交易生活用品的。一般夜间禁止居民出去活动，等于是一种军事化管理的方式。这样的城邑居住格局，对于统治者来说，非常便于管理。

幽州城内，里坊的结构都是田字形，四面有墙，墙上有门，四门两两相对，形成了巷道，这样就划分出不同的里巷来。根据文献记载，唐幽州城有一万多户、六万多人口。这相比今天的城市来说，人口似乎非常少，但就当时来说，六万多居民居住在一起，也是蔚为壮观的。要是想到唐代长安城内的居民达到了一百万，更是让人瞠目结舌了。

在幽州城内一共有二十六个坊，且现今也都有坊名可考。如燕都坊、卢龙坊、平朔坊、蓟宁坊、归化坊、辽西坊、蓟北坊、军都坊、显忠坊、肃慎坊、铜马坊、遵化坊、齐礼坊、永平坊、大田坊、归厚坊、北罗坊等等，从名称上也能看出来一些涉及边防、军事、民族、文化理念的影响来。

里坊制度的确立，十分便于城市管理。白天里，在幽州城内还是非常热闹的，幽州城内的民间百戏比较发达，常常是“燕歌赵舞，观者忘疲”。百戏，就是杂技和歌舞，幽州燕地人民风彪悍，仗义疏财，表演百戏也是惊险有加。拿大顶，玩长竿，变魔术，吐火，柔术，耍猴，吞刀吞剑，很多表演在幽州城都能看到。也有传自西域的音乐演出，如觱篥等吹奏乐器，就是从西域传过来的。在幽州城听到这样的乐音后，思乡的西域人，就会暗自神伤，想起了万里之外的家乡。

幽州城还是汉人和胡人融合的重要城市，很多军队驻扎在这里，当时还流行一种传自西域的马上波罗球游戏。白天里，在幽州节度使衙署后面的球场进行，人们骑在马上，人喊马嘶，以杆杖击球，互相追逐，尘土飞扬中波罗球四下乱飞，好不热闹。

幽州的夜晚想必是宵禁的，居民不能外出，因此比较安静。日出而作，日落而息，在没有电灯的时代里，夜晚的降临就是为了让人们能够更好地休息。只有打更人在里坊间来回走动，敲更报时。

也有例外的时候。在唐代的幽州城，在每年里，正月十五的元宵节晚上就热闹非凡了。吃元宵、赏花灯是这一天晚上最重要的活动。甚至并不止一天，而是连续三天晚上，市民都能出来赏灯。灯笼花灯色彩各异，赏花灯是人们当时社交的重要活动，很多明清小说设定男女相遇的情节的时候，元宵节的灯会场所，男女相遇是最多的。为什么？因为这个时候男男女女都出来了，都在街上走，就能眉目传情，或者方便留下联系方式。

唐幽州城内还有政治、军事衙署和官邸，大都分布在几条纵横贯通的街道边，如现今可考的街名，如经略军街、檀州街等。这样的街道要比里坊巷道宽阔，方便快马和马车来回奔走。

出了幽州城，外面就是广大的乡村了。阡陌纵横的田地，在北方的天空下伸展，显得寂寥和空旷。而在更辽远的北方高原上，游牧民族的部落正在集结和壮大，星空之下人喊马嘶，兵强马壮的他们时刻将幽州窥探，打算伺机南下。

幽州风云

幽州城在唐朝的中后期，命运更加跌宕起伏了。到了唐玄宗天宝元年，也就是公元742年，幽州被改为范阳郡，郡守的治所仍在蓟城。

唐玄宗时代，对边防非常重视。他在边境地区设置了十个藩镇，藩镇的最高指挥官是节度使。

节度使这个职务的权力很大，是军政合一的。设立藩镇的本意，或者说藩镇本身的职责，就是防范北方游牧民族入侵。唐玄宗时期的这十个藩镇，都分布于大唐的边境地区，等于是天高皇帝远，节度使说了算。节度使把边境地区的军事、政治、管理集于一身，大权在握。如果一个人德行高，德能配位，就没有问题；要是德不配位，加上还有政治野心，这么大的权力集中在节度使一个人的身上，肯定会出问题。

这十个藩镇分别是：河西、范阳、陇右、剑南、安西、朔方、河东、北庭、平卢、岭南。十个藩镇从东部沿海地区，一直到西域的天山脚下，构筑了绵延一万里的军事防线。每个藩镇的节度使所掌握的军队人数不一样。其中，岭南藩镇节度使领兵最少，有二万五千四百人，而北部的范阳节度使，领兵最多，达到了九万一千人。因此，范阳是十个藩镇中最重要的一个藩镇。

有唐一代，比较注重边防，很轻视内防，所以把重兵都摆在边境线上了。像范阳藩镇的设立，主要是为了防范契丹人从东北方向的入侵。

导致唐朝衰落的事件是安史之乱。而安史之乱的发起地点，恰恰在范阳节度使辖区，也和幽州有关。

幽州在玄宗朝改为范阳郡之后，安禄山一个人身兼范阳节度使、平卢节度使（有士兵三万七千人）、河东节度使（有士兵五万五千人）三大职务。等于说，从现今辽宁的朝阳市到北京市，然后再到山西太原市的这片广大的区域，都是由安禄山一个人说了算。这三个藩镇的士兵比较多，安禄山所掌握的兵力，此时已经占到了大唐总兵力的三分之一，加起来有十八万三千人。

安禄山是一位少数民族将军，他对大唐皇帝表面臣服到了猥琐的地步，可内心里忠诚度并不高，有句老话叫作“非我族类，其心必异”，这句话形容安禄山是一点都不过分。

但大唐王朝是一个具有包容性的、海纳百川的王朝，观念上特别开放，各个少数民族中的精英，在大唐朝廷任职的很多。权臣李林甫感到一些文官对他有威胁，就向唐玄宗推荐少数族裔武将担任节度使，唐玄宗就重用了安禄山、高仙芝、哥舒翰等大将为节度使。

安禄山这个人很会讨唐玄宗和杨贵妃的喜欢，甚至认比他小16岁的杨贵妃为干妈。他身形巨胖，可很会跳舞，尤其是会跳一种在地上旋转不停的舞蹈，叫作“胡旋舞”，博得了唐玄宗和杨贵妃的欢心和信任，于是，就不断给他增加权力。

安禄山的野心这时开始膨胀，他觊觎着大唐的繁花似锦，也看出了唐朝表面繁花似锦，内里空虚匮乏的实情，加之手握重兵，终于，在天宝十四年，也就是公元755年，他从范阳郡起兵谋反，开始发兵，向长安大举进军。

一开始，安禄山的叛军队伍势如破竹，一路挺进。因安禄山率领的是边疆地区守军，战斗力强。他迅速攻占洛阳之后，没有立即进攻长安，而是在洛阳宣布建立大燕国，自称为大燕国皇帝，大燕国的大都在蓟城，并对跟随他起事的人进行封赏，封了一堆的王侯将相。

这时，驻守在其他边境地区的节度使开始率军勤王，从各个方向包抄安禄山，局面进入僵持阶段。几经拉锯战后，局面发生了变化，安禄山被他的儿子安庆绪所杀。不久，安禄山的部将史思明又杀了安庆绪，接着，史思明宣布自己是大燕皇帝，将蓟城改称为燕京，为大燕国的都城。

燕京，这也是北京的一个别称，燕京的由来就在这里。有意思的是，史思明和安禄山的命运一样，也是死在自己儿子之手，可见对绝对的权力的追求，让人异化和疯狂到何种地步，史思明的儿子史朝义的部将叛乱，杀了史思明。“安史之乱”走到了尽头。

安禄山、史思明之乱前后长达八年，最后被平定。但这一乱，使得大唐从此一蹶不振。“安史之乱”之后，范阳郡恢复为幽州，范阳节度使也改名为幽州节度使，一直到唐朝灭亡，治所都在蓟城。

有一座至今仍旧留存的北京寺庙，可能亲眼见证了这许多的历史沧桑。只是风雨如晦，寺庙是无言的。这就是唐太宗诏令修建、武则天时期落成的悯忠寺。寺内曾有安禄山和史思明建的两座塔，目的在于祈求佛祖保佑他们，祈求他们的作乱马到成功，后来是功败垂成，留下骂名，那两座塔也被毁掉了。

现在的北京法源寺内，存有史思明建塔时立的一块《无垢净光宝塔颂》石碑。寺庙主体建筑因是木质结构，后来在唐代末年的唐僖宗中和二年，也就是公元882年被烧掉，不久后又再次重建。

唐昭宗在位的公元892年，幽州节度使李匡威重建了悯忠寺，并修建了高大的观音阁。那座塔是当年悯忠寺的标志性建筑，曾以傲岸的身姿挺立在那里。

辽代的时候，这座寺庙成为了皇家寺庙，辽朝皇帝经常在寺庙里举行大型活动，因此，唐代悯忠寺在辽代改叫作大悯忠寺。

金灭辽后，继续挥师南下，攻打大宋，攻克了开封汴京，俘获了宋徽宗和宋钦宗两位北宋皇帝，连同宋朝的宗室、大臣、家眷、随从几千人北上，叫作“北狩”。这是历史上最狼狈的事件了，这些北宋的俘虏路过幽州，还做了停留。当时，幽州还没有变成金中都，还是幽州城。

金兵把宋徽宗和宋钦宗这两个父子皇帝，分别关在悯忠寺和延寿寺之内，因寺内住宿条件较好，对两个皇帝的生活也比较好看顾。好在两座寺庙距离很近，这父子二人还能经常相见。

后来，到了清雍正十一年，也就是公元1733年，悯忠寺被改名为法源寺。法源的意思是，无论有多少条戒律，内心有诚有戒，才是真正的源头。

幽州城在唐代近三百年中，佛寺建设较多，因有唐一代对佛教非常推崇。除了悯忠寺，唐幽州城的内外还建有胜果寺、戒台寺、卧佛寺、云居寺等。尤其是房山云居寺，以寺外山上的雷音洞所藏的云居寺石经最为有名，世所罕见。

唐玄宗时期，又尊崇道教、抑制佛教，他下令在幽州修建了一座道观，名为长天观，后来几经扩建和修缮，就是现在的北京白云观。

白云观里有一座邱祖殿，是纪念元代长春真人丘处机的。公元1217年，丘处机道长在刘仲禄的陪同下，不远万里，前往阿富汗大雪山之下，给正在那里征伐的成吉思汗讲了三次道，成为那一个时代的佳话。

副章：潭柘寺的守望

僧人的背影

朝着北京西北方向走，在门头沟区的山坳里，能找到一座古老的寺庙，它的历史很久远，一直偏居一隅，默默地守望着平原上的城市。

它就是潭柘寺。这座寺庙以时间穿梭者的身份，安静地带给人们以祈福和祝愿。

潭柘寺距离天安门三十多公里。寺院坐北朝南，背靠九峰连屏的山峦，从古代朴素的地理学、风水角度上看，潭柘寺也是好山好水的所在。它背靠一座高大的山峰，叫作宝珠峰，而南面是一条缓缓上升的坡地，附近有山溪潺潺，还有一面黑龙潭，可以作为储水之地。寺庙背后有屏障，旁侧有潭水，附近山林茂密，柘树繁盛，自然是建立寺庙的绝佳地。

一般认为，佛教是在东汉时期由印度传入中国的。一开始并无太大的影响，但经过了战乱频仍的年代，人们需要精神寄托和信仰，经过了东汉到魏晋的皇家贵族、达官贵人的推崇和顶礼膜拜，在南北朝时期，佛教就在中国本土流行开来。

北魏时期，拓跋氏更是信仰佛教，先后修建了云冈石窟、龙门石窟等多个石窟，使得佛教的本土化更加彰显。这种状况延续到了隋唐时期，特别是在唐代的幽州城，城内寺庙就不少，佛教的兴盛让很多僧人获得了较高的社会认同。一些僧人就在幽州附近的山林里寻找僻静之处和水源好的地方，继续建造寺庙和其他佛教文化场所。

透过时光的帷幕，我们似乎能看到一个个僧人的背影，行走在幽州的西部、北部的山区，甚至东到盘山，寻找着修建寺庙的山水俱佳之处。

于是，在幽州城外、远至盘山的山林里，唐代新建了云居寺、戒坛万寿寺、鹫峰寺、北留寺、永济寺、白岩寺、盘山双峰寺、兴善寺、香水寺、金山寺、甘泉普济寺、天成寺、云罩寺等多家寺庙，这些寺庙少则住有十几个僧人，多的住有几百个、上千个僧人，一时香火旺盛。许多乡村中也建有佛堂、佛舍，供来往的僧人住持，诵经念佛，广行善事。可以说佛教在幽州的流行和发展到了鼎盛的时期。

但潭柘寺的建造时间却更早。早在公元312年左右，还是西晋时期，有一位僧人的背影，在起伏的山峦上隐现。他风尘仆仆地从西往东一路行来，我们不知道他是谁，不知道他为什么而来。也许是躲避战火，也许，他从河西走廊一路走到了天水、大同，就是为了修行，发愿建造一座寺庙。

翻山越岭路难行，只能依靠步行，这个僧人的背影是坚韧的。他走啊走啊，进入了太行山山脉。太行山自古有八陉。陉是山间的道路，太行山是南北走向，八陉是东西走向的山间低谷，是山西通向华北平原的八条要道。这个僧人饥餐渴饮，他走的是军都陉，在关沟的山谷间行走，过了居庸关，沿着山麓走，来到了西南山区的山林里。

他站在九峰连屏的一处山顶，走得头晕眼花，步履蹒跚，眼看着走不动了。忽然，他看到前面的山坳中蒸腾起一股水汽，就像是一条白龙在舞动一样。他加快了脚步，走啊走，走啊走，没有看到白色的龙，却看到了有一眼青色潭水，幽深而宁静，在前面的山谷中等候着他。这个僧人兴奋了，他加快了步伐，走到了潭水的跟前，跪下掬水，喝下去，顿时觉得神清气爽。眼见四周山林幽静，潭水边长着一种奇特的柘树，散发着中药的气味。

这个僧人想：我就发愿在这里盖一所寺庙了。

他发愿在这眼潭水边盖一座寺庙。他住下来亲自设计，四下探访发动了很多人参与进来。他们搬石头、找材料，就地取材。几年下来，一座寺庙建成了。这是在公元316年，也就是西晋建兴四年，这座寺庙建成了。寺庙一开始并不宏大，却在这个山旮旯里建成了。它的名字叫作嘉福寺。

最开始修建这座寺庙的那个僧人满意地笑了。我们不知道他是谁，这个发愿修建了潭柘寺的前身嘉福寺的僧人，只有一个背影在我们的想象中。他的心愿实现了，而后它又见证了北京城不断演进发展的一千七百余年的历史。

想想吧，在我写到这里的时候，潭柘寺遥遥守望北京城的目光，已经凝望了1704年。它守望的目光古老却不混浊，沧桑却很安详。

到了唐代武则天执政时期，也就是公元684年之后，嘉福寺改名为龙泉寺。到了金代，御赐寺名为大万寿寺，明代又恢复寺名为龙泉寺。其间这座寺庙也经过了多次的重建、扩大和整修，最后形成了现如今潭柘寺的总体规模。在明代，很长时间里，它的名字一直是龙泉寺。

康熙三十一年，也就是公元1692年，再一次经过整修后，康熙皇帝将这座寺庙定为“敕建”，还亲笔题写寺名，改为了岫云寺，将之变为了皇家寺庙，无论是寺院规模、山林土地、宗教地位等，都到了寺庙发展的鼎盛时期。

长期以来，经过善男信女的口口相传，说这座寺庙旁边的龙潭水经常显灵，潭水附近还有能做药材的柘树，他们都把这座寺庙叫作潭柘寺。民间的叫法深入人心，到了清末，寺庙就改为潭柘寺了。

公元316年、西晋建兴四年建成的潭柘寺的前身嘉福寺，是北京地区最早的寺庙建筑。它比唐幽州城的建立还要早几百年。因此，就有一个说法："先有潭柘寺，后有幽州城。"

后来，这个说法更是演化为"先有潭柘寺，后有北京城"了，我觉得不确切。蓟城作为北京城的起源，比嘉福寺的建立要早一千多年呢。

造访潭柘寺

潭柘寺的历史非常悠久，一千七百多年的建成史，让人心生敬意。而历代的修建和修葺，使得现如今的潭柘寺规模宏大。潭柘寺占地面积有近三公顷，潭柘寺还管理着附近的山林，面积有一百二十公顷。传说，康熙帝派人整修潭柘寺时据统计共有房间九百九十九间半。

潭柘寺虽然地处崇山峻岭之中，如同养在深闺人未识的女子，却以风景秀丽、景色宜人著称，是出城郊游和欣赏山林景色的绝佳去处。

潭柘寺有一座山门，山门门口有一丛长得十分漂亮、茂密的白皮松。进了山门，潭柘寺依山而建，就要拾级而上了。慢慢逐步深入，接近寺庙的核心建筑，这是潭柘寺的建筑特点。

拜访潭柘寺，要有一种肃静和素净的心情。肃静，是要准备好面对自己内心时的那种严肃、虔诚和规矩；素净，指的是心态的自然放松和返璞归真。

拾级而上，进入潭柘寺，但见潭柘寺有一条中轴线，左右两侧的建筑是对称结构，层次分明，并不断递进，这是寺庙建筑的主体部分。

寺门前有两丛柘树，这柘树现在在北京地区不多了。柘树属于桑树科，我曾仔细观察这种古老的树种，看到的柘树是灌木，顶多是小乔木，并不高大。树枝上还有刺，树叶的边缘没有锯齿状，两面没有绒毛，不扎手。柘树浑身都是宝，树皮可以入药，树汁也可以入药，柘树还能结果，是橙红色的，形状像是一颗颗的小绣球，可以吃，无毒，但是并不好吃。柘树一般生长在向阳

潭柘寺

的山坡上，在北京地区以房山、门头沟和平谷山区居多。

中轴线上分布的建筑，首先是木牌楼和山门，进入山门之后就是天王殿。这是面阔三间、硬山顶建筑。进入天王殿，继续前进，则是大雄宝殿。

大雄宝殿是面阔五间，重檐庑殿顶，四周是汉白玉栏杆，这宛如宫殿的形制，就是皇家寺庙建筑规格。再往上走，就是两棵古银杏树，有几百年树龄了，叫作“帝王树”。潭柘寺里还有明代种的古玉兰，有四百年的树龄。春天去寺里赏这古玉兰，也是一个好想法。

在左首，分布着梨树院、楞严坛、写经室、戒坛殿、大悲坛、药师殿等建筑。右侧则是竹林院、行宫院、方丈院、圆通殿等。寺庙的最上端也就是最北端的建筑，是毗卢阁，这是面阔七间、硬山顶二层楼的建筑。

有一条继续上山的小道，在潭柘寺的左右两侧都有路可走，向下是通往山门的下山之路。左侧有文殊殿、观音殿、石鱼。在观音殿的平台上，是向下俯瞰整个寺庙建筑群的绝佳观景点。你站在那里，但见寺庙建筑节节升高，屋檐重重，古树参天，竹海飒飒，意境悠远，顿时心旷神怡。

尤其是围绕着戒坛殿的竹海，是一种特殊的竹子。懂得竹子的人，能够分辨出种类，这里的竹子分为金镶玉和玉镶金两种。

金镶玉，指的是竹子是黄色的，却带着绿色斑点和条纹，而玉镶金，是绿色的竹子带着黄色的斑点和条纹。金色与碧色的交织，是这片竹海不同于很多地方的别致之处。一般人看不出来，需要有心人仔细观察。美景中总有些细节，是你不注意的。只要你留心，处处细节都是美妙的所在。

然后沿着下山路一路下来，你就能够到达西观音洞和老虎洞，而在右侧，有一个东观音洞。再沿着东观音洞的小道上山，可以通往明王殿、财神殿，然后有一条上山路，经过的地方有少师静室、歇心亭、海蟾石。再往上走就能够到达龙潭了。

关于潭柘寺的龙潭，有很多离奇的传说，我在这里就不列举了。有水则灵是肯定的，不过，大部分传说都是无稽之谈，是科学知识匮乏的年代里，人们的信仰和愿望的一种变形而已。但山中有泉，有溪水，有潭，那绝对是一个好去处，也是好道场。

清代的富察敦崇在他的文章《燕京岁时记》中写道：

> 庙在万山中，九峰环抱，中有流泉，蜿蜒门外而没。有银杏树者，俗称帝王树，高十余丈，阔数十围，实千百年物也。其余玉兰修竹、松柏菩提等，亦皆数百年物，诚胜境也。

还有清代的文人曾总结出潭柘寺有十景：九龙戏珠、锦屏雪浪、雄峰捧日、层峦架月、千峰拱翠、万壑堆云、飞泉夜雨、殿阁南熏、平原红叶、玉亭流杯等。这十景，我们造访潭柘寺的时候，可以自己慢慢体会。

潭柘寺内现存的最古老的建筑，是山门外面的上塔院和下塔院中的墓塔。这些埋葬和尚的墓塔，现存七十多座。上塔院都是清代建筑，建筑形式为覆钵式，就是盖着一个钵式样的塔身造型。下塔院的墓塔，建筑年代就比较古老了，最早的有金代建的，还有元代、明代的墓塔，现存最早的墓塔为金代大定十五年，也就是公元1175年建造的，距今八百多年了。

这些墓塔大都是五层到七层的密檐塔。元代的塔大多为六角形状，明代的墓塔一般是一层到三层的密檐塔。要是仔细地观察，会看到这些砖塔的塔身有砖雕栏杆、须弥座、门窗和斗拱，有着不一般的佛教建筑艺术水准。

在潭柘寺，我比较喜欢的，有两个亮点。一个亮点是，在天王殿前面有一口大铁锅，这口大铁锅直径接近两米，深一米。我知道在寺庙里的东院里还有一口更大的铁锅，直径四米，深两米。

这样的大铁锅，能够为寺内所有的和尚煮粥喝。熬大锅粥，需要煮很长时间，且量大，黏稠有味，喷喷香。

这两口大铁锅有一个秘密，就是“泼砂不漏米”，锅底有一个小容器，在煮粥的时候，砂石和沙子会掉到那个凹陷的容器里，而粥却越搅和越好吃。

还有一个亮点，是在潭柘寺观音殿西侧的龙王殿前有一条石鱼，长一点七米，重三百斤。传说这条石鱼身上有十三个部位，代表十三个省份，哪个省份有旱情，就敲击哪个部位，能降雨消除旱灾。这些我认为当然也是无稽之谈。不过，敲击石鱼祈福天下消除旱灾，也是良好的心愿。

潭柘寺就是这么一个好去处，一个认识北京历史的起点之所，一个守望今日北京的祈愿之地。

第三章：辽南京城

辽五京制

“安史之乱”平息之后，尽管唐朝还继续延续了一百多年的寿命，但已经元气大伤，恢复不过来了。唐后期朝廷被宦官把持，宦官挟持皇帝，国势江河日下。公元907年，唐将朱温废唐，建立了后梁，定都开封。

后梁是一个统治着黄河流域的北方小政权，中国从此进入大分裂时期。大一统时期和大分裂时期在中国历史上交错发生。从后梁开始进入“五代十国”时期，后梁存在了十几年，然后是后唐、后晋、后汉、后周，这是北方“五代”的政权，其中有“四代”都是定都在开封，政治中心继续东移了。

在北方、南方和西南还有吴、前蜀、吴越、楚、闽、南汉、荆南、后蜀、南唐、北汉等十个割据小政权，叫作“十国”。这些小国建都于成都、杭州、扬州、南京、太原、番禺、长沙、福州等城市，兴也短暂，亡也倏然。

到了公元960年，赵匡胤黄袍加身，建立大宋，逐渐统一了全国的大部地区。当时，开封借助大运河的漕运，早已是一座耀眼的繁华都市，赵匡胤就定开封府为国都。另外，他还在大名府（今河北大名）设立北京，在应天府（今商丘）设立南京，在河南府（今洛阳）设立西京。这三京都是名义上的陪都，并无实质的陪都作用。

但此时，唐幽州城早就在契丹人的控制之下了。这座北方的军事重镇在契丹人的经营下相当繁荣，堪比中原地区的开封汴梁。幽云十六州此时都在契丹人建立的辽国的手里。北宋建立之初，幽州在辽的手里，这等于是北大门开着，大宋因此饱受大辽南下入侵的威胁。

辽朝的建立者是来自中国北方的契丹人。契丹人是北方历史悠久的民族，发祥于现今内蒙古赤峰市西拉木伦河与老哈河流域的广袤的草原地带。《魏书》最早对契丹人有记载。

契丹人的族源可以上溯到东胡人，东胡是古代长期在东北地区生活的少数民族的总称，在战国时期，燕国就曾和来自辽东半岛的东胡人发生冲突。在汉代初年，东胡人逐渐分为了乌桓和鲜卑两大部族。契丹人正是鲜卑人的一支，生活在辽东半岛山海之间，逐渐强大了起来。《魏书》中记载了契丹人分为八个部落的名称。当时契丹人南下广为贸易，和北魏人民有很多贸易往来，贸易场所在现今的密云等地进行。一直到公元1218年，在中亚建立西辽政权的耶律大石覆灭，契丹人在中国北方活动的历史有七百多年。

契丹人首领耶律阿保机在公元907年建国，国号是“契丹”，后经过征战，926年灭掉了渤海国，雄踞中国北方，人口不到一百万，统辖的疆域却十分辽阔，从辽东到阿尔泰山都是契丹国所据有，可以说是幅员万里。

公元936年，后唐河东节度使石敬瑭起兵造反，为了当上皇帝，石敬瑭把幽云十六州割让给了契丹人，派遣的使者给辽太宗耶律德光奉上了幽云十六州的地图和相关文书，得到了耶律德光允诺的支持。

耶律德光很高兴，得到幽云十六州之后，他在公元938年，把国号改为辽，宣布设立上京临潢府（今内蒙古巴林左旗）；升幽州为陪都，号南京（今北京），又称燕京，设立析津府；改原来的南京（今辽宁辽阳市）为东京，设东平府。设立了这三京后，契丹人开始觊觎华北和中原地区。

幽云十六州，就是现在的北京、河北、天津和山西北部一线，也就是从山海关、怀柔、居庸关到大同的广大区域。把幽云十六州送给了契丹国，石敬瑭换来了儿皇帝的地位，因此，石敬瑭在历史上留下了骂名。幽云十六州的战略地位非常重要，从现今的北京到大同一线都献给了北方强敌契丹人，契丹人南向的战略空间顿时增大，北方民族入侵华北、中原的战线，从秦汉以来，第一次跨越到了长城以南。

石敬瑭甘做契丹人的儿皇帝，建立了后晋王朝。也许是石敬瑭的皇帝当得很不开心，毕竟是个契丹人的儿皇帝。公元942年，五十一岁的他在汴梁郁郁而死。这个小朝廷只存在了十年时间，就被后汉替代了。有一种说法说石敬瑭是少数民族粟特族人。在唐朝，粟特人是活跃在中亚到长安的丝绸之路上的一个商人族群，他们东来西往，带来了货物贸易，沟通了文化交流。

幽云十六州在契丹人手里，中原以北的防御门户大开，宋太祖也认识到了这一问题，但却在军事战斗中屡屡败于契丹人手下。

这是后话了，我们先来看看辽五京的情况。

契丹人是北方的游牧民族，自古就在草原和山地间来往，自由奔放。建立契丹国之后，面临如何统治幅员万里的广大国土的问题。汉族人的政权都建有一座都城，都城中还有皇城，然后皇帝在深宫里发出管理天下的命令，在大内中神秘地进行着决策，深居简出，一般人很难目睹皇帝的真容。大辽的皇帝要创造一种新的治理模式，来统治国家。

辽朝的五京制，就是为了更好地统治国家所采取的措施。契丹人有一种独特的文化，他们在部落年代里施行的办法，是巡回管理自己的土地和族人。他们按照每年的春、夏、秋、冬的四时更替，顺应天时在各处狩猎与养护牛马，按照天气变化，避暑乘凉、避寒躲灾，在大地上巡回走动。契丹人的这种四时巡狩的独特生活习俗演化为了一种治理体制，叫作“捺钵”制度。

“捺钵”，就是按照一年四季的交替轮回来安排生产、生活和族群社会的组织管理制度。而辽五京制的设立，刚好能够体现出这个四时捺钵制度的优越性。

大辽的皇帝按照四时更替和季节的轮回，顺应天时地利，在五京之间来回走动，和臣僚商议国家的军政要事，解决五京面对的不同战略方向的问题。

辽五京形成了地理上的五个点，五京都是辽朝的战略支点城市，主要目的是统辖不同面向的地域和民族，也就逐渐形成了辽代的城市文化。这种文化讲求顺应天时地利，将天地万物按照时序来进行轮转安排，有着契丹人先进的自然生态理念。

辽五京之中，上京的地位最高，排名第一，是大辽的国都。但上京临潢府位于现今内蒙古巴林左旗，地处广漠的草原地带，都城建设规模远远比不上辽南京城。上京在926年才建了开皇、安德、五銮三大殿，初步有了点首都的模样。辽南京城地位是陪都，但却提供了辽代一半的财政收入，是经济中心城市。

辽东京的设立，主要是为了控制辽东地区。耶律阿保机平定了渤海国之后，将这里改为了东平府，目的在于管理辽东的事务。这是最早的三京的情况。

大辽皇帝后来又发现，在上京和南京之间，需要再设立一座陪都，就于公元1007年设立了中京大定府（现今内蒙古赤峰市宁城县），在南京和上京之间，建了一个中转休憩地。后来，因为要和西夏国与西南地区打交道，大辽在1044年设立了辽西京，位于现在的山西大同，这是辽五京中最晚设定的一京。

辽南京城

辽五京的建设，以辽南京最为辉煌。辽南京或者说燕京城是在唐幽州城基础上发展起来的。此时，从蓟城、燕都到唐幽州城，再到辽朝的陪都南京城，这座城市已经上升到了国家政治中心之一和经济中心城市。这是这座城市由军事重镇走向全国政治中心的过渡，在北京的发展历史上，出现了一次跃升。

辽南京城作为政治陪都，实际上是辽代的经济中心城市。辽代的财赋税务官都集中在南京城，南来北往的货物贸易十分繁盛。辽代皇帝四下巡游，一年四季随着四时轮转，在五京之间走动，后来，辽国皇帝大部分时间都住在辽南京。因这座城市繁华，热闹，人口众多，生活方便，信息量大。

公元1122年，金人攻破了燕京，成为了这座城市的新主人，至此契丹人对这座城市经营了一百八十四年。作为辽陪都的南京，这个阶段的发展可圈可点。在城邑建筑、经济发展和文化融合方面，辽南京成为了中国北方最重要城市，为金代灭北宋之后将此城定为中都，打下了坚实的物质基础。

此时的大辽已经跨越了长城防线，来到了华北平原北端。辽南京城由唐朝一座抵御北方民族南下的前沿军事重镇，反而变成了契丹人控制的随时南下攻打北宋的军事重镇，这一变化前所未有，更加凸显了它的重要性。

辽南京地上建筑现在都看不到了。只有文字记载和一些考古发现，能够让我们看到这座城市的规模和结构。

从城市营建来看，辽南京城沿袭了唐幽州城的总格局，但辽代在一百八十四年的时间里，持续地经营南京城，给这座城市带来了很大变化。据记载，辽南京城周长二十多里，城墙高三丈，厚达一丈五尺，城内有东西向和南北向各一条大街，东西向的大街就是现今广安门到广渠门一线的位置，南北向的大街，是现今

辽安东门故址

牛街到樱桃园一线的位置。

辽南京城的营建，没有采取大拆大建的办法，仍旧采取了唐幽州城的里坊制，城内设置了二十六坊，每个坊都有坊门，书写了坊名，便于认路。很多的里坊名都沿袭了唐幽州城的旧名，也有一些新的坊名，如铜马坊、敬客坊、仙露坊等。在城市北端，有一个较大的市场交易场所，叫作北市。

辽南京沿用了幽州城的大城和子城，也就是外城和内城的建筑格局。内城位于外城的西南部，占地面积相当于外城的四分之一。皇城增建在内城的西南角，面积不大，宫殿区域建在内城的东南边。

在内城之中，有两个花园，分别叫作东苑和西苑，林木繁盛，水池波澜不惊，是内城皇家园林，只给皇帝后妃们赏玩景色、休憩所用。

这两个花园现今都不存了。而在内城的西南角和东北角各有一座高大的角楼，西南角叫作清凉殿，据建筑学家推测，与辽上京的西楼建制有关，是契丹人的太阳崇拜观念的一种体现。

东北角楼叫作燕角楼，燕角楼的位置虽然是内城的东北角楼，但却是整个辽南京城的四方形城区的中心位置。这两座角楼有个斜角，高大巍峨的角楼耸立在此，成为了辽南京城内人来人往抬头都能看得见的建筑，心里会顿时生出一些敬畏。这个位置是现今的西城区南线阁、北线阁之地。

宫城建在内城的东侧，占地面积是内城的三分之一，也有高墙围护着。宫城有一条中轴线南北贯穿，南门是丹凤门。丹凤门和内城南城墙是一条线上所开，丹凤门外，是一片凸出来的一个瓮城区域，南面还有一座门，叫作启夏门。启夏门就在现在的菜户营的位置。

辽代帝王都信奉佛教，因此在辽代，佛教文化比较兴盛。辽南京城里也盖了多所寺庙，现在有名可考的就有二十五所，如大昊天寺、大开泰寺、圣恩寺、宝塔寺、天王寺、仙露寺、北观音寺、宝应寺、归义寺、竹林寺等等。在并不很大的城区里建造这么多的寺庙，可见辽代帝王信仰佛教之盛。

现今，燕京城的地表建筑可以说是荡然无存了，只剩下了一座高塔，就是辽南京城内当时的天王寺塔，现今的天宁寺塔。现今北京房山区云居寺的北塔，也是辽代兴建的，尚且遗存。这就是辽代佛教建筑在北京的遗珍了。

契丹人在耶律阿保机的带领下，采用了中原汉地的管理经验和体制，并且尊崇佛教，鼓励官员和民众修习儒家文化，这也促进了少数民族的汉化发展。

辽太宗耶律德光在辽南京城建立了大辽的军事指挥中心。在《辽史·百官志》中记载，辽南京的设立，主要在于“以国制治契丹，以汉制待汉人”。这句话的意思是，要以契丹制度统治契丹人，要以汉族人的制度文化统治汉族人，分而治之。后来的金、元、清代也沿袭了这一治理思路，这是辽代契丹人的一个发明。在文献记载中，和当代考古学家对辽上京和辽中京的遗址发掘中，都能看到契丹皇城区和汉城区两部分，中间用城墙分开。

为此，大辽在中枢机构上设立了南北院，北院管理契丹人事务，南院则管理汉族人事务，在南京城设立了南京道。道相当于省级建制，从唐代延伸而来。唐朝太宗李世民的贞观年间，最开始在全国设立了十个道，后来增加到了十五个，辽朝依据五京的制度，设立了五个道。毕竟统辖的面积要小于唐代。

在燕京设立了南京道，是为了管辖这一地区的汉族人。道下面还有州和县两级行政管理层级，州的最高行政长官叫作刺史，县的首脑叫作县令，都是依循唐代的制度。辽南京道管辖的区域是现今华北平原的北端，向西则是辽西京大同府的辖区，这样就能看出，辽南京城是面向整个华北、中原的重要城市。大辽继续实施南进的战略，就要从这里出发。

对燕京长达一百八十四年的经营与发展，使得一座富足繁荣的城市展现在北方。这也为后来金兵南下、元朝建立大都，创造了条件。如果没有大辽对南京的经营和战略意图设计，这座城市的经济发展、文化交流、货物贸易就不会兴旺发达。

北方民族也看到了南京城内的各民族的文化融合，是促进社会发展的契机。在很长的时间里，辽南京都对中原地区形成了战略压力。

公元979年，宋太宗曾发动了一次攻打辽南京的“高梁河之战”，结果在河边惨败，不得不退去了，宋辽之间进入战略僵持阶段。

辽风俗记

《辽国志》中记载，在燕京城内当时生活着三十多万人。燕京的日常生活，一定有自己独特的呈现。时隔千年，地面建筑全部不见，只有一些文字记载和地下的出土文物，还能告诉我们一点信息。

考古学家告诉我们，燕京城内当时有歌舞、杂剧和角觝的表演，还有书籍印刷业和书肆的较多分布。辽《大藏经》的出土，证明了在南京城内佛经的印刷和售卖都很方便，特别是一些书肆之内，不仅有佛经售卖，还有一些汉族经典著作和文人的诗文集。这是北京作为文化中心的一个起源，也就是说，琉璃厂的书店业可能要溯源到辽代的南京城了。

燕京城内的酒馆、旅店、茶馆和小吃摊也很发达，要给三十万人提供生活服务，必须在衣食住行方面，有相当的市场和供给才能实现。城北有三个市场进行货物交易，构成了南京城内的热闹景象。

契丹人是草原游牧民族，好动不好静，喜欢且歌且舞。从宫廷贵族到一般草民，都是喜欢歌舞表演的。在宋代士人的笔记中，也可以看到他们出使辽国，在辽南京城停留时的见闻。当时，辽国有专门负责接待使臣的部门，相当于礼部，常常以歌舞欢宴来款待宋人。

王安石是北宋的政治家和改革家，也是一位大文人。作为使臣，他曾在大辽境内出访，受到款待，看过契丹人表演的歌舞。在清代纳兰性德的《渌水亭杂识》中就有这样的记录：

> 辽曲宴宋使，酒一行，觱篥起歌。酒二行，手伎入。酒四行，琵琶独弹。然后食入。杂剧进。……继以吹笙、弹筝、歌击、架乐、角抵。王介甫诗曰："涿州沙上饮盘桓，看舞春风小契丹。"盖纪其事也。

这一段记载，生动描绘了辽朝契丹人接待宋朝使者的热闹场面。第一轮举杯之后，也就是酒过一巡，表演者以觱篥伴奏开始起歌。觱篥是一种管乐器，类似笛子，一般是竹子做的，用芦苇做嘴，一头大一头小，据说是唐代从西域传入中土的一种乐器。酒过二巡，手伎就进来表演了。手伎有两种解释，一种就是百戏杂技，变戏法的，他们上来了。还有一种解释，手伎是着重于手的表演的一种舞蹈。比如我们都看过邰丽华表演的千手观音舞。手舞蹈中，特别强调的就是手这种肢体器官的表现力。

酒过四巡，琵琶独奏，然后主菜就端上来了。估计都是烤全羊、手把肉这样的草原美食。然后就是杂剧上演，也就是戏剧表演了。接着还有吹笙、弹古筝、打击乐器和摔跤表演。好不热闹，我都能想象到宋朝使者在契丹人的热情接待之下，肯定是非常的开心，毕竟当时北宋是靠赎买和纳贡，获得了较长时间的宋辽和平。

官方招待宋朝使者来访，是按照上述节目单进行的。那么在辽南京城内，一般市民能不能看到这样的表演呢？答案是，肯定可以。特别是在上面王安石记述的那段话里，出现了杂剧表演。说明杂剧，也就是中国戏剧，在辽代的南京城就已经成为了老百姓日常的娱乐休闲方式，杂剧不是自元代才广泛流传的。

我们知道元代杂剧很有名，剧作家也很多，有名的杂剧也有流传至今的，元代杂剧发展到了一个很辉煌的阶段。但宋人的笔记告诉我们，杂剧作为一种城市娱乐表演形式，其历史要往前推到辽代。

我在翻阅《宋史・孔道辅传》时，也看到了相关的记载。孔道辅作为使者出使辽国，契丹人很热情地接待他，组织了一场欢迎宴会。在欢宴的过程中，有表演杂剧的演员，也就是优人和伎人，专门排演了一场以孔子为主角的杂剧，表演给孔道辅看。

契丹人这么干，有他们的道理。这个孔道辅可不是一般人，他是孔子的第四十五代嫡孙，当过宋朝五个州的知州，后来还担任了北宋朝廷内的大臣御史中丞，这一官职是正二品，相当于现在的最高人民法院院长。

那么当时孔道辅看到了以他的祖先孔圣人孔子为主角的杂剧表演，反应是怎样的呢？他的反应是十分恼怒，完全不理解契丹人怎么能这么做，站起来斥责人家。可契丹人排演孔子杂剧，就是专门给他表演的，因为他是孔圣人的第四十五代孙子啊，契丹人显然做了功课，也是一片良苦用心。

孔道辅不以为傲，反而不能理解，认为是辱没了圣贤祖先，差点拂袖而去。这就说明在汉族人和契丹人之间，还是有文化差异的。契丹人比较豪放，哪里知道孔家后人这么保守，这么受束缚呢？他们认为，以杂剧来演绎孔子的故事，恰恰是一种推崇。这是很有趣的一件事了。可见，杂剧在辽代的南京城很有市场，艺人们在题材的创造上，也没有很多的限制和顾忌。

辽代虽然没有留下杂剧剧本、脚本和更多的信息，但杂剧的起源，至少能够从元代再往前推两百多年。或者，我们从元杂剧研究中，也许能获得辽代杂剧的一些信息。辽代和北宋的文化交流在和平时期，是有很多的。

在辽南京城，书肆得到了长足的发展。前面说了，由于辽朝皇帝尊崇佛教，手工雕版刻印和印刷佛经，成为辽南京的一个文化亮点。那个时候，在辽南京城内的很多里坊，都能看到售卖佛经的书店。辽《大藏经》后来是在应县木塔之内发现了十二卷，题记标明是公元1004年刊刻于燕京。这一阶段，还是房山云居寺石经刊刻的又一个高潮时期，我们去房山云居寺，能够看到辽代刊刻的石经数量庞大。此外，辽南京城内还有道观、清真寺，契丹人信奉的萨满教也在燕京契丹人中间流传。

辽代契丹人还创造出了契丹大字和契丹小字，这对契丹人进行文化创造、记录传播都很重要。辽代还在南京城开科取士，契丹皇室贵族和汉族上层人士家庭通婚，当时也比较常见。

契丹男人的发型比较独特，叫作髡发，也就是剃掉顶发，就像古代日本人的发型，只留着鬓角和脑袋后面的头发，喜欢戴大耳环。辽南京城内的汉族人吃米面蔬菜，契丹人喜欢吃奶酪和牛羊肉，牛羊肉大都以烧烤和水煮的方式来烹饪。

契丹人当时在解剖学、防冻术和针灸学方面都有自己的方法，尤其对尸体防腐处理上，发明了“帝羓”。辽太宗耶律德光在巡游路上死于野地，卫士将他的内脏挖出，在肚子里放上很多食盐，保持尸体不腐烂，拉回上京安葬。有些贵族人家有人死了，也是如此处理尸体，取出内脏，放上香药和盐矾，用线再把肚腹缝好，就能保证尸体长久不腐。

另外，契丹人非常重视口腔的卫生和对牙齿的保护，考古发现契丹人可能是最早发明牙刷的民族。一座辽代墓葬中曾出土了骨制的牙刷，证明了这一点。在赤峰地区，还出土了拔牙的钳子。

辽朝历代皇帝喜欢汉族建立的宫殿的庄严巍峨，对南京皇家宫苑的建设很重视。辽代比较有名的皇家园林有这么几处：

长春园，地点在大城外的西北方向，是辽朝皇帝钓鱼赏花戏水的一处行宫，以牡丹花最为有名。瑶池，在宫城的西部，池中还有一座岛屿叫作瑶屿，小岛被波光潋滟的池水包围，柳树依依，是宫内女眷们最喜欢的地方。内果园，在子城，也就是内城的宣和门内，这个地方聚集了各地的奇异物产，尤其是各地的农作物和瓜果，也是市民游园的好地方。

辽代皇帝还喜欢在南京城外建立帐篷，当时燕京东部沼泽多、水塘多，郁郁葱葱的芦苇塘、荷花池、绿柳岸，引来很多水禽，辽朝皇帝春季捺钵，就是到城东部的“延芳淀”捕野鸭和水鸟。

由此可见，辽南京城受到汉文化的影响很深入，辽代契丹人全面吸收了中原文化，无论是宫廷文化、贵族文化还是市民文化，各个层次上都能看到多民族文化融合的景象。这使得辽南京在具有了政治功能、军事功能、经济功能之外，又有了文化中心的功能。

副章：天宁寺与萧太后河

天宁寺的风铃

在春天到来的时候，北京人可以去元大都城垣遗址看春海棠花开，去法源寺闻丁香花香，去大觉寺喝春茶，欣赏玉兰花的馥郁，也可以去天宁寺，听春风吹拂下天宁寺塔上的风铃声。

现今留存在北京的辽代建筑已经很少了。最著名的，当然就是天宁寺塔。在唐代建成的悯忠寺内曾有两座密檐塔，现在也不存了。

去北京西客站，从东往西在天宁寺立交桥上走过，就能看到这座密檐式的高塔。这是建于辽代的八角十三层的实心砖塔，高

今天的天宁寺

五十八点四二米，矗立在南边一片屋宇中。

天宁寺宝塔那黑魆魆的身影，依然在向我们呈现着历史的沧桑感。但天宁寺的建立，还要往前追溯到北魏时期。

公元472年，北魏孝文帝期间，这里就耸立起了一座寺庙，当时还叫作光林寺。隋文帝仁寿年期间，改名为宏业寺，这是在公元601—604年，这段时间里，宏业寺内为了安放佛舍利，还建了佛塔。在唐代开元年间，也就是公元713年到741年，这座宏业寺又改名为天王寺。

辽代之后的金大定二十一年，也就是公元1181年，天王寺改名为大万安寺。元朝末年，这座寺庙遭到了焚毁。

到了明代，燕王朱棣还没有登基做皇帝的时候，就下令重建这座寺庙，到宣德十年，也就是1435年，修建好的寺庙改名为天宁寺，寓意为天下安宁。明代的正德、嘉靖年间也继续修缮过。经过了多次的毁灭和重修、改名和再建，这座寺庙中现存的那座高高的密檐塔，依然站立在北京西南二环边。

也有考古学家认为，唐代宏业寺的前身光林寺，并不是现在的天宁寺所在。他们根据出土文物判定，北魏、北齐时期的光林寺是一座尼姑庵，因有一件出土文物收藏在国家博物馆，这件文物是一尊造像，叫作“光林尼寺静妃石造佛像”，底座背后的题记显示，造像是公元568年，也就是北齐天统四年三月塑造的。这说明当时光林寺是一座尼姑庵，地点不在现今的天宁寺地址上。在这里备此一说。

那么，天宁寺这座密檐塔，到底建于哪一年？这么复杂的寺庙历史建设过程，过去曾众说纷纭，很难说清楚，也不见历史记载。1991年，天宁寺经过了一次整修，在整修的过程中，从天宁寺宝塔塔顶处，发现了一块塔碑碑记。这块不大的塔碑上有这样一段文字：

> 大辽燕京天王寺建舍利塔记。……天庆九年五月二十三日奉旨起建天王寺砖塔一座，举高二百三尺，相计共一十月了毕。

以上塔记的内容，将这座密檐宝塔的建造时间之谜揭开了。就是辽天庆九年五月开建，十个月之后完工，举高二百零三尺。按照辽代纪年来查阅，可知是在公元1119年到1120年建造的，距今已经九百年了，给现代北京城增添了独特的历史文化符号。这座塔的准确名称，是“天王寺舍利塔”。1991年的整修，还测量了这座塔的塔高为五十五点三八米，加上刹顶三点零四米的高度，是五十八点四二米。当时主持建造这座塔的人，是辽代天祚帝的叔叔耶律淳。

天宁寺的布局是坐北朝南的走向，寺门开在南边，过去的规模应该比较大。现存的只有中轴线这一路的建筑，左右两路的建筑都不存了。

山门殿中有弥勒佛像，后有手持金刚杵的韦驮像。这个山门殿也叫韦驮殿，殿额上书“敕建天宁寺”。过了山门殿，就是接引殿，再往里进就是舍利塔院，天宁寺的舍利塔就矗立在院子里，左右两边还有配殿，分别是药师殿和弥陀殿。舍利塔院的后面是兰若院，非常幽静安详。

天宁寺塔造型奇特，一共十三层，是一座平面八角形密檐实心砖塔，底部是须弥座，有砖雕，如狮子兽头、莲花缠枝、金刚力士等雕像。塔的须弥座上还挂有铁灯，一共三百六十盏。十三层塔身从下到上逐渐收窄了塔身，使得整座塔远看近看都有一种协调的弧线，既挺拔伟岸，又灵动鲜活。

乾隆皇帝在18世纪重修了这座寺庙，而这座密檐宝塔的塔身雕塑和塔砖都非常精美。特别是，十三层的塔身那密檐的交叉角上，都悬挂有风铃，密檐的椽子上也挂有风铃，计算下来，这座舍利宝塔的塔檐上，一共有三千四百个风铃，只要是有风吹过来，这么多的风铃能一齐发出美丽的声音。

可以想象一下这三千四百个风铃在风中发出的声音，是一种什么样的乐音。那种以风引领的，带着祈愿、欢快和祝福的风铃声，清脆，悦耳，一阵阵回响，与鸽哨一起在空中飘荡，会给我们带来什么样的空灵美和欣悦感?

其实，这些风铃又叫“惊鸟铃”，风一吹，铃儿响，鸟就不会落到塔上拉屎，塔身会比较干净，至少不用怎么清洁。要知道清洁这样的塔是很不容易的。

如今的天宁寺塔，上面的风铃也不多了，可能只有几十个。我有一次去天宁寺就没怎么听见风铃响。风铃虽然不响，我在感觉中似乎又听到了清脆的风铃声，这是不是一种禅意呢?

在西二环高高的天宁寺立交桥上，望见那座九百岁的密檐宝塔，就会有一种悠远的古意破空而来，弥漫在心头。

萧太后运粮河

现在要说到萧太后这个人了。

我小时候听评书《杨家将》，评书里就出现了萧太后，这是一个反面人物，她率领大辽国的军队与大宋的杨家将对垒，她设下圈套，以二十万大军包围了杨业杨老令公率领的士兵，杨业等寡不敌众，无法突围，誓死不投降，最后在辽军的团团包围之下绝食而死。萧太后下令把杨业的脑袋割下来，在燕京附近的边关示众。不过，萧太后又很钦佩杨业视死如归的气概，示众完了，她让人在古北口给杨业盖了一座祠堂，很多人就去祭奠他。

现在的古北口镇河东村有一个“杨老令公祠”，又叫令公庙，就是这么来的。

萧太后是辽朝历史上一位著名的女政治家和军事家，大名叫萧绰，她的生卒年是公元953年到1009年，活了五十多岁。

公元926年，辽太祖耶律阿保机去世，他的儿子耶律德光即位，就是辽太宗。这个耶律德光非常崇拜汉高祖刘邦，就给自己取了汉姓，也姓刘，他也很推崇萧何这样忠心耿耿又足智多谋、辅佐刘邦的近臣，因此把外戚一族的姓，改为了姓萧。所以，辽朝出现了一个十分有趣的现象，那就是皇帝都是耶律氏，但太后都姓萧，辽代有十三个皇后姓萧，所以辽朝有好几个萧太后，不按照辽朝的纪年来区分，是很容易搞混的。

这个萧太后，是辽景宗耶律贤的皇后，小名叫燕燕，在一些历史记载中也被称为承天太后。有一出很有名的京剧《四郎探母》，说的是杨家将的故事，主角之一就是萧太后。辽军俘获了杨四郎，把他押解到萧太后的面前，萧太后审问他，问他叫什么，杨四郎说自己叫穆义，欺骗了萧太后。萧太后还有一个女儿，叫铁镜公主，喜欢上了仪表堂堂的杨四郎，萧太后就把铁镜公主嫁给了杨四郎。由此演绎了一出辽宋对垒时期，情与义的悲喜剧。

萧太后萧绰的父亲是宰相萧思温，她从小就聪明伶俐，入宫成为皇妃之后，很受辽景宗耶律贤的宠爱。但耶律贤身体不很好，精力不济，大事小事就渐渐交给皇后来办。萧皇后也明断事理，国事家事全由她决定了，再报告给景宗皇帝。这个萧皇后很干练，大事不糊涂，小事很周详，深得大臣们的拥护和老百姓的爱戴。她不仅能决定国家大事，还是一个不爱红装爱武装，飒爽英姿的女人，喜欢亲自驾驶战车，指挥三军，赏罚分明，将士们也很听令。这说明萧皇后还具有军事指挥才能。

中国历史上这么能干的皇后，也是不多见的。

公元982年，三十五岁的辽景宗在山西大同的西京行宫去世，年仅十二岁的儿子耶律隆绪即位，也就是辽圣宗。但景宗担心儿子太小，不能胜任军国重任，就遗诏让萧皇后决定军国大事，此时，萧皇后就变成了萧太后。

萧太后这一年才三十岁，就临朝决定大事，被十二岁的儿子小皇帝尊为承天皇太后，总揽辽朝的一切政务和军国大事。从公元983年到1009年，前后执政二十七年，是中国历史上少有的杰出女性政治家。可以和她相比的，也就是吕后、武则天、慈禧太后等几位了。

大辽和北宋的澶渊之盟签订在公元1004年，当时辽国的主导者就是萧太后。澶渊之盟的签订有一个历史背景。公元979年，宋太宗赵匡义在高粱河之战中受伤，公元997年因旧伤复发而亡，他的儿子赵恒即位，是为宋真宗。

北宋皇帝也一直有一个梦想，就是有朝一日收复被石敬瑭拱手送给耶律德光的幽云十六州。经过了一场战事，宋真宗和大辽订立澶渊之盟。澶渊之盟使辽国和北宋休止了战事，双方都有了一个战略缓和的空间，萧太后此时就有了更多的时间来经营辽南京。

公元1004年，萧太后、辽圣宗率领五十万大军攻打北宋，来到了黄河北面的澶州，也就是现在的河南濮阳，准备对北宋进行致命一击。宋真宗也亲率士兵前往御敌，双方交手各有损失，经过了仔细的考量，宋真宗决定与辽朝媾和，达成和平条约，经过双方紧急磋商，最终达成了“澶渊之盟”。

澶渊之盟的主要内容有：宋辽结为兄弟之盟，宋真宗年长为兄，辽圣宗年小为弟，宋真宗称呼萧太后为叔母。维持原有两国国界，辽朝归还此次占领的宋朝三州。宋朝每年给辽绢二十万匹，白银十万两。

这个条件当然还有一个来回。最后是萧太后拍板同意了。辽和宋签订了这个和平条约，条约的实质是北宋愿意花钱买平安。

澶渊之盟使大辽获得了战略空间，萧太后就主持疏浚了运粮河。

当时的辽南京虽然是陪都，但辽朝的皇帝都很重视对这座城市的经营。城内不仅有一整套大辽国的皇家办公机构，还设了太学等教育机构。而驻扎在辽南京周边的辽军数量很多，从居庸关到山海关一线都有。根据《契丹国志》的记载，辽南京城内生活了三十万的人口，这在当时是一座大城市了。一座大城市，有熙熙攘攘的皇室贵族、官吏阶层和市民老百姓三十万人，每天的吃喝拉撒就是一个大问题，燕京地区当地产的粮食明显不够。怎么办？就得从外面运粮过来。从哪里运？从山西大同和辽宁的辽阳运。

山西大同是辽西京，从大同调运粮草，运输工具主要是靠骡马和骆驼等畜类，翻山越岭，沿着太行山的山谷，走军都陉，这是大同通往辽南京的山道，能运来山西的粮食。辽东京辽阳的粮食产自辽河平原，粮食产量很丰富。从辽阳运粮要走海路，到达现今的河北乐亭，再把粮食装载到木船上，沿着几条连通的河流走宝坻、香河，抵达潞县的北运河码头，就是现在的通州运河。

如今的北京还有一条只有地名却不复存在的河，三里河。三里河是从西面流进环绕着皇城的护城河水系的河流。这条河，据说就是辽朝的萧太后修建的运粮河运抵城区的一段。当年，隋炀帝下令挖掘的大运河通到了通州，萧太后就专门挖了一条河，与大运河相连通，这样，从海上运来的粮食，沿着河道不断西行，最终到达燕京城下的北城濠。

萧太后运粮河全长二十多公里，虽然不长，但在当时的燕京，等于是一个卡脖子工程。这条河从大运河的终点，也就是潞州的张家湾开始，从这里又分了两条道，一条向北沿着潮白河运到顺义牛栏山，把粮食运往顺义和密云的军队驻地，另外一条继续向西开凿，经过高力庄、台湖，到达西直河，再通向老君河、十里河，接通了龙潭湖，到达陶然亭，通到了北城墙门外，就是现今西城区南横街的平渊里一带。有了这段运河，从辽河平原运来的粮食，就能快速运到南京城，为三十万京城居民提供粮食保障。

萧太后励精图治，保持了辽国的繁荣发展。公元1009年，萧太后萧绰去世之后，辽代又延续了一百多年。公元1114年，女真族首领完颜阿骨打起兵攻打辽国。公元1115年，完颜阿骨打称帝，国号金。

1120年，金人攻破辽上京，辽朝首都陷落，国土也损失了一半。这一年金人和北宋盟约联合攻打辽国，盟约中有取胜后金人将幽燕地区交给大宋的内容。

在辽朝即将灭亡的时候，又出来一个萧太后，也很有意思。

公元1122年，号称天赐帝的耶律淳死后，萧德妃就成了萧太后，总领燕京的一切军政大权。9月，辽国将军郭药师率领八千士兵投降了宋朝，10月，带领宋朝军队士兵攻打辽南京城。他熟悉地形，在夜晚渡过萧太后河的时候，让每一位士兵都屏住呼吸，嘴里衔着像筷子一样的枚，不发出声音。清晨，渡河成功的五千士兵混入了进城的老百姓队伍，从迎春门进入了燕京城，开始向悯忠寺一带进攻，要求皇城内的萧太后立即投降。

萧太后下令关闭城门，她穿着丧服出战，手下将士一看太后这身装扮，顿时勇气倍增，与进入城内的敌人展开肉搏。他们英勇顽强，奋力反击，双方在悯忠寺一带展开了拉锯战。

这场残酷的战斗打了一整天，结果，萧太后率军愣是把进来的敌人大部分杀死了，悯忠寺前血流成河。她身先士卒，作风强悍，取得了巷战的胜利，郭药师将军只好跟着宋军残余人马，跳墙逃跑了。宋军一溃千里，退到了白沟。燕京守住了。

但到了12月，完颜阿骨打从居庸关过关，逼近辽南京城，很快发起了攻城战。萧太后抵挡不住金人的猛烈进攻，与耶律大石一起从居庸关北逃了，燕京城落入了金人的手中。

完颜阿骨打攻占辽南京，在德胜殿接受辽朝臣的投降。

第四章：金中都城

金五京制

北宋并不一直是辽的盟友，公元1004年，宋辽签订的澶渊之盟保持了两个政权的战略和平。一晃很多年过去了，到了1120年，宋与金结盟，开始攻打辽国。宋金结盟的主要内容是，宋、金联手夹击辽国，金取中京，宋取燕京。胜利之后，幽云一带汉地归属宋朝，宋每年给金支付五十万两银子和五十万匹绢。这样辽国是腹背受敌，两线作战，很快就败亡了。

女真族属于肃慎族系，是东北地区最古老的民族。在兴起前的时期，屡屡受到契丹人的欺压，女真人也要向辽朝进贡各种物产，如马匹、兽皮、人参、貂皮等等。被人欺负，内心不服，这就使得女真族的氏族部落不断壮大与联合起来，完颜阿骨打也从中脱颖而出。

为了打败辽国，完颜阿骨打卧薪尝胆，做了精心的准备，伺机而起。他瞅准了辽朝后期已经外强中干，对东北腹地的统治出现空心化的情况，发起了战斗，迅速击败了辽军。

金攻打辽的第一战，发生在公元1114年。完颜阿骨打在这年的十月攻克了辽的江州，也就是现在的吉林扶余县，之后，继续攻克辽的宾州、祥州、咸州等地，这几个地方都在现今的吉林省境内。公元1115年，完颜阿骨打在女真各个部落首领的拥戴下，改名为完颜旻，正式称帝，国号金，建都于会宁，也就是现在的黑龙江阿城县白城子。

在这年十一月，辽国的天祚帝御驾亲征完颜阿骨打部。天祚帝率领着号称70万的辽军，与实际只有两万精兵的完颜阿骨打展开了决战，结果辽军大败。第二年，也就是公元1116年，金兵攻克了辽朝的东京辽阳府。

眼看着大金不断打败辽朝，宋徽宗觉得机会来了，就派人与完颜阿骨打谈判，想把当年给大辽的岁币转而给大金，换取幽云十六州的统辖权。

完颜阿骨打占领了燕京城，虽然内心很不情愿，还是在劫掠一番之后，按照和北宋的协约，把燕京城给了北宋。宋朝军队接管了燕京所属的六个州，涿州、易州、檀州、顺州、蓟州、景州。但金人把燕山上的长城楼橹都毁掉了，楼橹就是长城上没有屋顶的御敌观望高台。燕京城内的金银财物也被金人劫掠一空，很多技术工匠和倡优、僧人，也一同被带到了金国。

宋徽宗到手的燕京是一座空城。辽经营了一百八十四年的南京城繁华不再，大部分值钱的、有用的东西，都被金兵拿走了。破破烂烂的燕京城摆在了宋朝的面前，让宋朝人也觉得每年五十万两银子给金朝，这笔生意不划算，但也无可奈何了。

宋徽宗将辽南京城改为燕山府，划入宋朝辖区，慢慢经营。

没过几年，公元1125年，辽天祚帝被金人俘获，辽灭亡。金人开始南下，向北宋发动了攻击。在这一年12月金人攻下了燕山府，1127年攻破汴京后，将北宋皇帝宋钦宗和太上皇宋徽宗一起俘获并“北狩”，北宋灭亡。

宋徽宗的第九个儿子赵构在宋南京（现今商丘）称帝。公元1138年，迁都到临安（现今杭州），放弃了淮河以北地区，国号为宋，史称南宋。

而金人在攻破汴京之后，迁都燕京就成为一个重要选项。金人统治者也知道，只有从东北腹地迁到华北平原的燕京，控制住幽燕地区，才能够获得对华北、中原和江南等地的战略挤压。

但是否应该迁都，在金朝内部发生了很大的争议。一些军功高的朝廷宗室贵族，主张在金人发源地站稳脚跟，不愿意去燕京地区。而受到汉文化影响大的宗室和贵族，则希望迁都到燕京。

金熙宗完颜亶是大金的第三位皇帝，公元1135年到1148年在位，他对中原文化十分向往，在建章立制、生活习惯方面都有借鉴，推行“文治”。但一些金朝保守势力，尤其是通过“猛安谋克”制获得军功的贵族就很反对他。猛安，是千夫长；谋克，是百夫长。这种金人的军事建制单位后来演化成一种军事制度与组织，成为金朝的军人势力。其中，完颜亮成为代表，他官至左丞相、都元帅，掌握了军权后，发动了政变，谋杀了金熙宗。

完颜亮就是后来的海陵王。他的命运也是跌宕起伏的。因他是以庶长兄的地位通过弑杀金熙宗才获得的皇帝大位，因此，金朝皇室有些人对他很怨恨。为了摆脱宗室势力对他的不满形成的压力，他认为迁都燕京，能摆脱反对他的声浪，消除对他的皇权的觊觎。

公元1150年，他下诏征询朝内谏议。有大臣建言，说迁都于燕京，金国的统治空间将变大，距离中原腹地更近，便于拓展疆土。另外，金上京土地贫瘠，物产匮乏，不如燕京地区物产丰盛。如投降大金的宋人梁汉就建言说：

> 燕京自古霸国，虎视中原，为世之基。陛下应修燕京，时复巡幸。

完颜亮借助这些大臣建言的机会，发起了廷议讨论。当然，不同意见肯定有，特别是一些保守的金朝贵族。但下令迁都是皇帝的权力，公元1151年，他先下了一个《议迁都燕京诏》，改燕京名为中都，并命令大臣张浩主持修建金中都。两年之后，也就是公元1153年，张浩主持的金中都基本建成，完颜亮下令从上京会宁迁都到金中都。

在迁都之后，他下诏对上京的金朝宫殿、衙署、民宅和军事设施全部进行拆毁，夷为平地，等来年再给当地平民做耕田用，所有的金朝宗室也必须跟着他前往中都，不得留在上京。这也是为了让贵族保守势力无法反抗。这样的迁都，可以说是很决绝的，海陵王完颜亮迁都，说明了他是一位果敢决断、有眼光的君王。当然，最终他因为弑杀金熙宗，付出了惨重代价。

此时，金兵已经占领了开封汴京，完颜亮下诏，削上京的号，改为会宁府。将汴京改为金南京，设开封府；改中京大定府为金北京，设大定府；改析津府为大兴府；加上金东京辽阳府、金西京大同府，与辽国一样，金朝采取的也是五京制。

金代的五京制度，也还是游牧渔猎民族迁徙生活的一种体现。广袤的国土，需要巡游才能体现统治的权力，需要巡游才能处理不同地域的问题。上京地处偏僻的东北会宁，后来削去“京”的地位，就逐渐没落。西京是重要的军事重镇，大金在那里摆下重兵。东京的物产是大金的财政来源和粮食供给基地，南京曾是北宋首都开封，大金的财政收入主要来自中原汉地。南京在金代中后期是主要的陪都。金五京制的特点，是最后突出了金中都的首都地位。

金中都作为大金的首都，是北京城作为国家首都的开始。咱们掐指算一算：蓟城做过诸侯小国蓟国和燕国的都城，那时候周天子还在，国家首都在长安。秦汉之后，蓟城就变成了郡、州、府的治所所在，三国、两晋、南北朝时期也短暂当过地方性小政权的首都，影响力有限，不能算作大国国都。到了隋唐代，幽州城算是省级城市，只有到了辽朝的辽南京城时期，城市地位升为陪都，城市性质发生了变化，变为了政治中心之一。完颜亮执政后，明确金中都是大金的首都，从公元1153年到1214年，一共六十二年的时间，金中都都是金朝的政治中心、文化中心。

所以，要是计算北京作为首都的历史，一般从金代金中都开始。那么从金中都、元大都再到明、清的北京京师、民国北京和新中国的首都北京，一直到2020年的当下，北京作为国家首都的历史已经有八百六十多年。当然，要是细算起来，元初有三十八年、明代早期有五十二年、民国后期有二十一年，这几个时间段加起来一共有一百一十一年的时间，北京不是首都，这也是要特别说明的。

中都气象

金中都的气象比辽南京城大多了。

比方说，金中都在修建的时候，从北京南部涿州运土，场面就十分壮观。运土全靠人力，从金中都施工场地到南部涿州，一个挨着一个，由人排成队列长达一百多里，传递手中的土筐。装满了土的筐从涿州逐渐传递过来，空筐又从金中都的建设工地上传出去，可见当时施工的繁忙。

负责金中都建设的是完颜亮的丞相张浩，他是金中都的城建规划总设计师。

金中都城还是在蓟城旧址上一路发展过来的。和过去的燕都蓟城、汉广阳郡、唐幽州城、辽南京城相比，在旧址的基础上不断扩大，功能也更加丰富，一跃变成了政治中心、文化中心和北方经济中心城市。

金中都是学习了北宋汴京的城市规划建设。《元一统志》中记载："海陵筑燕京，制度如汴。"在建造规划金中都之前，张浩一方面带人仔细察看、丈量燕京城的当时情况，另外又派遣了画工，前往汴京，把汴京城的城建规制、空间结构、建筑规模、宽窄长短，都画成图纸带回来仔细参考。当时，汴京已经完全在金人的手中，做这件事比较容易。

根据宋朝诗人范成大在他的《揽辔录》中的记载，张浩主持修建金中都的时候，派工匠从汴京皇城内拆了不少上好的建筑材料，专门运到北方，用于金中都的建设。等于说张浩对金中都的规划设计上，基本拷贝了宋京开封汴梁的城市规制和宫殿构架。

金中都复原图

金中都不仅模仿了汴京的建筑规划，连宋徽宗花了多年时间和大量银子建造的皇家园林——艮岳中的假山假石、好的木材，也被拆掉不少，运到了金中都。现今北海公园里白塔边还有很多漂亮的太湖石，据传都是修建金中都的时候，金人从艮岳中取走运来的。

金中都的总体面积相当于两个半的辽南京城。它从南面、东面和西面三个方向上，都向外拓展了城墙，就使得金中都的城墙变成了正方形，把原来的辽南京城完全包含在中间。根据建筑学家的研究，结合考古学家的举证，金中都外城也就是大城的周长有三十七里，实测为十八点七公里。接近正方形的大城城墙，东西稍长一点，南北略微短一点。只有北墙还是辽南京城的老城墙，东西段做了一些延伸，没有向北延伸。

金中都的四面大城的城墙一共开了十三个门，东、西、南三面各开三个城门，北面的最东处，多了一个小城门光泰门。这些城门现已不复存在，但其中会城门、丽泽门留下的会城和丽泽这俩地名都还在。四面城墙每面开三座门，门对门形成贯穿的道路，是《周礼·考工记》中对建设都城的基本规制。三纵三横的大道，将中都城基本贯通为道路网格，便于通行。四面城墙各开城门、左祖右社的布局，能够看到金中都的建设，巧妙利用了燕京城的一些基础设施和原有的城市空间结构。

金中都的皇城在大城内稍偏向西南面，而皇城内的御道两边，建了衙署和太庙，皇城内不安排一般居民居住。皇城内又有宫城，在皇城的北面。从金中都城的空间结构上来看，形成了宫城、皇城、大城，由小套大、从里到外的三重城垣，一圈圈向外扩展的格局。这样的格局，都邑的功能区分比较清楚。

金中都效仿了汴京的建筑格局，把皇城居中，同时，又将宫城放在皇城的中间，具有了中心的位置。皇城位于大城的中央，只是稍微偏南一点。在皇城南部为宫廷入门处，就像现今的天安门前有个金水桥，当时金中都的宣阳门前有个龙津桥，过了这座桥，就进入了皇城。

进了皇城的宣阳门，走在御道上，面对正前方的宫城南门应天门，两边是千步廊，走廊后面是房间，宣阳门内的东西两侧各有一座高楼，叫作文楼和武楼。这样在宫城的应天门前，宽阔的御道和开阔的空间共同构成了一座宫城外、皇城内的南广场。

御道两边还有两条水渠，水渠边种植了美人柳，春风吹拂而来，春柳依依，柳枝就会飘来荡去的，春水起波纹。如果你现在去开封市，在现今的北宋古皇城遗址内，也还能看到这样的景色，两边的水波围拢着御道，御道浮在水面上一样向宫门而去，场面十分开阔，春色醉人。

在千步廊的东西侧各有一个门，东边通向太庙和衍庆宫，西边通向尚书省、会同馆等官署，两边的千步廊中间是长方形的广场走廊，有纵深感，进深比较阔大，人在往里面走的时候，能感觉到庄严肃穆和雄浑伟岸的气度。

皇城之内的宫城大殿建筑高低起伏，一组组形成了“工”字形结构，这是张浩作为总建筑设计师的首创，也为后来刘秉忠营建元大都提供了灵感。这组宫城中心建筑形成了一条贯穿南北的中轴线建筑群。这也是汴京的“择中立宫”的建筑理念的体现。

中都的宫城是金朝的大内建筑，从规模上来讲，是此前的幽州和燕京城都无法比拟的。宫城周长九里，计算下来，面积和今日的紫禁城差不多大。中都的宫城分为中轴线建筑，还有东西两路建筑，共同构成了有主有辅的建筑群。中路从宫城的宫门应天门开始，应天门是红色大门，门上有巨大的金色大钉子，圆头闪烁着金光。应天门的开间是十一间宽，就像故宫的午门那样，有一个“凹”字形，两边是侧楼，覆盖着琉璃瓦，飞檐斗拱，插翅难上。

过了应天门，向北进入宫城，在中轴线上分布的是大安门和大安殿。大安殿是皇宫的主殿，类似故宫的太和殿，接着是大安后门、宣明门、仁政门、仁政殿、昭明宫，然后就是宫城北门了。这个昭明宫是后宫所在。

左掖门是宫城的东路，面对宫城恰恰是右手边。右掖门是宫城的西路，面对宫城又是左边。东路这条线往北的建筑，依次是太子东宫、母后寿康宫、内宫衙署；西路的建筑轴线上，依次是鱼藻池、中宫（也叫泰和宫），以及西宫。西宫就是嫔妃们居住的地方了。

在宫城建筑设计中，一条中轴线牵引着高低起伏、功能不同的一组宫殿建筑，使得金中都的宫城宏伟壮美，威严华丽。有时文记载：“殿计九重，凡三十六所，楼阁倍之。”高低起伏的大殿建筑有九重之多，房间开间起码三十六处，而楼阁更是有双倍之多。这样的宫城建筑群，从空间结构上就具有了皇家气概，也是金中都独有的辉煌气象。

大城（也就是外城）的居民是一般老百姓，但金中都的大城普通市民居住区，已经不是辽南京城、唐幽州城的里坊制了。丞相张浩派遣画工把汴京的建城经验画下来，然后拿到金中都的建设当中进行复制粘贴改造，其中一点，就是把汴京的街巷制也学过来了。

街巷制和里坊制是不一样的。里坊制要更封闭，里坊有墙，还有坊门，一般来说，里坊的内部是家家户户门朝街，小街是横穿里坊内部的，商店的门也是开向里坊内部。就是说你开一家小卖铺，就是专门为里坊内部的居民服务。

街巷制不一样，街巷的外面没有墙，直接就是一条条的街道，商店的门朝向街道，外面的人来人往都能够看到，要买东西的人不仅仅是街巷自己的人，也有来往的路人。

不过，金中都也保留了不少辽南京城内老里坊的坊名，部分布局也没有改动。在外城，也就是大城的城垣大墙向外扩展之后，新的街区中盖的街巷，与大街平行，也就有了后来北京胡同的雏形。

在金中都的城北地带一直存在着北市，这个交易市场，是金中都重要的货物集散地和商品零售批发集市。

这对金中都的经济繁荣起着很重要的作用。货物的往来交易，就会产生税金，也会有差价和利润，同时带来了市民生活品质的改变。

强悍的女真人不断从东北的苦寒之地来到金中都城，和这里的汉族人杂居在一起，互相学习，相处还比较和谐。女真族是统治民族，但女真人也在真心向有着先进文化的汉族人学习，他们基本能够善待其他民族，特别是有文化的汉族人。宋人投降大金后的一些文人写的笔记也记载了不少这样的史料。

金中都大城内的街巷制和里坊制的结合，以及胡同雏形的出现和城内道路系统、给排水系统的构成，都是后来建筑学家研究的内容。张浩因此成为中国古代杰出的建筑师。金中都的营建，是老树上开出的新花，为后来元、明、清三代在北京的都城营建和结构布局上，提供了丰富的借鉴空间。

一座城市，它是一种独特的生命体，还在继续生长。城市规模变大了，城市人口增加了，城市的作用也在增强。金中都是北京这座三千年都邑的一段华彩的乐章，气象万千，即使隔着千年的时间的帷幕，我们也能看见一座发光的城市，在远处向我们招手。

城阙夕阳

2003年7月，适逢金中都建立八百五十周年之际，北京宣武区政府在金中都大安殿遗址前，修建了一处造型别致的阙，叫作“北京建都纪念阙”，这个纪念阙的造型分为三部分：四方底座，中间是面向东、西、南、北四个方向的青铜坐龙，然后是阙顶的斗拱。

这座阙高达十二点八米，在阙的东面，刻有历史地理学家侯仁之先生专门为之撰写的《北京建都记》一文。侯仁之先生是研究北京历史地理的大家，他这篇文章详细解说了北京在金代变为首都，成为全国政治中心的重要意义，我在这里全文收录如下：

北京建都纪念阙

北京建都记

北京古城肇兴于周初之分封，初为蓟。及辽代，建南京，又称燕京，为陪都。金朝继起，于贞元元年即公元1153年，迁都燕京，营建中都，此乃北京正式建都之始，其城址之中心，在今宣武区广安门南。

金中都以辽南京旧城为基础，扩东、南、西三面有差，而北面依旧。城池呈方形，实测四面城墙，东长4510米，西长4530米，南长4750米，北长4900米。四面城垣各开三门，北城垣复增一门，共十三门。城内置六十二坊，前朝后市，街如棋盘。

皇城略居全城中心，四面各一门。正南宣阳门内有街直通皇宫应天门前之横街，两侧建千步廊，廊东有太庙，西有中央衙署。宫城位居皇城东偏，宫室建筑分为三路，结构严谨。中路殿宇九重，前有大安、仁政两殿，为常朝之所，后有后宫，为帝、后所居。主殿大安殿建于三层露台之上，规模宏伟。东路有东宫、寿康宫、内省诸建筑，西路有蓬莱院、泰和宫等建筑。宫城内西南隅凿鱼藻池，建鱼藻殿，以为宫城之内苑，故址即今白纸坊西之青年湖。宫城迤东置太子东宫，迤西为同乐园，有瑶池等湖泊。

中都城之扩建，将西湖即今之莲花池下游河道纳入城中，导流入同乐园湖泊及鱼藻池，又经皇城前龙津桥下，转而向南，流出城外。公元1990年，在右安门外大街迤西之凉水河北岸发现其水关遗址，已就地建为辽金城垣博物馆。中都近郊建有行宫多处，其最著名者为万宁宫，故址在今北海公园处。元朝继起，就其址规划扩建大都城，遂为今日北京城奠定基础。

公元1990年西厢道路改造，市文物研究所沿宣武区滨河路两侧，探得金中都殿夯土十三处，南北分布逾千米，并作局部发掘，从而确定应天门、大安门和大安殿等遗址位置。公元2003年为金中都建都850周年，应宣武区人民政府之约，撰文以记北京建都之始，刊石于金中都大安殿故址之前。

侯仁之

2002年7月30日

侯仁之先生对金中都的城市空间结构和历史意义，都阐述得相当清楚。

当初海陵王完颜亮迁都到燕京后，他颁布的第一个政策，就是把城市内外的空地以各种方式赏赐给了自己的朝臣和将士，让他们在空地上盖建房屋居住。那些空地很快就被房屋填满了。又过了一些年，这些房子自然也越来越密，也会有很多空房子，被房屋的主人出租来牟利。租房子的人也有开店的，各种店都开，金中都的商业活动就这么发展起来了。

金代前后存在了一百二十年的时间，在金中期的金世宗和金章宗年代，达到了金朝的辉煌和鼎盛阶段。由于金人占领了汴京，作为北宋的旧都，汴京的财富、物产、技术和文化，都被金人掠夺和移植到了金中都。金人也就是女真族加速地汉化了。

金世宗完颜雍比较崇尚节俭，他是完颜阿骨打的孙子，和海陵王一样都不是嫡孙，所以一直备受海陵王完颜亮的猜忌。公元1161年，当海陵王率领大部队前去攻打南宋，率军越过了淮河的时候，完颜雍在金东京辽阳，在金朝部分宗室贵族将军的拥戴下，发动政变，即皇帝位，是为金世宗。海陵王完颜亮不久就在淮河一线被叛军杀死了。

金世宗在位二十九年，他采取了整顿吏治、与民休养生息的政策，轻赋税、减徭役、重农桑，极大地促进了社会经济发展，和南宋也达成了多年的和平，在《金史·世宗本纪下》中这么评价他：

> （世宗朝）群臣守职，上下相安。家给人足，仓廪有余，刑部岁断死罪，或十七人，或二十人，号称“小尧舜”。

这段话讲到了金世宗时期，每年判死罪的犯人或者十七人或者才二十人，说明社会安定，刑事案件很少，仓廪实，上下安，人称“小尧舜”。虽然有溢美的地方，大概也差不多。

金世宗去世之后，金章宗完颜璟即位。从金太祖完颜阿骨打算起，他是金朝的第六个皇帝。与金世宗的勤俭和勤政相比，爱游玩、喜欢享受的金章宗就铺张而奢华多了。

金章宗在京郊到处寻找好山水，兴建离宫别苑。他的文学修养比较高，汉学底子好，喜欢舞文弄墨写诗作文，留下了不少诗篇。他还题写了“燕京八景”，这八景后来广泛流传，长久流传，成为北京的历史地理文化符号。

当时金中都人口有八十万之多，金朝的王公贵族子弟、商贾军功阶层，加上南来北往的引车卖浆之流，各色人等，他们在其中都找到了自己的谋生之道。金朝在中都开科取士，设立了国子监，并颁布了女真族的大小文字，市民的生活也渐渐繁荣热闹起来。

章宗朝，社会风气大变，不再讲究勤俭，而是喜欢尽情地追求消遣，追求物质的和精神的享受。在中都，歌舞楼台处处有，酒馆遍地茶肆多，辽和宋的杂剧在金中都得到了很好的发展。金中都有演出“百戏”的地方，根据《宣和乙巳奉使行程录》中的记载，在中都，这样的“百戏”演出内容十分丰富，有大旗招展，有狮子老虎等动物表演，有过刀山、下火海，有喷火术，有踏索上竿，还有角抵、斗鸡、耍球、玩魔术、杂剧表演等等。

在金中都，杂剧的表演相当流行。在金中都的瓦肆之间，民间的杂剧更是发展迅速，金人把北宋在宫内演出的宫本杂剧发展成了院本杂剧，在民间流行开来，也为元代出现关汉卿、白朴、马致远和郑光祖等杂剧大家奠定了很好的基础。与元代较为成熟的有念白、有剧情、有歌唱、有表演、分场次的戏剧样态的杂剧不同，金代杂剧更加短小精悍、活泼生动，也通俗易懂，带有街头活报剧和独幕剧的风格，以幽默诙谐为主。

另外，金中都城中，说话、诸宫调和连厢词等曲艺表演也很发达。说话，就是说评书，宋代的话本小说，就是说话讲评书人用的底本，文人继续加工之后，变成通俗小说了。说话的题材很广泛，以讲史为主，在金代从上到下的人都喜欢听。

说话以讲故事说话为主，那么诸宫调就是有说有唱，以唱为主，一般是两个人表演，一个人说唱，一个人伴奏。现今流传下来最有名的金代诸宫调，就是董解元的《西厢记诸宫调》。连厢词主要也是唱，一个人主唱，外加几个人表演，三个人演奏，乐器有琵琶、古筝和笛子。表演的人不唱，唱的人不演奏，演奏的人不表演，也是一种杂剧的变种。

金中都里坊街巷的结构采取了开放的方式。根据记载。金中都的里坊有名有姓，一共有六十二坊，比辽南京的二十六坊多一倍多。但中都城的这六十二坊，也还不是中都存在的全部里坊，还有遗漏的。当代学者经过仔细研究，发现金中都里坊中，如灵中坊、敬德坊、德麟坊等多个里坊，不在六十二坊的名单里，这样算下来，金中都的里坊至少在七十个以上。

这么多的里坊，大都位于金中都城比辽南京城增扩的东、西、南三面城区之中，新的里坊建设，和唐幽州城以来的里坊空间结构上就大不一样。金中都城的新建里坊，一个是面积小了，二是打通了街巷变成了开放式的了。于是，面街而建的里坊也便于商贩售卖东西，便于进行商业活动。

早在唐幽州城的时候，城北就有一个檀州街，檀州就是密云，从檀州门出去有一条大道，可以直达檀州。檀州街在城北，经常有人喊马嘶之声，那是商贩专门进行易货贸易的地方。从辽南京城时期到金章宗朝，一百多年的时间里，城北的传统北市，已经发展成了一个很大的连片商业区。在北市，充满了各色商人，还有很多民间艺人也在北市谋生。

考古学家在北京旧城改造过程中，也发掘出很多金代的陶制品、马镫、铜钱、印钞厂的铅印、铜镜、瓷枕、银执壶、农具等等，每一件文物的背后都隐藏着大量的历史文化信息。

除了北市，在现今陶然亭附近（当年金中都的宣曜门内），还有一个南市。南市也是一个市场，除了经营百货，还是一个马市，在南市交易当时作为重要交通工具的马匹，也交易牲畜如牛、羊、驴和骆驼。

金代为了确保国家税收，有十种货物搞了政府专卖，私人不许经营。比如盐和铁，在古代中国一些国家中，常常作为专卖物资，因为人人都要用，属于紧俏物资，利润高，税金也多。金代把政府专卖的物品称作“榷货”，也就是紧缺的、利润高的货物。金代划为榷货的十类商品有：盐、铁、茶、酒、醋、香、曲、矾、丹、锡。这些东西都是人们日常生活中最需要的，也是金代朝廷抽税的重要来源和税基商品。

金中都是一个多民族混居的城市，其中汉族人最多，这座城市自蓟城开始，千百年来，就是汉族人为主体。居住在中都城内的其他民族，有女真人、契丹人、奚人、渤海人、室韦人等民族。从社会阶层上来说，金中都分为皇朝宗室、王公贵族、大臣官僚、宫内杂役、士人学者、奴婢用人、技术工匠、伶人倡优、商贾小贩等各个阶层，各个阶层在中都都有自己的活动范围，都在金中都这个大城市的舞台中找到了自己的位置，每天都在这座城市里，真人实景地演出着他们的人生戏剧。

公元1215这一年，金朝就趋向了结束。高大的城楼门阙之上火光冲天，烽烟四起，金中都被南下的蒙古军队攻破。此前，金宣宗率领朝廷百官，已经在1214年迁都到金南京，也就是现今的开封汴梁。只有太子完颜承晖，率兵留守在金中都这座夕阳余晖之城，他决心人在城在，城破人灭。

算下来，从公元1153年海陵王完颜亮迁都到金中都，到1215年完颜承晖兵败服毒自尽、人死城破，蒙古大军占领这座城市，金中都作为金代首都的实际存在时间并不很长，只有六十二年。

1215年，成吉思汗命令率兵进入金中都的他的养子、近臣和大将三个人，组织人马将金中都皇城之内的国库珍宝、绢帛丝绸等进行清理统计，然后全部运走，运送到漠北草原深处哈拉和林的大汗居留之所。接着，蒙古兵又对金中都的宫城进行了焚毁。

金中都宫城的金碧辉煌和豪华璀璨在大火中顷刻之间燃烧殆尽，留下了一片废墟，城阙夕阳一片惨淡，在夜晚降临的时刻，变作黑黢黢一片。

金中都的历史命运，就此结束了。成吉思汗下令将中都城改称燕京，将金中都路改为燕京路，总管大兴府，任命大将木华黎担任燕京路的总督，负责管理漠南军政事务。他率军向西挺进，去攻打花拉子模国和西夏去了。

又过了二十年，在蒙、宋联军的夹击下，被包围在蔡州城内的金哀宗绝望地自缢而死，历时一百二十年的金朝灭亡。

副章：离宫苑囿与燕京八景

离宫苑囿

金章宗时代，大金的版图扩大到了淮河以北，与南宋形成了南北分治的局面。从地缘政治来看，金中都的政治中心、文化中心和经济中心的地位在这一时期是最强的。在金章宗之后，金代又延续了三代皇帝，才逐渐衰落下去，后来就被蒙古灭了。

金章宗是一个非常喜欢花园美景的人。他是金代少有的、具有文艺才能的皇帝。把金中都建设成一座更有魅力的城市，也是他的心愿。金章宗在位期间，也就是从公元1190到公元1208年这近二十年的时间，是金中都的皇家行宫和苑囿建设的辉煌时期。这体现在金中都不仅修建了更多的屋宇，继续扩建城内里坊街区，还在中都城内和城外的郊区建造了一些精美的离宫别苑。这些离宫别苑甚至在今天的北京，还能寻找到一些踪迹流传，虽然历经八百多年的岁月，至今仍能散发出皇家别苑的风采。

金中都城内当时有著名的中都八苑，这八苑分别是芳园、琼林苑、同乐园、广乐园、南园、东园、北园、熙春园。

在宫城内，有鱼藻池，现在的青年湖就是当时御花园的旧址。鱼藻池，顾名思义，有鱼有藻有水草，是宫内人休闲的地方。鱼藻池内还有一座鱼藻殿，可以观景，可以乘凉。

出了宫城，在外面的皇城修建了西苑、东苑、北苑和南苑。如今北京的地名，还有北苑和南苑，但并不是金中都时期的那个南苑和北苑。这四个苑中有三个苑，分布在金中都皇城之内。西苑是四个别苑中面积最大的一个，园林建筑非常丰富，有亭、台、楼、阁、殿、岛，加上太液池、琼华岛、西华潭，这些景点互相簇拥着，水连着岛，岛分隔着水，加上果园、竹林、杏林柳庄的点缀和陪衬，景色是柳暗花明，别有洞天。

当时的金中都有一位著名的学者、诗人赵秉文，他在金章宗时代担任应奉翰林、同知制诰，也就是给金章宗起草皇家文书的大秘书。赵秉文对诸子百家的研究很深入，不仅写了一些阐述《孟子》《南华经》《易经》《列子》《中庸》的解读书籍，在中都印刷出版后很畅销，他还写下了不少诗歌，描绘了当时金中都的皇城园林和离宫别苑景色。比如，下面的《同乐园二首》，就是他赋诗描绘中都八苑之一的同乐园的：

其一

春归空苑不成妍，柳影毵毵水底天。

过却清明游客少，晚风吹动钓鱼船。

其二

石作垣墙竹映门，水回山复几桃源。

毛飘水面知鹅栅，角出墙头认鹿园。

在皇宫西侧，北边是北苑，里面有湖泊、荷花池、柳林和草坪，北苑南侧是景明宫和枢光殿，景明宫南面就是西苑。赵秉文在《北苑寓直》一诗中写道：

柳外宫墙粉一团，飞尘障面倦斜晖。

潇潇几点莲塘雨，曾上诗人下直衣。

东苑又名东明园，它在东宫的东墙外，这是个小型花园，利用了辽南京城的内果园旧址建成。东苑中楼阁比较密集，有一道门与宫城之内的芳园相连通，芳园就成了东苑的一部分了。南苑则在外城最中间的城门丰宜门之内，也是一座绿树掩映的花园。这是皇城的四个苑。

金中都西郊则建有钓鱼台。钓鱼台别苑内园林设计非常有野趣，现今也是北京最重要的国宾馆所在地，距离当时金中都最近的行宫，就是钓鱼台行宫了。现今的玉渊潭公园就是钓鱼台行宫的一部分，在辽代，这里还是城北的一处蓄水池，用来给城市提供用水的，到了金中都时期，这片拥有很大水面，花卉树木都很繁盛的地方就建成了御苑，以供皇帝临幸。金代皇帝也的确喜欢去钓鱼台钓鱼，赏景，秋游，划船。

在西山，建有著名的八大水院。在金代，西山的泉水较多，因此这八个水院分别是：旸台山的大觉寺，叫作清水院；妙高峰的法云寺，叫作香水院；车儿营的黄普寺，叫作圣水院；金山的金仙庵，叫作金水院；香山寺的双井，称为潭水院；玉泉山芙蓉殿，叫作泉水院；石景山双泉寺，叫作双水院；门头沟仰山的栖隐寺，叫作灵水院。

之所以在西北方向的郊野半山中，有这么八大水院，是因为这些地方既有寺庙可以接待居住，也有泉水涌出可以观景。因此，寺庙、山水、风景结合起来，就构成了金中都中期别具特色的八大水院。

现在的西山八大处和上述八大水院并不完全一致，但其内涵却多少有些接近，都是有寺、有泉、有山水风景的地方。此外，出了中都城，还有几处行宫和御花园，是金中都建设的行宫园囿的上佳之处。如在中都城的南部郊区，金章宗时期建有建春园，有时候金章宗还在建春园接见臣僚，处理政务。

在中都城的东郊，还有一座长春宫，这是在辽代的长春宫基础之上修建的行宫。这座行宫之内有水有楼阁，常常是金代皇帝春季踏青、举行宣布春天到来的祈福活动“春水”仪式的场所。

金中都最有名的离宫御苑，是大宁宫。这座离宫在金世宗大定十九年，也就是公元1179年开始兴建，建成之后，改名为万宁宫。出了大城北面的通玄门，向东北方向走，没多久就会来到大宁宫，大宁宫或者万宁宫后来成为元大都建筑设计的中心点。

万宁宫这座离宫御苑的建设，最突出的特点，是利用了原先辽南京西北方向的湖泊水源，水景优美开阔。水是活水，来自西北方向的高梁河。经过了人工开拓之后，湖面扩大，湖中心建了琼华岛，岛上建了一座大殿，叫作广寒殿。除了广寒殿，大大小小还有九十多座殿宇，交错出现在万宁宫各处。而在湖中荷叶连连，龙舟竞发，采莲女子轻吟浅唱，实在是一幅好景色。赵秉文曾赋诗《扈跸万宁宫》一首，如下：

一声清跸九天开，白日雷霆引仗来。

花萼夹城通禁御，曲江两岸尽楼台。

这一番美景，让赵秉文联想到了唐代长安的曲江大唐芙蓉园的美景了，可见万宁宫的华美动人。金章宗总结的“燕京八景”中，有两景都是描绘万宁宫景色的，分别是“琼岛春阴”和“太液秋波”。

琼华岛上的山石来自汴京的御花园，它的堆放设计，就是参考了北宋宋徽宗的皇家园林艮岳的设计。宋徽宗就是因为花石纲——从江南各处搜刮奇珍异石的专项行为——修建他梦想中的御花园艮岳，导致民怨沸腾，最后是国破家亡，被金兵俘获，裹挟着“北狩”，死在了东北五国城。皇帝的玩物丧志行为之一，就是修建皇家花园与离宫别苑，导致国库空虚，最后是政权危机。后来，清代的慈禧太后动用了海军的军费修建颐和园，也将清代引向了最终的崩溃。起码，也是原因之一。

玉泉山行宫和大宁宫是金中都当时最重要的两个皇家园林。后来在元代、明清时期修建的皇家园林，其构思灵感，有的就来自这两处御苑。赵秉文写有《游玉泉山》一首：

夙戒游名山，出郊气已豪。

薄云不解事，似妒秋山高。

西风为不平，约略出林梢。

林尽湖更宽，一镜涵秋毫。

披云冠山顶，屹如戴山鳌。

连旬一休沐，未觉陟降劳。

金章宗爱好文艺，喜欢游山玩水，他常常带着侍从，在中都附近的山林里寻找野趣。前面说了，金章宗完颜璟是一位有文才的皇帝。在《全金诗》中，我找到了“章宗”部分，读到了他写的诗。有一首是他游览中都西郊的仰山后写下的：

金色界中兜率景，碧莲花里梵王宫。

鹤惊清露三更月，虎啸疏林万壑风。

这首诗描绘了仰山中的寺庙金顶的闪光灿灿，以及佛教莲花的意象，在这样的景色中，虎啸和鹤翔的想象出现在了他的脑海里，还是很有些气势。他还写过有关玉泉山的诗：

断岸连苍山，寒岩多积雪。

中有万古泉，浮淙声不绝。

金章宗还有一首写宫廷生活的诗：

五云金碧拱朝霞，楼阁峥嵘帝子家。

三十六宫帘尽卷，东风无处不扬花。

可以看到他的诗才是不错的，汉文化的熏陶是很深的。金章宗在玉泉山盖了行宫，他喜欢在那里避暑和打猎。玉泉山泉水很多，比较有名的就有五处，泉水汩汩潺潺，流进了高梁河。

燕京八景

金章宗完颜璟时代，金中都外的离宫建设如火如荼。完颜璟喜欢到处走走，喜欢游山玩水。那么金章宗时期就有了“燕京八景”，这“燕京八景”，据说是金章宗亲自实地勘察，归纳总结，又让跟随的文人一起润色，商议定下来的。“燕京八景”流传甚广，成为了历代言说北京风景名胜常常要提到的文化符号。不过，历代人士总结的“燕京八景”也有一些分别。“燕京八景”，到底是哪八景呢?

金章宗定的燕京八景是：

居庸叠翠、玉泉垂虹、琼岛春阴、太液秋风、蓟门飞雨、西山积雪、卢沟晓月、金台夕照。

这燕京八景就这么流传了下来，八百多年没有停歇，一代代人追寻着八景的足迹，去领略这亘古未变的美景。

后来，到了清代，乾隆皇帝略微修改了一下这“燕京八景”，乾隆版的“燕京八景”分别是：

居庸叠翠、玉泉趵突、琼岛春阴、太液秋风、蓟门烟树、西山晴雪、卢沟晓月、金台夕照。

这燕京八景中，到现在还让人耳熟能详、基本能够按图索骥的，有卢沟晓月、西山晴雪、金台夕照、琼岛春阴等。居庸叠翠、卢沟晓月、西山晴雪是北京现在能够观赏到的美景。可见，这“燕京八景”还是具有高度的概括能力。

我们把这“燕京八景”逐一来说一说。居庸叠翠，就是居庸关这一段长城关隘一带的美景，春季里春花烂漫，这里的山色树木层次分明，草花、树花非常繁盛，绿色滴翠如洗，因此叫作“居庸叠翠”。

玉泉垂虹，形容的是玉泉山的景色，玉泉山自古有泉水从山上泉眼涌动，流下来逶迤曲折，宛若飞虹，因此叫作“玉泉垂虹”。

乾隆改了这一景。我估计在乾隆皇帝时期，玉泉山的泉水可能水量小了，他想必是没有看到彩虹，也没有想象出来这泉水如何能形成垂虹模样，就改为玉泉趵突了。当然，这一改，要更形象一些，趵突泉的汩汩而出，十分形象。

琼岛春阴，说的是万宁宫内琼岛在春天里杨柳依依，春草青青，春风阵阵惹人醉的感觉。春阴，就是春天里的树荫，凉爽，宜人，带着万物复苏的稍许困倦，和即将到来的勃勃生机。

太液秋风，形容的是金中都太液池边，那一阵秋风乍起的爽朗和生动感，以及岁月消逝、秋收冬藏的紧迫感。

蓟门飞雨，说的是金中都城内蓟门的景色，那里有大悲阁，也叫圣恩寺，亭台歌榭也很多。与今天北三环的蓟门桥一点关系都没有。明代文人姚广孝有一首《蓟门诗》是这样写的：

云树依依接远丘，时看飞雨洒征裘。

不知铜马坊何在，惟见桑干水自流。

恐怕姚广孝的这首诗，解释“蓟门飞雨”是最恰当的了。因为铜马坊在辽代南京城就存在，所以，这个“蓟门飞雨”只能是现今广安门附近的金中都旧址的景色。一阵飞雨搞得满城的人受到了突然袭击，大家四散而去，这时，金中都蓟门的亭台楼阁在雨中更加傲然，彩虹忽然在远处闪现，那种瞬间就要消失的景色，是金中都的独一份儿。

这个景色在现今的北京是看不到了。也许，你会偶然在大雨倾盆时在前门看到“前门飞雨”，或者在景山附近遇到“景山飞雨”，想必景色也差不离。

西山积雪，当然还能看到，北京的雪景，在老城区看和向西山看去，或者身在西山看雪，那种感觉是完全不一样的。

卢沟桥过去是一座浮桥，常年在永定河河面之上。附近就是自燕国开始就有的渡口遗址。金大定二十九年也就是公元1189年开始，金代花了三年的时间，把原是浮桥的卢沟桥，建成了飞越永定河的石拱桥。

卢沟晓月，这景色现在还能看到。只要你半夜或者拂晓去卢沟桥附近，在有月亮的时候，都能看到这一凄清的美景。赵秉文曾写了一首诗《卢沟》，如下：

河分桥柱如瓜蔓，路入都门似犬牙。

落日卢沟沟上柳，送人几度出京华。

他写的是傍晚落日的时候，在卢沟桥上送友人的情景，没有写卢沟桥的月亮。卢沟桥就是金代修建的。说起这座桥，我们立即能想到的，就是1937年7月7日的卢沟桥事变。我们现在去卢沟桥，能看到中国人民抗日战争纪念馆就矗立在卢沟桥桥畔。

卢沟桥这座石拱桥耸立在永定河上，至今也有八百多年了。

卢沟桥上两边的石栏柱上都雕有石狮子，过去有一种说法，说卢沟桥上的狮子你是数不清的，走过去数和倒回来数，石狮子的数目常常不一样。

这可能和卢沟桥上的石狮子样态丰富多样，数量多、大小不一，且有的雕刻得很隐蔽，也很容易记混淆有关系。你走过去，以为数清楚了，可是很容易就漏掉几个。

有人数清楚了，卢沟桥上的这些石狮子，大大小小的一共有四百九十八只。那么，金代雕刻的石狮子现存还有多少，就很难确定了。现存大部分的石狮子，是明、清时期不断翻修卢沟桥石栏的时候换掉的。

现存的金代石狮子，据说是每根的栏柱上只有一个。那现存一共有二百八十一根栏柱，加上华表和抱鼓石上的石狮子，一共是二百八十七只金代石狮子。

卢沟桥现今全长是二百六十六点五米，宽七点五米，作为一座石拱桥，卢沟桥一共有十一个孔，每个孔都是一样大，便于通水，相邻的两个桥洞都有共用的拱脚，这样就把各个拱脚联结为一个连续的整体，受力情况很好。当时的永定河水量不定，平时

清代大臣、学者张若澄绘制的《卢沟晓月》

只有涓涓细流，一旦山洪暴发就洪水肆虐，行人无法过河。建了石拱桥，就能够夏天防洪、冬天便于通行。

在马可·波罗的游记当中，也有一段对卢沟桥的记录，说明他到过那里。这一段的题目是《契丹的其他地方与永定河及其桥梁》：

……离开都城走十英里，来到一条叫白利桑干河（永定河）的河旁，河上的船只载运着大批的商品穿梭往来，十分繁忙。这条河上有一座十分美丽的石桥，在世界上恐怕无与伦比。此桥长三百步，宽八步，即使十个骑马的人在桥上并肩而行，也不会感觉狭窄不便。这座桥有二十四个拱，由二十五个桥墩支撑着，桥拱与桥墩都由弧形的石头砌成，显示了高超的技术。

桥的两侧用大理石和片柱各建了一道短墙，气势十分雄伟。桥的上升处比桥顶略宽些，但一到桥顶，桥的两侧便形成直线，彼此平行。在桥面的拱顶处有一个高大的石柱立在一个大理石的乌龟上，靠近柱脚处有一个大石狮子，柱顶上也有一个石狮。桥的倾斜面上还有一根雕有石狮的美丽的石柱，这个狮子离前一个狮子一步半，全桥各柱之间都嵌有大理石板。这与石柱上那些精巧的石狮，构成了一幅美丽的图画。这些短墙是为了防止旅人偶然失足落水而设置的。

至于金台夕照，是现在北京地铁十号线上其中一站的站名，每天都有几十万人经过这一站。金台夕照是取自燕昭王筑造金台的典故，燕昭王招引天下能人才士，搞了一个黄金台。他装饰了一个高台，然后台子上有金光闪闪的一千两黄金，有才的人来投奔，就给他黄金。重赏之下，必有才士，结果，果然招徕了不少人才来投奔，最后燕昭王就打败了齐国，燕国成为战国七雄之一。

当时的金中都城内也有一座高台，叫作隗台，距离大悲阁不远，处于中都的闹市街区，是唐代幽州城就有的一个高台。斜阳西下的时候，但见落日燕城下，高台草木秋，那种岁月的苍凉感，在金中都繁华闹市中的亭台楼榭掩映之下，更显得日月如梭的苍茫感。可能这就是“金台夕照”的由来。

因此，今天北京十号地铁线上的金台夕照站，实和“燕京八景”里面的那个金台夕照没有关系。

不管怎么说，“燕京八景”是北京景色的重要概括，也是北京历史地理空间的一次扩大。金代对北京的营建和造就，使这座城市的政治中心和文化中心功能继续提高，空间格局也更加辽阔，为元大都的营造，和明、清两代对皇城和宫城的营建创造了更高的起点，开辟了北京作为都城的宫城建设的先河，具有重要的承前启后的作用。

第五章：元大都

刘秉忠营建大都

蒙元统治的政治中心有一个不断南移的过程。

公元1206年春，铁木真被推举为成吉思汗，成为蒙古各部落的大汗，建立大蒙古国，九游白旗为标志。但因成吉思汗一直率军游动作战，没有定立国都。他去世之后，窝阔台继任蒙古大汗，公元1235年在鄂尔浑河的上游建立都城哈拉和林，历时三年建成。这是蒙古帝国的第一个都城。

蒙哥继任大汗之后，都城依旧在哈拉和林。他让忽必烈负责管理漠南的广大区域，在桓州建立了一个大营，改名为开平府。后来蒙哥在蜀中钓鱼城战死，忽必烈在开平宣布继任大汗，将开平升格为上都，燕京改称为中都。

公元1261年，他与同时宣布继任大汗的幼弟阿里不哥在哈拉和林附近打了一仗，击败了阿里不哥及其拥护势力。忽必烈在1264年下令废除了哈拉和林的都城地位，将都城定在开平。公元1271年，忽必烈宣布建立元朝，国号元。“元”字取自《易经》，是“大哉乾元”，万物归一起始新的意思。他还下令自己信赖的朝臣刘秉忠负责营建元大都。

公元1272年，刘秉忠奉忽必烈之命，在燕京修建的皇宫核心建筑群落成，忽必烈就将燕京的中都地位提升为元大都。那么在随后的很多年里，忽必烈都是率领着群臣在上都暑期办公兼消夏，每年秋天再回到元大都过冬，元朝的这个两京制度中，上都是陪都，大都是首都。

规划建设元大都的第一设计者是刘秉忠。他生在河北邢台，本名叫刘侃，成年后当了一位居士，曾经跟随海云法师前往漠北觐见忽必烈。那一次觐见中，他曾给忽必烈建言如何治国理政。

忽必烈问策于他，他在选用良才、减轻赋税、鼓励农耕、尊师重教、推崇儒学、明定法令等方面，提出了一系列的建议，这些建议很受忽必烈的称道。忽必烈就不愿意放他走了，给他赐名“秉忠”，把他作为良才和谋士留在身边。没有过多久，因刘秉忠的足智多谋和忠心耿耿，忽必烈就非常倚重他，他也一跃成为忽必烈的近臣了。

忽必烈十分信任刘秉忠的一个重要原因，是刘秉忠对儒、佛、道、巫、《易经》等各门类知识都很通达，他会观天象、懂音律，对阴阳八卦、天文地理和五行风水等杂七杂八的学问样样皆能，这一点对忽必烈这样一位戎马生涯、马上治国平天下的蒙古大汗来说，非常需要。

刘秉忠是一位经国济世的奇才，他实际上是一位儒生，儒家文化是他的底色。他根据《易经》的千变万化，能够推算出时势的运转，深得忽必烈的信赖。据史料记载，他和忽必烈的关系好到了两人经常彻夜长谈，一直到天明还不觉疲倦，这在臣僚和皇帝之间是非常少见的。刘秉忠和忽必烈还有一个密约：掐算时势和命运的事，忽必烈要求只有他们两人知道，你知我知、天知地知。

刘秉忠当时接到忽必烈的指令，尽快在燕京建立都城后，他就紧急行动起来。刘秉忠带着几位大臣，先在金中都旧城和东北郊万宁宫为核心的地区，进行了细致的考察和测量。参与整个营建元大都城建筑规划设计的还有赵秉温，他算是刘秉忠的门生。

负责元大都施工建设的监督指挥是汉军万户张柔、张弘略父子，行工部尚书段桢等。

刘秉忠首先考虑的，是在金中都遗址上再建都城。但他发现，金中都城已经破败不堪。由于公元1215年蒙古军第一次占领中都时的大肆破坏，宫城内的宫殿建筑全都毁掉了，很多宫城建筑所用的石材和木材，当年被用来作为城防材料拆掉了。蒙古军从中都撤走之后，中都的皇城和宫城无人居住，逐渐变成废墟。很多居民涌入了皇城外的空地上，建了更多的里坊，都是杂七杂八的院子，相当于是一片大杂院般的生活区。

刘秉忠认为在金中都旧城的核心区再造新城，是很难在旧树上发新芽了。再有一点，金中都城东部和南部地势低洼，原先水泊很多，修建了宫城内的皇家园林水系。公元1210年突发了一场地震，大地震使得金中都宫城外的太液池水一夜之间就没了。另外，莲花池到金中都北城墙外的金口河，也成了污泥臭水河，不能供日常使用。

建立都城，水源是最重要的，金中都旧城水源水系不存，那就得另起炉灶。刘秉忠想到了金中都东北面的金代离宫大宁宫，那一带地势较高。大宁宫建成后，在金章宗朝改叫万宁宫了。

他去实地察看，果然，由于万宁宫是一座离宫，遭受的破坏相对要小一些，宫殿建筑群都还在。最重要的是这一片水源丰富，高梁河流过来的水汇聚成一面大湖，场面十分开阔。

他深入思考，以琼华岛作为一个核心点，继续进行测量，去寻找元大都的中心点的具体方位。刘秉忠先让人清理整修万宁宫内的殿堂建筑，又在琼华岛上建了一座广寒殿。广寒殿成为忽必烈来到元大都办公和举行外事活动的重要场所，他很喜欢这个地方。

刘秉忠把营建新都城的一个全面方案，报告给了忽必烈。燕京的地理面貌、将要营建的皇宫建筑、太庙与社稷坛、官署衙门办公建筑、里坊街巷建设规划，全都在这个方案里呈现出来了。

元大都的建设规划远比金中都要气势恢宏，空间结构壮阔。忽必烈批准了这个方案，这座新都城蒙古语是“汗八里”，意思是大汗之城。

刘秉忠熟悉诸子百家和各种汉文典籍，他对《周礼·考工记》自然也是耳熟能详。在规划营建大都的过程中，他肯定参考了《周礼》。刘秉忠首先通过测量，确定了一个元大都城的中心点，在中心点上立了一块刻石，标明这里是“中心之台”。然后，以这个中心为基准点，确立了元大都的中轴线和四面城墙的距离。现今鼓楼东侧就是元大都中心台的地点。

经过考古学家测量与推算，元大都的城墙总长度为二十八点六千米，在史书中记载的是“周六十里”，东西两厢的城墙长度七点八千米，南北城墙长六点五千米，城内面积五十点九平方公里。大都城墙由夯土构造，基础宽二十四米，高十六米，在城墙的东、西和南面各开三个门，在北侧则只开了两个门，并不是符合《周礼·考工记》中的“旁三门”的理念，这可能是北部城墙起到更多防御功能的原因。

也有人认为，元大都之所以只有十一座城门，而不是四面各“旁三门”，加起来形成十二座城门的格局，是因为刘秉忠迷信传说，按照哪吒的形象，将元大都的营建方案，最终构成了三头六臂两足的形状：

南面三门象征哪吒的三个头颅，东、西各三门，象征哪吒的六臂，而北面城墙上开了两门，是哪吒的两足。

如果我们照此画出来，那么整座元大都城的结构，就是一座哪吒城。有人说，这是刘秉忠为了借助哪吒的法力护卫大都城，降服妖魔，特别是降服龙王，解除大都城的缺水隐患。同样迷信天神和仙人传说的忽必烈显然也很信服这一点，这个传说并不是空穴来风。

元大都的十一座城门的名称，也是刘秉忠根据《易经》来取的。他是《易经》的研究家，熟读这本变化之书、包罗万象之书。十一座城门，每座城门都建有瓮城和城楼，与城墙四个角的角楼形成了不断变化高度的起伏天际线轮廓，具有了起伏生动的线条和巍峨庄严的气象。

所以有人说，刘秉忠以建哪吒城的方式，建造了北京城。北京就是一座哪吒城。

太液琼华起阁亭

建造元大都，燕京地区的老百姓负担沉重，付出了巨大辛劳。仅在公元1271年，从大臣魏初的奏折中就能够看到，营建大都城，一年所用的人力不下一百五六十万人，几乎全国的工匠都集中在这座城市，木工、铁匠、瓦匠，各种工匠为大都城的营建贡献力量。

这座城市按照刘秉忠的规划设计，是从图纸上平地而起的、规模空前的都城。刘秉忠巧妙地利用了高梁河水系，将西山水源、高梁河、太液池水系贯通起来，作为大都城的供应水源。此前两千多年的时间里，从蓟城、燕都到唐幽州城，再到辽南京和金中都城，所依赖的都是莲花池水系。

刘秉忠确立鼓楼为南北中轴线对应的中心点之后，以丽正门南的一棵大树为南部起点，那棵树后来叫作独树将军，披红挂彩，受人祭拜。

公元1262年，大都筹建处又从汴京北宋的皇宫旧址上，拆除了宋、金时代的旧宫殿，把能用的木材和石材都运到了北京，用于大都建设。

也是在公元1262年，郭守敬通过兴建水渠，将高梁河与玉泉山水源连通，把高梁河引入城市水系，又向东连通了通惠河。这样就连通了京杭大运河的漕运，通过大运河把南方的货物运到现今鼓楼南侧的银锭桥旁的码头。

元大都的兴建得益于这条水系的补充，后来漕运兴盛起来，元大都的经济繁荣和货物流通得到了保证，也使元代兴建皇家园林得到了物资供应的保证。

公元1265年，郭守敬疏浚了金代的旧金口河河道，为的是便于把西山的大量石材和木材，通过漕运的方式运送到大都营建的工地附近。

公元1267年正月，这些筹备工作完成，元大都的城建工作正式开始。元大都的建造，首先建造的是宫城，五年之后的1272年，宫城初成，东华门、西华门左右掖门也都建好了，第二年，宫城的主殿大明殿开始修筑，1274年，忽必烈在建成后的大明殿接受皇太子和大臣们的朝贺。

元大都城内的宫城是1276年竣工的，前后花了十年时间。

公元1272年，大都城的城墙也开始兴建，一直到1287年才建成。从时间上来计算，不算动工前准备材料和勘测规划所花的几年，从1267年开工建设，到1287年元大都城墙的整体竣工，前后花了二十年。

从元大都城的空间结构上来看，宫城、皇城、大城，形成了从内向外、三重城垣层层相套的结构。元大都的宫城首先确立了一条南北中轴线，这样皇城和外城在外面继续扩展的时候，不离开这条中轴线的主轴。

有学者认为，和现今贯穿南北城，呈现为一条长达八公里的中轴线不同，元大都分别有一条北中轴线和一条南中轴线，两条轴线在鼓楼附近交汇，但不完全相衔接对应。如果南北中轴线完全对起来，就是死对，所以是错开的，这一点和五行阴阳学说有关。因此，现在的旧鼓楼大街南口，就是北中轴线的南终点，而钟鼓楼，是南中轴线的北终点。

南中轴线，南起外城正南门的丽正门，然后向北穿越皇城的棂星门，宫城的前门崇天门和后门厚载门，经过现今的地安门桥一带的万宁桥，直达城市中心所建的一座高阁——中心阁，在中心阁西侧二十米处建有中心台，那就是刘秉忠当时测量的元大都的中心点。

这个中心台西侧就是鼓楼，鼓楼北边是钟楼。这里是元大都的地标性建筑。也是我们了解元大都建设的一个聚焦点。

按照左祖右社的礼制，在元大都齐化门（现在的朝阳门）建了太庙，在平则门（现在的阜成门）建了社稷坛，并且把皇宫建在太液池和琼华岛的东侧，在城北规划了交易市场，实现了前朝后市的建筑理念。

元大都的皇城位于大城南部，周长二十里，皇城的墙外都种上了大树，这面皇城的城墙也叫萧墙。在皇城的城门棂星门和大城的南门丽正门之间，是一个宫廷广场，两边是千步廊，衙署和官员办公地就在千步廊的后面。

此时，琼华岛已经改名为万岁山了，现今的北海公园当时叫作太液池，皇帝居住和办公的宫城和皇太子居住的隆福宫，以及太后居住的兴圣宫，成为三个围绕在万岁山东西两侧的宫殿建筑群。

比较来看，汉唐长安城的皇城和宫城都在大城的北部，北宋汴京和金中都的设计中，皇城和宫城在大城的中心位置。而元大都的皇城和宫城，则在大城偏南的位置，这一点可能略有不足。这是因为太液池水系的影响，这样的规划设计已经是最符合地理地形的处理了。

元大都地面的宫殿建筑，现在都没有存留。根据一些历史文献，如元代陶宗仪的《辍耕录》等书的记载，和现代建筑学家的复原想象，元大都宫城内的宫殿建筑气势宏伟，富丽堂皇，威严耸立。

元大都宫城的大内，也就是宫城东西两边是四百八十步宽，约七百五十米，南北六百十五步，约九百五十米，宫城之内形成了前后两个大院。前院是大明宫，院子里的中心建筑是大明殿，面阔十一间，比现存的明清故宫中的太和殿还要大一些。它是皇宫的正殿，东西长二百尺，高九十尺，南北纵深是一百二十尺。

大明殿是忽必烈朝会、接见使臣和举行大典的地方。在大明殿内的中心位置，是皇帝的七宝云龙御座，按照蒙古大汗和皇后并排坐的礼俗，还加设了皇后的座位。公元1270年，忽必烈听从了帝师八思巴的建议，在七宝云龙御座之上，加了一个写了泥金梵文的、祈福镇邪字样的白伞盖，这是喇嘛教在忽必烈的皇帝生涯中发挥影响的一个例子。

前后院之间，有一条横街，分别通向东华门和西华门。后院是延春宫建筑群，这里是元朝的皇帝饮食起居之所，面积比大明殿稍小，但建筑高度却是一百尺，比大明殿高十尺，是皇宫中最高的建筑。

忽必烈经常在延春阁殿内赏赐众臣，举行一些活动。延春阁也建在高台之上，为两层的高阁，后面的连廊通向东西六宫，那里是后妃居住的地方。大明殿建筑群组和延春阁建筑群组，分成两个“工”字，又分为前后院，是元大都宫城内的核心宫殿建筑群。

在太液池西侧兴建的兴圣宫和隆福宫的建筑，也是基本按照这一形制来建设，规模较小。元大都城墙的四个角都建有角楼，角楼巍峨壮观，给来来往往的人留下了深刻的印象。

元大都的宫殿建设，外形和规制按照汉族的文化理念，也就是《周礼》和《易经》来设计，所以宫殿的外观看上去和汉、唐、宋的大型宫廷建筑并无过大差异。比如，汉风更加朴实大气，唐风则显得高贵堂皇，宋代的宫廷建筑更加精细华丽。

元大都的宫殿建筑结合了上述几个朝代宫殿建筑的主要特点。大明殿光芒四射，威严阔达；延春阁比大明殿高三米，秀气内敛，气势巍峨，体现了元代“帝后并尊”的特点。在宫城的中轴线往北，西侧的太液池波光潋滟，北面的琼华岛殿宇辉煌，亭台楼阁连天而来，大哉乾元的气象油然而生。

元都大道通天去

我在前面说了，刘秉忠在营建大都城的过程中，将儒家文化传统中关于营造都邑的理念运用得十分熟练，他不仅把《易经》《周礼》中的文化理念，体现在元大都的城市规划建设的细节中，还把蒙古族文化符号和生活理念，也创造性地体现在大都宫殿的设计里。

刘秉忠跟着忽必烈在开平生活了一段时间，对蒙古族文化符号很熟悉，对蒙古人的生活习俗也了然于心。

元大都是蒙古政权的政治中心，在宫殿内饰的设计上，采取了大量的蒙古族传统的毡帐的风格。比如，房间里凡是人走的道路，都铺上地毯和毛毯，屋内墙壁不留白，都由兽皮悬挂和鹿角等装饰起来，兽皮往往是貂皮、熊皮等取自北方山地和草原的野兽。而一般的睡床则采取胡床，能够唤起蒙古人在草原上生活的记忆。

在元大都的皇城宫殿区中，还建有棕毛殿、畏吾儿殿等特别殿宇。棕毛殿就是以棕毛来代替陶瓦覆盖屋顶，那么棕毛殿可能就是“斡耳朵”，也就是蒙古人在草原上盖的大毡房。这在草原上比较常见，但在元大都的皇宫之内，有了这棕毛殿，就能让忽必烈想起草原上蒙古人盖的住所。畏吾儿殿可能是按照畏吾儿部族的风格修建的大殿，具体风格不详。

在元大都的大明殿、延春阁组团建筑的宫殿四周和外围道路两边，还种了很多的花草树木，营造出宫殿建筑身处大自然的模拟环境中，在草原和树木的簇拥里的格局。在皇城里，还建有少数民族文化符号和风格的殿宇和亭子，作为蒙古人民族记忆的提醒。

元大都城内令人瞩目的，共有南北和东西干道九条，这些大道相比过去中都城内的道路来说，要宽阔得多，笔直而去，相互交叉，把元大都大城里的街区划分成棋盘状的格子，大都宽街大道直通城外，通向四面八方。

元大都城垣遗址

在这些格子中，除了南北交叉的街道，还有平行的小巷，这就是北京的“胡同”。胡同这个词汇来自蒙语，现今的北京胡同一般宽六到七米。胡同在元大都中大量出现，在城市居住区的营建当中，从元代开始，北京胡同才真正出现，这是对唐代幽州城的里坊制的一种升级，到清代达到鼎盛时期，新中国成立之后，旧城的胡同变化很大。20世纪90年代北京市政府颁布了北京老城区连片胡同改造的保护方案。如今，剩下的胡同已经很宝贵了。

元大都城建成之后，当时还有不少空地。这些空地就被忽必烈赏赐给了王公贵族和军功阶层，达官贵人们就可以在每一块约八亩地的空地上，自行建造宅邸。八亩地能盖大院子了，这么大面积的宅基地上，就涌起了很多合院，这些合院有的有好几进，逐渐演变成多种合院，其中，四合院比较常见，功能区分布最合适大家庭的居住。这也是北京四合院的来历。

元大都城内普通市民居住的区域，一共划分出五十个坊。在《元一统志》一书中，可以查到元初大都城内的四十九个坊名。这些坊名大都来自《易经》《孟子》《尚书》等中国古代经典著作。不过，元大都的这些里坊在金中都街巷化的基础上，进一步打破了汉唐封闭式的里坊制，各个坊之间已经没有围墙，坊门也只是标志识别性和起装饰作用的，贯穿大都的大街才是坊和坊之间的界限。

元大都城内很快就兴盛起了大量的酒楼、茶楼、商店、娱乐场所，日常生活也是如火如荼。

有意思的是，在元大都的皇城里，太液池的东岸边还建有一个动物园，叫作“灵囿”，里面养了很多野生动物。它们都是一些边地的少数民族首领、王公贵族前来觐见元朝皇帝时特别进献的，狼、虫、虎、豹、珍禽异鸟都有，令人大开眼界，也有专门的动物饲养员伺候它们。

后来，蒙古兵将南宋首都临安打下来之后，又把南宋朝廷里养的一些珍禽异鸟，也都运到了元大都的“灵囿”里，这个皇家动物园里的动物就更加多样了，天上飞的、地上跑的、洞里钻的都有了。皇帝和妃子们休闲的时候，这里也是他们喜欢游览的好地方。

元大都是在刘秉忠的规划设计和指挥营建下完成的一件举世杰作，一座开辟了未来的都城。但说到底，这座都城是给蒙元皇帝忽必烈及其统治阶层修建的城邑。至于元大都的普通市民，在这座城市里生活，就不那么自在了。一般每天的傍晚，钟楼上钟声敲响之后，必须“一更三点，钟声绝，禁人行”。也就是说，元大都的夜晚，是禁止市民出来随便走动的，元大都的夜生活只能在屋子里进行。

元大都在整体的布局当中，皇城占据了大都城的中南部，北面的积水潭（当时叫海子）和太液池之间也建筑了东西大街，也就是今天的平安大街，但大都的城内交通，南北方向通达，东西方向却十分不便。

这是因为太液池水系的原因。这种东西方向的交通不便问题，一直到今天，都是困扰北京人的问题。所以，后来长安街的打通、两广路（广渠门到广安门）和平安大街的修建，都是试图解决东西交通这一传统老问题的努力，尽管这种努力的结果，带来的对老城区结构性的破坏也很强。比如平安大街和两广路的拓宽，虽然增进了东西城的交通，但红绿灯非常多，道路两边的店铺大都没有生气，丧失了老城区的魅力。

在忽必烈一朝的经营下，元大都建成之后，很快呈现出一派繁荣的景象，人口也急剧增加。元初统计，大都城中有户籍的家庭超过了十万户，平均每户五人至六人，人口约五六十万，这比辽南京的人口要多一倍。到了元末，大都的人口据统计，接近九十万人。

元朝国土面积大，人来人往、南来北往、东奔西走，真的是条条大路通大都，大都大路朝天去，天高地阔一座城。

在大都之内，居民的民族分布也很广泛，不仅有汉族人、蒙古人，还有一些从中亚地区和西亚，甚至是欧洲国家远道而来的人，住在大都城。比如威尼斯人马可·波罗就是这样一位远道而来的客人。

可以想见，元大都一定是当时世界上规模最大、气势宏伟的、商贸发达的国际性大都市。

元大都从公元1267年开工建设，公元1274年，忽必烈在建成后的大明殿接受朝贺。元大都宫城在1276年竣工。公元1279年，忽必烈灭南宋统一中国，公元1287年，大都外城墙完工，元大都全面建成。公元1368年，明军在大将徐达的率领下攻破元大都，元大都作为元朝首都，存在的历史是九十多年。

城垣遗址海棠红

现今北京的元大都北城墙，还留有一段土城，被开辟为“元大都城垣遗址公园”。元大都消失了六百多年之后的今天，我们漫步在土城城垣遗址公园里，内心里涌起的，是一种什么样的心情？

去元大都城垣遗址公园里赏花是一个好主意，那里的海棠花是独特的一景，在春天的北京尤其是踏青的好去处。小月河是元大都城垣遗址公园的主体水景区，公园以小月河为中心分为河南岸城垣遗址保护区，河北岸绿化景观区，公园的“海棠花节”为北京市春季三大花节之一。

元大都城垣的北部城墙，在明代初期北墙南移时，完全遗弃在明大城北面，不再使用，逐渐变成了没有城砖保护的土堆子。至今仍可以见到高达十余米的城墙遗迹，老北京一般叫它“土城”。还有一条北土城路由此命名。1957年，这里被北京市政府列为重点文物保护单位，2006年被国务院核定为全国重点文物保护单位。为保护这里的元大都城垣遗址，1989年由北京市政府正式批准建园，命名为“元大都城垣遗址公园”。

元大都城垣遗址公园位于北四环和三环之间，它西起京藏高速，东至京承高速，北临北土城西路、北土城东路，南临健安东路。全长四点八公里，占地面积六十七万平方米，被六条城市道路自然分为七个地块。

为保护元大都城垣遗址，当年也为了配合2008年北京奥运景观带的建设，北京市对元大都城垣遗址公园进行了整体改造，结合改造公园，还完成了北京市应急避难场所的建设，改造后，这里既能散步慢跑，赏花观景，也能呼吸新鲜空气，漫步遐想，又能发思古之幽情，还能防灾避害，城垣遗址因此成为闹市中的经典园林，有文化历史内涵的城市遗址公园。

春天是赏花的好时节，去元大都城垣遗址公园看春海棠吧。公园里的西府海棠花和雪珠海棠花很有名，一般是4月观赏最好。公园之内，为了让人欣赏海棠，专门建了“海棠花溪”小景区，游人如织，微风吹来，落英缤纷。

这个小景区位于熊猫环岛东侧，景区内种植了西府海棠、贴梗海棠、金星海棠、垂丝海棠等诸多品种的海棠树，多达两千多棵，是北京四环内城区里最大的海棠林。海棠是乔木，早在先秦的文献里就有记载，《诗经》中的“木桃”“木李”都是海棠属。每年的4月中下旬，这里的海棠花竞相开放，重瓣海棠红白相间，花潮如海，蜂飞蝶恋。海棠林中有一座观花台，台上矗立着一座桃红色石碑，正面是已故书法家刘炳森题写的“海棠花溪”四个大字，背面刻有唐宋两朝诗人咏诵海棠的著名诗句。

从小月河到人行步道，分为三个层次，到处都是小道和台阶相连。向下或者向上，任你选择，小月河两岸的景色尽收眼底，绿树与花海相应，碧云芳菲，花香四溢，令人心旷神怡。你活在当下，脚下却是元大都的北城墙负载着你，也负载着这座城市辉煌的过去，通过你的目光走向了时间深处。

副章：郭守敬与马可·波罗

郭守敬

郭守敬是元代的天文学家、水利工程学家和数学家。特别是在元大都开工建设中，郭守敬组织了相关水利工程的修建，做出了很大贡献。一座城市要是不解决水系问题，那就是失败的城市。另外，他在天文历法编制和数学方面的创造性贡献，也是令人钦佩的。

郭守敬是河北邢台人，年轻的时候曾跟着刘秉忠学习各种传统文化和知识，他对天文历法有兴趣，很喜欢钻研地质地理和水利工程原理。刘秉忠是天文地理无所不通的人，当忽必烈命他担任元大都的规划建设总设计师的时候，他自然就想到了自己的门生郭守敬。

郭守敬生于公元1231年，比刘秉忠小十五岁，自幼聪明过人，很有奇思妙想。刘秉忠筹建元大都，发现漕运问题是一大麻烦，因建城需要的巨量石材和木材如何快速到达建设工地，是一个难题。

他找到了郭守敬，要他来解决。我想，他们师徒二人，一定

郭守敬雕像

常常在一起实地勘察，然后拿着自己画的地图，详细讨论。

郭守敬主持的元大都水利建设有两条水道，一条是高梁河穿越城区到达通惠河的水道，另外一条，是由金水河把太液池连接起来的水道，这一条是直接给宫城供水的。这两条水道，一条是用于漕运，一条是用于宫城用水。元大都开建之前，这两条水道，都需要疏浚流通和正常使用。

郭守敬之所以永载史册，就是因为他解决了元大都的漕运和宫城供水，使得元大都建设的顺利进行有了保障。

元大都的居民用水，平时喝的都是井水，当时，燕京地区的地下水非常丰富，居民生活用水都是靠自打的水井汲水。所以，元大都建设，不用考虑居民生活用水，只需要考虑皇城的综合水系就可以了。那就需要有足够的水源才行。

郭守敬起早贪黑，在北京周边仔细勘察，特别是详细研究了永定河、潮白河等水源水系的走向。最终，他拿出了一个方案，让刘秉忠感觉可行。

郭守敬建议，从石景山的麻峪村开始，引出永定河上游的来水，永定河出山之处叫作金口，然后东引到计划建设的元大都西北部的金口河，增加水量可以载船，将西山的石材和木材通过漕运，运到大都的建设工地。

那些年，元大都需要的粮食供给，走的还是辽代南京城外运的老路子，就是从东北筹粮走海运，从河北乐亭靠岸，再通过宝坻、香河的河道通到大运河，到达通州后再用马车牛车拉到大都城，水系并不畅通。

早在公元1262年，郭守敬就建议引出玉泉山的水来沟通漕运，但这一计划没有实施，因玉泉山的水要引入太液池，专为宫城所用。

郭守敬经过了实地勘测，向刘秉忠提出了他的计划。他在昌平的神山（现今凤凰山）脚下，发现了一眼白浮泉，说是一眼泉，实际上像是一个小湖泊，水量很大，可以借助地势，把白浮泉的水引向东南方向的大都城。

刘秉忠提出了疑问：从昌平向南，有沙河和清河两道河谷比较低洼，水流无法穿过，怎么办？

郭守敬说，可以把白浮泉的水先向西边引过去，让水流沿着西山脚下走一段，再往东南走，把水引到翁山泊（现今颐和园昆明湖），再通过现今西直门处的北水关，把水引到积水潭汇聚起来，借助地势往东流，出了万宁桥，再沿着皇城的东墙引入内城，从东南出了丽正门，通向闸河，把这条水道和闸河这条旧运河的河道连接起来，这样就贯穿了元大都西北到东南的水系，让这条贯穿大都城的水系变成活水，城市就活了。

他提出的这项计划得到了刘秉忠的支持，也得到了忽必烈的批准。公元1293年，这条贯穿了昌平到元大都皇城，再到东南方的通州运河的水系完工，全长一百六十四里。运货的船只就能够直接从通州大运河一路驶来，到达大都城的积水潭码头了。这条河当时被忽必烈命名为通惠河，意思是通达普惠。这就是现今通惠河的由来。

如今，通惠河还保留了河道和河名，这条河的诞生，就出自郭守敬的创意绝妙。通惠河开通后，促进了元大都和中国南方的经济联系，在积水潭码头形成了一个货物和商业中心，积水潭码头在元代成为最繁华的城市片区。

除了水利工程，郭守敬在天文学方面的贡献也很大。

公元1276年，忽必烈下令设立太史院，这是专门进行天文观测和制定历法的皇家宫廷机构，由郭守敬担任这一机构的副职，并具体负责新历法的制定。

善于巧思的郭守敬看到，大都城内只有一些金代女真人从北宋汴京沦陷时抢夺过来的一些宋朝人制作的天文仪器，大都破烂不堪。郭守敬经过几年的努力，制作了一套更为先进的天文仪器。

郭守敬制作的天文仪器有浑天象、玲珑仪、日月食仪、简仪、星晷、定时、窥几、证理仪、高表、玄运仪等等，这些天文仪器都是用来观测天文的仪器，他还制作了在野外观测天象的仪器，如丸表、悬正仪、正方案等等。

这些天文仪器非常多样、繁复，原理却十分简单晓畅，让同代人大为惊叹，让忽必烈也赞许连连。这些天文仪器是中国天文仪器史上的一个飞跃，在世界范围内相比较，也是十分先进的技术。马可·波罗把这种仪器带到了威尼斯，使意大利人也知晓了这种天文仪器原理，间接促进了意大利文艺复兴中科技的发展。

郭守敬还与几个天文历法学家，如王恂和许衡等一起，编制了《授时历》，这项编制了长达三百六十年时间的历法，在当时非常先进。

公元1279年，在他的奏请之下，忽必烈批准兴建大都司天台。司天台是专门进行天文观测的建筑，也就是现今的天文台。

司天台建在大都城的东南，南北长两百步，东西宽五十步，是一个长方形的建筑，一共有三层，屋顶飞檐斗拱。第一层是太史院的办公场所，二层和三层叫作灵台，实际上就是天文台。第二层按照八卦的组成，分了八个房间，乾、坎、艮、震、巽、离、坤、兑，布置了漏壶、天文图和各种天文历法书籍。在最上层，也就是第三层，放置了他制作的那些精美繁复的天文仪器。在灵台东侧还有一个小台，放置了玲珑仪，还放了观察太阳移动的高表和石圭。司天台还负责印制历书，以供皇家专门使用。

司天台中的这些郭守敬制作出来的天文仪器，元代之后一直保留着。据传在清康熙年间，被一些来自欧洲的传教士所毁坏，他们带来的是欧洲的一套天文观测理论和新仪器。他们嫉恨郭守敬制作的那些仪器，就把那些天文仪器毁掉了。这是很可惜的事情。

司天台在明清依然存在，经过了改建，叫作观象台。

我们现在去北京建国门西南侧，还能看见观象台那灰色的身影，屹立在玻璃幕墙大厦和立交桥的包围中，独特而富有历史感。而郭守敬的灵魂依然守护着这座观象台，与北京同在。

1970年，国际天文学会将月球上的一座环形山命名为“郭守敬环形山”，1977年，世界小行星中心将小行星2012命名为“郭守敬小行星”，郭守敬继续守护在当代和未来的星空中。

《马可·波罗游记》中的元大都

《马可·波罗游记》的记述是否是真实的，一直有争议。比如德国学者福赫伯认为游记中有些记述，和史实发生的时间对不上；另外，中国元代及以后的大量历史文献中，都找不到马可·波罗这个名字；还有意大利学者认为，马可·波罗是一个文盲，现存有他的一份遗嘱，可以清晰地看到他在自己的遗嘱上只留下了一个手印，连签字都不会，那么这个人的叙述就很存疑；等等。

今天我们就《马可·波罗游记》的记述内容，来对照元代忽必烈时期的历史地理情况，显然，里面的内容靠编造是编不出来的，一定是亲眼所见，才能有这些见闻。所以，大部分学者认

马可·波罗画像

为，《马可·波罗游记》是可信的。

史载，马可·波罗1254年出生在威尼斯城，他父亲和叔叔是商人，经常往来于地中海以东地区做买卖，见多识广。公元1260年，他的父亲和叔叔结伴来到了现今土耳其，过了博斯普鲁斯海峡，继续向东走，到达中亚名城布哈拉。在这里，他们遇到了从波斯前往中国的使臣，就跟着波斯使臣，一同前往元大都。他们到达了元大都，还见过忽必烈，对元大都汗八里城的雄伟壮观产生了深刻印象。

公元1271年，长大成人的马可·波罗跟随父亲和叔叔出远门，前往中国。他们三人一起，于公元1275年到达元上都，稍后，又来到元大都，也就是汗八里城。他们三个人在元大都等地生活了多年，对当时元代社会见闻甚广。

根据记载，马可·波罗在元大都生活了十六年，又去其他地方游历了好几年。公元1295年他从泉州出发，经过海路回到了故乡威尼斯。他回家乡之后，赶上了公元1296年爆发的威尼斯和热那亚的城邦之战，结果，他被热那亚人俘虏之后，关进了监狱。

在狱中，马可·波罗不经意地向狱友鲁斯蒂谦口述了自己的世界见闻。鲁斯蒂谦是比萨人，他听了马可·波罗的讲述，觉得非常离奇而新鲜，认为这是一个赚钱的机会。鲁斯蒂谦写过小说，是个作家，于是，他说动马可·波罗口述，他来记录并润色。最终，鲁斯蒂谦用法语写成了一本《马可·波罗游记》，记述了马可·波罗在世界上的见闻和活动，尤其是忽必烈统治时期，马可·波罗在元大都的见闻，很有传奇性。这本书出版之后，果然畅销一时，马可·波罗名声大噪，执笔人鲁斯蒂谦也赚了一大笔钱。

仔细读来，我对这可能是小说家鲁斯蒂谦写的一本虚构小说的想法消解了。如果一个人没有到过他所描述的这些地方，那是绝对写不出来的。在《马可·波罗游记》中，我找到了一些关于元大都的记载，大家可以和元大都的情况相对比，自然会有自己的结论了。

汗八里附近宏伟华丽的宫殿

大汗在一年中通常有六个月，即从当年的八月到来年的二月，都住在位于契丹省东北部的汗八里（大都）大城中。在这座新城的南边，有他的大宫殿，其形状和面积如下：

首先是一个用宫墙和深沟环绕着的广场。广场每边长八英里，四边中间各有一座大门，是各地来的人的出入之所。离这道围墙的内沿一英里处还有一道围墙，围着一个边长六英里的广场。两道围墙之间是卫队的屯驻之地。该广场南北两边各有三座门，中央一门比两旁的大，该门除供皇帝出入外，终年紧闭不开。两边的门则常年敞开，以供大家出入。

在第二个广场的中央有一排华丽宏大的建筑物，共八个，是储藏皇家军需的地方。一个建筑物储藏一种军需品。如马缰、马鞍、马镫和骑兵所用的其他物品都放在一个仓库内；弓弦、箭袋、矢和属于弓箭类的其他物件放在另一个仓库内；护身甲、胸甲和其他皮制盔甲则存入第三个仓库中，其余的照此类推。

在这个广场内还有一个广场。它四周的城墙极厚，高二十五英尺，城垛和矮墙全是白色的。这广场周长四英里，每边长一英里，和上述的广场一样，南北各有三座门，场中央同样建有八个建筑物，作为皇帝藏衣之用。各城墙之间都种着许多美丽的树木，还有草场，饲养着各种动物，如大鹿、麝、小鹿、黄鹿这一类的其他野兽。每道墙之间，如没有建筑物，也按这种规划布置。这里青草茂盛。草场上的每条小径都有砖石铺面，比草场地面高出三英尺，使得污泥雨水不至于积成水坑，而是向两旁流，用来滋润草木。

在这四英里的广场内，建有大汗的宫殿。其宏大的程度，前所未闻。这座皇宫从北城一直延伸到南城，中间只留下一个空院，是贵族们和禁卫军的通道。房屋只有一层，但屋顶甚高，房基约高出地面十指距，周围有一圈大理石的平台，约两步宽。所有从平台上经过的人外面都可以看见。平台的外侧装着美丽的柱墩和栏杆，允许人们在此行走。大殿和房间都装饰雕刻和镀金的龙，还有各种鸟兽以及战士的图形和战争的图画。屋顶也布置得金碧辉煌，琳琅满目。

宫殿的四边各有一大段大理石铺成的石阶，由此可从平地登上围绕宫殿的大理石平台，凡要走近皇宫的人都必须通过这道平台。大殿非常宽敞，能容纳一大群人在这里举行宴会。皇宫中还有许多独立的房屋，其构造极为精美，布局也十分合理。它们的整个规划令今人难以想象。屋顶的外部十分坚固，足以经受岁月的考验，并且还装饰着各种颜色，如红、绿、蓝等等。窗户上安装的玻璃也极为精美，犹如水晶一样透明。皇宫大殿的后面还有一些宏大的建筑物，里面收藏的是皇帝的私产和他的金银珠宝。这里同样也是他的正宫皇后和妃子的宫室。大汗住在这个清净的地方，不受外界的任何打扰，所以能十分安心地处理事务。

在大汗所居的皇宫的对面，还有一座宫殿。它的形状酷似皇宫，这是皇太子真金的住所。因为他是帝国的继承人，所以宫中的一切礼仪与他的父亲完全一样。离皇宫不远的北面距大围墙约一箭远的地方，有一座人造的小山（可能是万岁山），高达一百步，山脚周围约有一英里，山上栽满了美丽的常青树，因为大汗一听说哪里有一株好看的树，就命令人把它连根挖出，不论有多重，也要用象运到这座小山上栽种，这使得这座小山增色不少。因此这座小山树木四季常青，并由此得名青山。

小山顶上有一座大殿（广寒殿），大殿内外皆是绿色，小山、树木、大殿这一切景致浑然一体，构成了一幅爽心悦目的奇景。在皇宫北方，城区的旁边有一个人造的池塘，形状极为精巧。从中挖出的泥土就是小山的原料。塘中的水来自一条小溪，池塘像一个鱼池，但实际上却只是供家畜饮水之用。流经该塘的溪水穿出青山山麓的沟渠，注入位于皇帝皇宫和太子宫之间的一个人工湖（太液池）。该湖挖出的泥土也同样用来堆建小山，湖中养着品种繁多的鱼类。大汗所吃之鱼，不论数量多少，都由该湖供给。

溪水从人工湖的另一端流出，为防止鱼顺流逃走，在水流的入口处和出口处都安着铁制或铜制的栅栏。湖中还养有天鹅和其他小鸟。还有一桥横跨水面，作为皇宫和太子宫的通道。有关皇宫的描述就到此为止，现在我们来介绍汗八里的情况。

汗八里新城　款待使臣的规章和城中的夜间治安

汗八里城位于契丹省的一条大河上，自古以来就以庄严华丽著称。城名的含义是指“帝都”。不过大汗根据占星者的预测，认为此城将来要发生叛乱，于是他决定在河的对岸另建一座新都。刚才所描写的皇宫和皇太子宫就在新都。新都和旧都只隔着一条河流（金口河，金世宗大定年间开掘，元初废弃，在莲花池附近），这个新建的都城取名大都。所有契丹人，即契丹省的居民，都被迫离开旧都而迁居新都。不过那些忠贞不贰、无可怀疑的居民仍得以留在旧都，特别是因为新都虽然有我们下面要描写的那样的面积，但仍不像巨大的旧都那样，能容纳如此众多的居民。

新都整体呈正方形，周长二十四英里，每边为六英里，有一土城墙围绕全城。城墙底宽十步，愈向上则愈窄，到墙顶，宽不过三步。城垛全是白色的。城中的全部设计都以直线为主，所以各条街道都沿一条直线，直达城墙根。一个人若登上城门，向街上望去，就可以看见对面城墙的城门。在城里的大道两旁有各色各样的商店和铺子。全城建屋所占的土地也都是四方形的，并且彼此在一条直线上，每块地都有充分的空间来建造美丽的住宅、庭院和花园。各家的家长都能分得一块这样的土地，并且这块土地可以自由转卖。城区的布局就如上所述，像一块棋盘那样。整个设计的精巧与美丽，非语言所能形容。

整个城墙共开设了十二座大门（应该为十一座，因为北面仅两座城门），每边三座。每座城门上和两门之间，都建有一座漂亮的建筑物（箭楼），每边共有五座，楼中有大房间可收藏守城士兵的武器。至于守城兵士的数目大约每座城门是一千人。大家不要因为有这么多驻军，就认为是在防御某种敌人的入侵，实际上这只不过是为了表现大汗的光荣与威严而设置的禁卫军。不过我们也必须得承认，由于占星家的预言，大汗心中对契丹人颇怀疑忌。

新都的中央有一座很高的建筑物，上面悬挂着的一口大钟每夜都要响起。在第三声钟响后，任何人都不得在街上行走。不过遇上紧急情况，如孕妇分娩，有人生病等非外出请人不可的事情，便可以例外，但外出的人必须提灯而行。

十二座门外面各有一片城郊区，面积广大。每座城门的近郊与左右两边城门的近郊相互衔接，所以城郊宽度可达三四英里，而且城郊居民人数的总和远远超过都城居民的人数。每个城郊在距城墙约一英里的地方都建有旅馆或招待骆驼商队的大旅店，可提供各地往来商人的居住之所，并且不同的人都住在不同的指定的住所，而这些住所又是相互隔开的。例如一种住所指定给伦巴人（Lombards），另一种指定给德意志人，第三种指定给法兰西人。

新都城内和旧都近郊操皮肉生意的娼妓约有二万五千人。每百名和每千名妓女各有一个特设的官吏监督，而这些官吏又都受总管的管理。每当有外国专使来到大都，如果他们负有与大汗利益相关的任务，则他们照例是由皇家招待的。为了用最优等的礼貌款待他们，大汗特令总管给每位使者每夜送去一个高等妓女，并且每次一换。派人管理她们的目的就在于此。妓女们也都认为这样的差事是自己对大汗应尽的一种义务，因此不收任何报酬。

夜间有三四十人一队的巡逻队，连续不断地巡查街道，并且检查是否有人在宵禁的时间里——即第三次钟声之后——仍离家外出。如果外出者被他们发现，就立即被捉去监禁。待天明后会由专职官吏审理犯禁者。如果被证明是行动疏忽，则要按情节轻重，处以或轻或重的杖足刑，这种刑罚有时是可能致命的。这些居民中的罪犯，常常是被这样惩罚的。这主要是由于大汗听从了一些有学识的占星家的劝告，不愿人民流血的缘故。

我们在这样描写了大都的内部情况后，现在将说到处置契丹居民叛逆的事件。

……

汗八里城及其人口与商业

汗八里城内和相邻城门的十二个近郊的居民的人数之多，以及房屋的鳞次栉比，是世人想象不到的。近郊比城内的人口还要多，商人们和来京办事的人都住在近郊。在大汗坐朝的几个月间，这些人各怀所求从四面八方蜂拥而至。

近郊和城内一样，也有华丽的住宅和宏伟的建筑物，只不过没有大汗的皇宫罢了。所有的尸体都不能在城内掩埋。偶像崇拜者的风俗是要实行土葬的，于是人们将尸体送到近郊以外的坟地上进行掩埋。公家的行刑场也设在这里。卖淫妇除了暗娼以外是不敢在城内营业的，她们只能在近郊附近拉客营生。和前面所讲的一样，这些地方共有娼妓两万五千人。无数商人和其他旅客为京都所吸引，不断地往来，所以这样多的娼妓并没有供过于求。

凡是在世界各地最稀奇最有价值的东西也都会集中在这个城里，尤其是印度的商品，如宝石、珍珠、药材和香料。契丹各省和帝国其他地方凡有值钱的东西也都运到这里，以满足来京都经商而住在附近的商人的需要。这里出售的商品数量比其他任何地方都要多，因为仅马车和驴车运载生丝到这里的，每天就不下千次。我们使用的金丝织物和其他各种丝织物也在这里大量地生产。

在都城的附近有许多城墙围绕的市镇，这里的居民大都依靠京都为生，出售他们所生产的物品，来换取自己所需的东西。

以上就是《马可·波罗游记》中关于元大都——也就是汗八里城的记载。对照起来，我们会认为，马可·波罗这个人一定来过元大都，不然，他不会记述得那么具体。穿越时间的帷幕，我们仍然能够感受到元大都——汗八里城，在公元13世纪、距今七百多年的雄伟和壮阔。

第六章：明北平府与北京城

北平府与南京城

公元1368年8月，明军大将徐达率兵攻入元大都，朱元璋在应天（南京）下诏，将元大都路改为明北平府，地位一下子由首都城市降为了州府级。

北平府下辖四个州十一个县。几个月后北平府局势平静了，1369年3月，朱元璋又下诏令，设立北平行中书省，下辖八府、十七州、一百三十六个县，又将北平府提升到了省级行政区，治所仍旧在北平城。一直到1403年，明成祖朱棣下诏将北平改为北京，这才拥有了国都的地位。

这是明代初期北平行政区划变化的情况。

明朝开国大将、右丞相徐达进入北京后，立即封锁了元大都的宫城，并派将军率领几千军士，牢牢把守住元大都的皇宫，不让人趁乱进入。他接连发出安民告示，不许明军骚扰百姓，北平很快安定下来。

稍后，为了消除前朝大元王朝的“王气”，明太祖朱元璋下诏，命令明军拆除元大都宫城内的建筑，像主殿大明殿、延春阁等，全部拆毁，只保留了隆福宫建筑群，后来做了燕王府。

但朱元璋的士兵当时是不是拆毁了元大都宫城内的主要建筑，如大明殿和延春阁，并用建筑垃圾和土石，在宫城以北堆出一座“镇山”，就是镇压前朝的“王气”，这在学术界也有一定争论，有人认为，景山很早就在那里的，不是明代人工堆筑的小山。北大环境考古学家岳升阳教授在他的《寻找埋藏的记忆》（载《京华往事》第249页，北京大学出版社2019年版）一文中，给了很好的解答：

> ……再来讲讲景山，我们一般说景山是明初建的一个镇山，但是在民间研究中，大家的意见不一致，有人说这是一座自然山，很早以前就自然形成了。有人认为是辽金时候修建万宁宫的同时人工建的一座山。当年在景山附近修变电站

的时候，在中轴线东侧40米的地方挖了一个坑，我去实地调查了它里面展现出来的地层，发现上面的地层都是明清时期的，往下有一些元代的地层，再往下就是深褐色、发黑色的地层，有的地方还挖出点小螺蛳，这说明在元代以前，这里应该是一个低洼地，一个河滩，在自然状态下不会有山。所以，景山并不是自然形成的，是到了明代开始修建的。

徐达对元大都城采取了保护措施，不像当年成吉思汗的蒙古军攻破金中都之后，对金中都进行了大肆破坏。徐达采取的大都保护政策稳定了军心、民心，也使这座城市的基本格局没有改变。

如此说来，自从公元936年后晋儿皇帝石敬瑭割让幽云十六州给了契丹人之后，一直到公元1368年，这片古称幽燕地区的统辖权，再次回到了汉族政权的手里，历时四百三十二年，预示一个新时代的开始。

由于元朝残余势力还存在，大将徐达将北平作为军事前沿重镇经营。为了加强北平的军事防护功能，徐达下令将元大都北部城墙向南移动了五里，重新修筑北城墙。元大都旧城墙原先是周长六十里，向南退了五里，明代北平府城墙的周长就缩短为四十里。另外，削减北部元大都城区，南缩五里的距离，还有一个风水学上的考虑，就是削减“王气”，把元朝的气息削减掉。

此时，北平府的新城墙东、西、南三面，还是元大都大城的城墙，北城墙修建过程中，比其他三面城墙增加了高度，厚度也增加了。这就增强了城市的防御功能，其目的在于防范来自北方的来犯之敌。

不仅如此，明军还砌砖加固了元大都原来的夯土城墙，城砖包裹城墙，使得北平府在战事不断的明代初期，发挥了重要的军事功能。

围绕着城邑，徐达还设立了六个军事卫所，并派兵驻守长城古北口，防止元军残余势力反扑和偷袭。

北平府作为明军驻兵和集结出兵，四处平定蒙元残余势力的军事指挥中心，此刻就是明代的北部军事重镇，这种作用，恢复了唐代幽州城的城市功能。

大将徐达、蓝玉等率领明军，在随后的几年里取得了连续的战果，击败和逐渐肃清了元军的残余力量。

徐达是一员足智多谋的统帅，这位明代开国大将在夺取了元大都之后的数年间，为荡平山西太原、大同到北京，再到辽东的北部一线区域内的元军残余，不断出击，剿灭了不少元军势力，逐步稳定了北疆的局势。徐达扫北的故事，至今还在北京的郊野乡间流传。

公元1385年，镇守北平府、连续征战多年的徐达因背部恶疽并发症而死。朱元璋追封徐达为中山王，后来在功臣肖像庙中，徐达的像排第一名。

在建北平北城墙的时候，在城市的西北角，遇到了障碍。因积水潭的水面较大，明代北平府北城墙就向后退了一点，让出了积水潭的部分水面，放在城墙外，城墙在西北角就拐弯了。所以过去有一个说法，北京城缺了一角，就是当时北城墙退后的时候，把积水潭的湖面放在城外导致的。

公元1370年，朱元璋大封藩王，把他的第四个儿子朱棣封为燕王，驻跸北平府。但当时朱棣还很小，只有十岁，不能履行藩王的实际职责，人没有去北平，还在应天府，只是名义上是燕王。到了公元1380年，朱棣已经二十岁了，就前往北平府正式就藩。燕王府设在元大都宫城西面的隆福宫。

公元1368年，朱元璋在应天府宣布建立大明王朝、建元洪武的时候，大明王朝到底在哪里建立都城，一直是他重点考虑的问题。

他派人考察了长安、洛阳、开封这些古代王朝建都的城市，都感到不满意。长安已经衰败不堪，水源缺乏；洛阳不缺水，战略纵深不够，粮食供给也是问题；开封地理位置上没有屏障，一马平川，十分不利于防守。想来想去，朱元璋就在自己的老家濠州（现今安徽凤阳）开始营建中都宫城。定都老家濠州，有衣锦还乡的心理，但也不是他内心里最满意的方案。

他就下定决心在南京定都了。公元 1366年，他手下的臣僚刘基就奉朱元璋命，规划扩建了应天府，公元1368年改称南京。朱元璋下令拆除老家濠州的中都宫殿，把拆除掉的建筑材料都运到了南京，用来建造明都城。

刘基主持规划建造的南京都城，按照《周礼·考工记》的都城营造规制，又充分考虑了南京附近的山川形胜，在南唐旧城东白下门外二里左右，增建了一片新城区。

南京城规模宏大，空间格局布局合理，气势恢宏。宫城在城中偏东一点，内里建有不到两平方公里的紫禁城。紫禁城在宫城之内，也就是皇帝所居的中心。这一理念，源自紫微星垣也就是北极星是中国古代天文理念中的三大星垣，位居天宇的中央，是天帝的宝座所在的位置。而皇帝是人间至尊，天之骄子，所以就要居住在紫微星垣所象征之处。禁字的采用，是指宫廷由禁卫军把守，不能有旁人随便出入，又筑有高墙，所以叫作紫禁城。

南京都城的宫城开了六座城门，有深深的护城河环绕着高大的宫墙，宫城之内建有奉天、华盖和谨身三大殿。这是宫城的主殿，是皇帝勤政和处理公务之所。在谨身殿后，盖有乾清宫和坤宁宫两大后宫。这一组殿宇，前后几大殿气势恢宏，都在一条中轴线上依次排列，屋顶高低起伏，气象万千。

宫城之外包着皇城。南京皇城的建设空间，是个小“凸”字形的结构，凸出的部分在南门承天门。南京皇城的周长据测算在九十多里长，比元大都的规模还要大。而在皇城之外，又造了外郭城墙，也是一个“凸”字形的城墙，凸出的部位在西南角，那里是凤凰嘴山一带。

南京都城的外郭城墙周长有一百八十里，一共开了十六个城门。南京都城的宫城、皇城和外郭城墙的建设，在公元1393年才宣告完成，前后历时二十八年，一座气势宏伟的都城，耸立在钟山之侧。

我之所以较为详细地介绍了南京城的营建规模，是因为后来朱棣营建北京都城的时候，他是把南京都城的建设规制与经验挪到了北京都城的建设中。

明太祖朱元璋在公元1398年驾崩于南京，他的嫡长孙朱允炆即位，也就是后来的建文帝，由此引发了朱棣发动“靖难之役”，又引发了朱棣迁都北京的重要历史。

京师北京“凸”字形

朱棣用了四年的时间“靖难”，从侄子建文帝的手中夺取了皇权。因南京是建文帝朝旧地，他决定迁都北平，下令加紧改建元大都。公元1403年下诏改北平为北京，正式宣布北京为京师。并下诏让浙江、直隶、苏州十郡的富户迁居北京，后来，又从山西移民好几万人，填充到北京城。

这一过程中，朱棣迁都北京的计划也不断遭到明朝臣的质疑，大臣们多有不同意见。但永乐皇帝朱棣决心已定。

他一定要迁都北京的原因，一个是巩固自己的皇权，因北平是他当燕王时熟悉的地方，自然非常有感情。第二个原因，是不让自己的皇权受到建文帝潜在势力的影响。第三个原因，是他多年在北平抗击蒙古等北方游牧民族的侵扰，对威胁大明王朝的力量主要来自北方的游牧民族有十分清醒的认识。迁都北京，对稳固大明王朝政权，能起到重要作用。最后一点是他的深谋远虑，是南京的一些朝臣所感受不到的。

北京都城的营建也花了很多年的时间。公元1406年开始修宫殿、建城垣，北京城水系的疏浚在公元1415年得以完成。公元1419年，因元大都南城墙大面积倒塌，明皇城的南城墙向南又移动了二里的距离，也就是从现今的长安街一线，南移到了现今的前三门一线，建起了南城墙，并在南部城墙上开了三个城门。这就是明代京城的基本格局。

明北京城的建筑规划者，除了明成祖朱棣，还有蒯祥、吴中、阮安这几位。来自交趾的著名工匠阮安在皇城和宫城的主体建筑营建上，发挥了重要作用。关于他，我在副章中专门写到了。

营建北京城，首先是削减前朝的“王气”，拆掉了元大都宫城内的大明殿和延春阁主建筑，然后在延春阁的原址上堆土石，堆土石方来自挖掘紫禁城护城河和太液池南海的泥土，堆积起来的小山就是万岁山，俗称煤山，也就是现在的景山。我采用景山是镇山的说法。景山是北京城内最高的山头，有人以为这是一座自然形成的山包，但它就是堆土形成的，目的在于镇压元朝的王气。

如此一来，明北京城和元大都相比，更加居中，并向南移动了少许。而全城的几何中心点在万岁山，也就是现今的景山。天气好的时候，站在景山的山顶亭子里，向北京的四下转圈看去，能够看到北京城像连绵起伏的海洋，包围着景山这一城市中心点。

镇住前朝“王气”。“王气”和“龙脉”这样的说法，尽管有迷信色彩，但从古代的朴素的心理学和地理学的角度看，也是有道理的。明北京皇城内的宫城，就顺势向南移动了，宫城内依照南京城前三大殿、后三殿的规制，建造了规模宏大的中轴线建筑。

在蒯祥、阮安的监工之下，征调的百万民夫和十多万精巧的全国工匠夜以继日地建设着明皇城的大殿、屋宇、道路、门阙、台阶和城四围的高大巍峨的城墙。一座更加辉煌的都城即将

今天的景山山体

诞生。

明北京皇城的整个工程，一直到公元1420年11月，才宣告完成。永乐皇帝朱棣下诏，准备在公元1421年正月初一迁都，北京改称京师，在一般习惯上仍称为北京。在历史文献上，“京师”指的就是首都。《春秋公羊传》中说：

> 京师者何？天子之居也。京者何？大也。师者何？众也。天子之居，必以众大之辞言之。

北京成为京师，南京的地位则立即下降，成为陪都。

明代北京城的营建规划，总结继承了元大都和明中都（今安徽凤阳）的早期宫殿建设经验，以及南京皇城和宫城的建筑经验。同时，在营建理念上继承了《周礼·考工记》中的文化理念，还将北宋汴京、汉唐长安城等都邑的城建规划和经验，运用到了北京城的建设当中，使明代北京城的建造成为中国古代建筑的集大成之作。

明北京城的城墙，城门是内九外七，内城城门每一座都由城楼、箭楼和瓮城构成，瓮城的设计是为了抵御来犯之敌，进入城门前被瓮中捉鳖。城楼是两层三檐的木结构楼阁，面阔七间，进深三间，加上基础城台，城楼高达三十五米左右，体量很大，巍峨挺拔。

箭楼是单层的重檐歇山顶建筑，比城楼要矮一些，因带有军事防御目的，有很多射箭孔，便于射箭。在城墙外都挖了护城河，一衣带水，沿着城墙之下蜿蜒而去。护城河一般是三米深，宽窄不一，宽的地方有几十米，窄的地方才三五米宽，要看每段区域的重要性。

明清两代，北京的内城和外城的城楼、角楼和箭楼加起来有近五十座，如今就剩下正阳门的城楼和箭楼，还有德胜门的箭楼和东南角楼这四座城楼子了。要想领略明代城门和城墙的风格，现今的前门箭楼和城楼，能够基本看到端倪。不过，因瓮城拆除，只留下了弧形的道路，要通过想象力去弥补了。

明成祖迁都北京几年之后，于公元1424年驾崩。他一死，明朝北京的首都地位差一点丢掉了。为什么，因为他的后继者，又想把首都迁回南京。

公元1424年七月朱棣驾崩，八月登极的是明仁宗。明仁宗做太子很多年，都住在南京，所以对南京非常留恋，即位之后，他就决心复都南京。公元1425年三月，他下诏把北京称为“行在”，宫廷各衙门的名称和文件里，都加上北京为“行在”二字为抬头，显示明仁宗决心将首都迁回南京了。

这是明代北京作为首都命运的一次戏剧性插曲。但人算不如天算，天不遂人愿，没过多久明仁宗就驾崩了，他仅在位十个月。他一死，复都南京的计划也就搁浅了。

后来，到了明嘉靖帝时期，为了防止蒙古骑兵在城外骚扰，以及可能对天坛、山川坛等祭祀场所进行破坏，嘉靖皇帝听从了大臣的建议，修建城墙，将南城新形成的大片商业和居民区包进外城。

这是在明嘉靖三十二年，也就是公元1553年。本来这个计划是将整个北京城都由新修建的外城墙全包进来，设计周长达到了一百二十里，但因财力问题，只把南城包进来一部分。

因南城商业和居民区面积较大，这个新南墙的东西端都比过去的长一点。嘉靖四十二年，也就是公元1563年，又增建了外城城门的瓮城，第二年竣工的时候，把天坛和山川坛也纳入了城墙内，最终形成了北京城“凸”字形的空间结构。

嘉靖皇帝修建的部分叫作外城，城墙总长二十八里，有七座城门，南面是永定门、左安门、右安门；东面是广渠门；西面是广宁门，清代这个门改名为广安门，延续至今；东北和西北的那个角上，向北的方向，开了东便门和西便门。

在明代，明永乐帝和明嘉靖帝在位的两个时期里，分别修建的北京内城和外城，共同合一，构成了北京城独特的“凸”字形空间形态，延续至今。

中轴龙脉紫气腾

明代北京城形成了一条壮阔且笔直的中轴线，成为明北京建城六百年以来最为突出的一个特点。

在2008年奥运会的开幕式上，艺术家蔡国强设计的印烟火“大脚印”，就是沿着从南到北的中轴线，在空中左一脚右一脚地爆炸成大脚印走路的样子，象征历史的步伐从过去一步步走向今天，从南城走向北城，一直走到奥运会主场馆“鸟巢”的上空。这一烟火设计非常巧妙，其构思基础，就是北京中轴线所牵动的历史脉络，这也是北京城市空间结构的一个重要脉络。

在明代北京城，中轴线是从南外城的正南门——永定门开始，一直到北面的钟鼓楼，全长是七点八公里。在这条中轴线上，分布着明皇城的主要建筑，从南到北按照建筑功能分区，大致可以分为五个段落，假如建筑是凝固的音乐，那就形成了五个华彩乐章。

从南向北，中轴线的第一段，是从永定门到天桥。这一段明代修了御道在中间，由皇帝专门使用。御道两边，分布着天坛和山川坛（先农坛的前身）。这是明代的郊祀区域，天坛和山川坛建有高大的坛墙，墙内树木密植，一般人不能窥见里面的堂奥。

第二段由天桥到正阳门。这一段穿越了明代北京外城的核心区，两边都是繁华的商业区和市民居住区，前门的五牌楼壮丽繁复，正阳门的箭楼、城楼巍峨雄伟，商业区繁华且生机勃勃，人口密集、五方杂处，是北京城最具市民气息的区域。

与辽代、金代、元代的前朝北市不同，以前几个朝代的市场，一般都在大城的北面形成繁华的市场，明代北京最繁华的区域，却在南城的外城内。即使是今天，你去前门大栅栏一带，还是能够体会到这一街区的繁华和热闹。

第三段是从正阳门的城楼向北，到皇宫的午门。这一段在明北京城属于宫城的铺垫和准备阶段，也是宫城的前区。从正阳门到现在已经不存的大明门之间，是棋盘街，有繁华的集市，有一部分衙署和驻军居住地。从大明门再向北，进入门阙森严的门洞，就进入了午门外的广场上了。“推出午门外斩首”是我们在很多明清宫廷戏里最熟悉的句子，午门之外，是斩首的地方，也是让人感到肃杀和恐惧的地方。面对专制皇权的外化——高大的宫墙，巍峨高耸的楼阁，小民的腿都会发抖，神情也会变得肃穆。

第四段是整个中轴线建筑的高潮。这一段，是从午门到万岁山，也就是现在的景山。就像是一部有五个乐章的交响乐，到这一刻，开始了最高潮的旋律，激动人心的皇宫主建筑在这里出现了。

明皇宫紫禁城的周长六里，城墙是重五十斤的大砖砌成的，高达十米，南北长九百六十米，是一个长方形。城外还有一条筒子河，宽达五十米。从午门向北，就是玄武门，东为东华门，西为西华门，各门都有城门楼子，宫城的四角还有角楼，现如今这角楼依旧是故宫的一大景色。其中，以故宫东北角的角楼与筒子河形成的风景区最漂亮。

进入午门向北，就是巨大的宫廷合院，东是会极门，西是归极门，院子中间就是金水桥。穿过合院，正北是皇极门，这是外朝三大殿的正门。左边叫弘正门，右边叫宣治门，而皇极门的东边是文华殿，西边是武英殿，遥遥相对十分对称，是明代皇帝和文人学士讨论文化问题，和武将将军讨论军机大事的地方。

明代的皇宫三大殿，分别是皇极殿、中极殿和建极殿。

皇极殿又叫金銮宝殿，是当时紫禁城内最高大巍峨、庄严肃穆的殿宇，大殿建在须弥座台基之上，殿前的广场有三万多平方米，大殿面阔九间，六十四米宽，大殿屋顶高二十七米左右，气势非凡。在殿内安放皇帝的宝座，四周围绕着巨大的蟠龙柱，是明朝皇帝登极、朝会、大典、发皇榜和颁发重要诏令的地方。中极殿是皇帝在去皇极殿之前休息的场所，而建极殿则是皇帝宴请王公贵族和大臣的地方。

皇极殿一开始叫作奉天殿，中极殿一开始叫作华盖殿，建极殿一开始叫作谨身殿。为什么改了名字？是因为一场大火。

公元1421年四月初八，也就是永乐十九年，这几座宫殿才建成九十多天，忽然，宫中建筑遭到雷击，失火燃烧起来，大火熊熊，一下子把刚建好的三大殿奉天殿、华盖殿、谨身殿全部烧毁了。

这场大火使得永乐皇帝朱棣的内心感到恐惧和惶惑，他认为遭到了天谴，不敢再继续施工重建，而是下令让臣僚直言，也就是可以批评朝政，特别是皇帝的决定有什么过失之处。这时就有大臣上书说，因永乐皇帝执意建都北京，才招致了这场天灾。

这之后，永乐皇帝朱棣不得不以奉天门作为上朝议事的殿堂，内心里依旧有些不安。第二年、也就是公元1422年的闰十二月，乾清宫又发生了一次火灾。这样又过了一年多，公元1424年8月明成祖朱棣驾崩，都没有再重建三大殿。

建极殿往北是云台门，之后是乾清门，这是明宫城内廷三大殿的正门。过了乾清门，就是乾清宫、交泰殿和坤宁宫。

乾清宫是明代皇帝居住和日常办公之地，交泰殿是册封皇后，以及皇后举办一些诞辰活动的地方，坤宁宫是皇后的寝宫。坤宁宫东西两侧各有东六宫和西六宫，那是皇帝的嫔妃居住的地方。

再往北就进入御花园了，这是皇帝、皇后和嫔妃们游玩休闲的场所，奇花异草很多。往北出了坤宁门（嘉靖年改为顺贞门），就是宫城的最北门玄武门。出了玄武门，有前往万岁山御苑的路。拾级上山，可见万岁山是五座小山峰，最高的山峰压着元大都旧宫城内的最高建筑延春阁的位置，显示了万岁山是一座镇山，镇住前朝的王气，呈现本朝的霸气。三大殿和后三宫建筑，以及御花园和万岁山御苑，这一段是明皇城建筑的最精华部分。

中轴线的第五段，是这条七点八公里长的核心中轴线的收尾段落。从万岁山的北门到钟楼。出了万岁山的北门，是寿皇殿，然后出皇城北门，在地安门的西侧是什刹海，东侧是大量的商铺、民居和胡同，鼓楼在南，钟楼在北，以钟鼓楼作为整条中轴线的结束。

中轴线在20世纪末到21世纪初，向南和向北都在继续延伸。向南，中轴线南端有个南顶村，从南顶村继续向南，延伸到了新建的大兴国际机场，这是我在第十一章要写到的。沿着这条中轴线向北，建设了亚运村和奥运村，举办了2008年奥运会，在北四环中轴线两边，为2008年北京奥运会的举办地，建设了国家体育场、国家游泳馆、国家体育馆和国际会议中心等建筑，造型奇特，独具现代建筑魅力。

这条轴线继续向北延伸，延伸到了北京国家奥林匹克森林公园，简称北京“奥森”。在奥森公园的南门，由当代建筑设计师崔恺设计的北京奥森公园观光塔，于2014年完工，高达二百四十六点八米，这座观光塔由五座高低不同、错落有致的高塔构成，近看像是一簇钉子，俗称“钉子塔”，体量不大，十分秀气苗条，类似一簇植物。晚上这座观光塔的灯光变幻秀非常绚丽多彩。

在北京奥林匹克森林公园的北端，有一座人工堆积的小山，叫作仰山，是目前北京中轴线北端的收官点。

帝都巍巍浴火生

明代北京皇宫建成之后两百多年里，发生过多次火灾。因主要建筑都是木质建筑，防火安全一直是明皇宫的一大问题。前面说了，明皇宫三大殿落成才半年，就在明永乐十九年，也就是公元1421年的四月，被雷击点燃的大火烧毁，损失惨重。一直到公元1440年，明英宗才下诏令阮安等重建三大殿，并修缮两宫建筑，这项工程在公元1441年竣工。

公元1438年八月，顺天府贡院着火，很多房舍被焚毁，还烧毁了许多赶考举子的试卷。公元1463年二月，在会试的时候贡院着大火，竟然还烧死了九十多位前来赶考的举子。

公元1457年，承天门（现今天安门）发生火灾。

公元1514年正月，乾清宫火灾，宫殿被烧毁。同年十二月开始重建，花了七年时间，公元1521年十一月竣工。

公元1557年，也就是嘉靖三十六年的四月，雷火点燃奉天殿，火势连着烧到了华盖殿、谨身殿、文华殿、武英殿，以及午门的左右长廊，这些木质建筑全部烧毁，大火燃烧了两天才最终熄灭。

公元1559年，也就是嘉靖三十八年十月，开始重建三大殿。三年后的公元1562年九月，重建三大殿竣工。这一年是嘉靖四十一年，他下诏把奉天门改称皇极门，把三大殿的名字改为皇极殿、中极殿、建极殿。还把文楼改为文昭楼，把武楼改为武成楼。

公元1596年，也就是万历二十四年三月，坤宁宫、乾清宫火灾，全部烧毁。公元1597年正月，开始修乾清宫、坤宁宫。但这年的六月，皇极殿、中极殿、建极殿火灾，文昭楼、武成楼连带走廊房舍，全部烧毁。

公元1602年，重建乾清宫、坤宁宫。

公元1626年，也就是明天启六年五月，王恭厂火灾，延烧到了顺城门、刑部街，烧毁民宅一万零九百多间，修建建极殿的工匠被烧死了两千多人。朝天宫火灾烧毁了十三个殿堂，引发了王恭厂的火药库爆炸，死伤最终达到了两万多人。也有研究者认为，这是一场地震引发的爆炸事件。

1627年，明天启七年的八月，重建皇极殿、中极殿和建极殿。

……

以上只是明朝二百多年间，明皇宫内主建筑遭受火灾的情况罗列。从公元1421年到公元1627年，明皇宫内的主要建筑是烧了建，建了烧，反复了好几次。大部分的火灾都和瞬间雷击有关，防不胜防。我们现在去故宫参观，能够看到很多大水缸摆在大殿旁的空地上。那就是消防用的水缸。

明北京城的巍巍庄严，体现在宫城建筑中。那么这座城市的生机勃勃的部分，则体现在老百姓的生活里。

明代把元大都的南城墙拆除之后，形成了东、西长安街，并且与崇文门内大街和宣武门内大街交叉，有了东单和西单路口。但因长安左门和长安右门把皇城前面的广场封闭起来了，这条街道东西没有贯通。

城内的居民区分为东城、西城、南城、北城、中城五个城区，每个城区划分了居民居住区的单位“坊”，这是从唐幽州城就开始的里坊制的延伸。

元代大都的街巷已经改变了里坊制的空间观念，出现了大量的四合院和胡同。明代北京城，最开始划分出三十三坊，后来在外城又划出七坊，内城减少了几个坊，加起来是三十六坊。这些坊由于棋盘状的道路互相贯通，横平竖直的街巷就组成了北京特色的合院与胡同。这些坊，也沿袭了元大都的街巷划分出来的四合院和胡同。

据《析津志》记载，元代胡同有四百二十多条，明代北京城的胡同有一千二百多条了。那么到了清代北京，就多达两千多条了。明代北京城的胡同，根据张爵所著《京师五城坊巷集》的记载，内城有九百多条，外城有三百多条。

这么多的胡同，构成了明北京城区的鲜活的细胞建筑，使这座城市充满了活力。这些胡同的命名方式也很多样，一般以衙署、寺庙、作坊、桥梁、市场、商品、器物、仓库、人名、地名等作为胡同名称。如府学胡同、北城兵马司胡同、贡院胡同、石大人胡同、王驸马胡同、马将军胡同、羊肉胡同、驴肉胡同、菜厂胡同、砂锅刘胡同、针匠胡同、骟马胡同、裱褙胡同、李四家胡同、粉子胡同、宋姑娘胡同、王寡妇胡同、铁狮子胡同、柏树胡同等等，非常生活化，也好记。地名好记，才是重要的，不然就会在胡同里迷路了。

一般内城的胡同都是东西走向的，外城的胡同，东部地区是东南向走向，西部地区是西南走向。外城的城区，因为天坛和山川坛（先农坛）的北面坛墙是弧形的，加上外城缺乏规划，有很多自由生长的胡同，因此形成了一些很不规则的街巷和胡同，

四合院效果图

不像内城区的胡同和街巷，东西走向和南北走向的交叉和贯通十分自然。外城的一些街道和胡同就出现了弯曲，也就有了不少斜街，如樱桃斜街、杨梅竹斜街、铁树斜街、上斜街、下斜街等等，这是和内城的情况不一样的空间结构。

在元大都的市区建筑中，北京四合院以合院的方式集中出现，且有多种合院。因当时元大都的土地划分和利用是以八亩地为一个单位，土地宽广，很多土地主人可以大力修建不同类型的合院。

到了明代北京城，北城大量的元代合院已经换了新主人。首先，徐达率兵攻入大都时，几十万军士都要寻找住处，他们占据了不少原先的空房子。元大都的人口因连年的战争，由人口近九十万，下降到了只有十多万人。明朝军士的填充，很快使得城内具有了人气。后来，又有山西和江浙地区的移民，北京城变得熙熙攘攘起来了。明成祖宣布北平府变为京师北京城之后，城市人口也比1368年徐达攻破元大都的时候要多很多了。

这就使得四合院建筑在明代北京城有了一个巨大的发展。明代四合院，要比元代的合院建筑复杂，从最为简约的一进四合院，发展到了二进四合院、三进四合院、四进四合院，还有跨越两条胡同的大宅子，那就不是几进四合院，而是多个四合院再组团形成错综复杂的合院建筑群。

在明北京城，房屋建筑按照王、公、侯、伯等爵位，有不同的建筑规制。亲王府尽管不多，却规模宏大，仿照宫城建筑规制，但规模小很多了。亲王府一般分为前后两个空间。前面是三重殿堂，相当于起居待客区，接待来访的宾客。后面三重都是居住区，最后面是后花园，内有假山和水池，种植了奇花异草。

公、侯、伯等爵位的贵族，房屋分为前厅、中堂、后堂，各七间房。大门上有金漆兽面含着锡门环。其他级别的官员，从一品往下，一直到九品官的房屋都有规定，官越小，房子越小。平民的住宅最大的房子不能建得超过了九品官，不管你是不是富豪，有多少钱都不行。不过，也有变通，有些富户在四合院旁建耳房，正房后面再建罩房等等，以这种方式扩大居住面积。但公侯以下，屋顶的建筑形式，就不能使用歇山式、重檐庑殿式屋顶，不然就是僭越了。

在明代，这种封建等级制在建房方面体现得很充分。特别是到明代中后期，更加严重。

明北京城的御苑，主要有两个地方。一处是紫禁城北面的万岁山，又名镇山和景山，另外一处在紫禁城的西侧，名为西苑，也就是现今“三海”之地，北海、中海、南海。这里原先是元代的太液池，太液池中间有一个琼华岛，岛上有一座小山，上有广寒殿一座。那是忽必烈最开始驻跸北京时最喜欢的地方。后来，在清康熙年间，这座广寒殿被拆除，修建了一座白塔，就是现在屹立在北海公园里的那座白塔。这是康熙皇帝推崇喇嘛教的标志。

现在，我们站在景山顶的亭子里向故宫看去，依旧能看到故宫中那宏伟的前三殿和后三殿的身影，一定不会想到，它们在时间的长河里，不断浴火重生，在火焰中被毁灭，又再次屹立起来。现在，它们身披朝晖和夕阳的光芒，六百年来一直如此，即使偶尔缺席，也还是那么壮观宏伟。

副章：阮安与明长城

阮安

明北京皇城是谁规划设计建造的？明成祖朱棣肯定算是总规划设计师，是他决定迁都北京，并要求兴建皇城的。具体细节就由大臣们去具体落实了。那么，还有哪些人参与了建筑规划设计和建筑施工？现存史料里的记载很少，因为中国古代建筑师的地位不高，很难找到参与皇城建设的建筑师的名字。

清康熙皇帝也说："朕遍览明代实录，未录实事。即如永乐修京城之处，未记一字。"（《清圣祖实录》卷273）康熙皇帝都这么说了，说明永乐年间营建北京城的情况记述很少。

在《明史》中明确记载了几位工程参与者，如蒯祥、吴中等。吴中任工部尚书，就是管建筑施工的，蒯祥任工部侍郎，也就是建设部副部长，他是画工、木工俱佳，人称“蒯鲁班”。还有一位蔡信，在明皇宫完工之后就任工部侍郎，说明他为明皇城建设出了大力，得到了提拔表彰。

一个叫阮安的名字跳入了我的眼睛。他也是明皇宫建设的主要参与者。阮安又名阿留，交趾人，也就是现今的越南人。他在永乐年间担任宫廷太监。在《明史·宦官传·阮安》中有记载，说他：“阮安有巧思，奉成祖命营北京城池宫殿及百司府廨，目量意营，悉中规制，工部奉行而已。正统时，重建三殿，治杨村河，并有功。”

这段话中，说阮安是奉了朱棣的诏令，对北京皇宫建筑进行了规划设计和实地测量，还绘制了建筑施工图纸，然后由工部组织进场施工。如果是这样的话，这个阮安在明北京皇城的营建中起到的作用，就非常大了。

我又查到，在《明史纪事本末》中，说到阮安，“为人清苦介洁，更惇敏善画，尤长于工作之事，其修营北京城池、九门、两宫、三殿、五府、六部诸宫寺廨舍，及开塞杨村驿河道，甚著劳绩”。

这一段话，具体说到了阮安的品行高洁，性格耿直，生活简朴的特点。他最擅长的就是建筑设计，设计的建筑有三大殿、两宫建筑，还有城池、九大城门、衙门、寺庙、房舍的建筑设计等等。另外，他还主持了杨村河道的疏通工作。可见，阮安是肩负了明北京皇城最重要的建筑设计工作。

那么，交趾人阮安又是怎么来到北京的呢？这要从当时的战事说起了。《明太宗实录》中记载，明永乐五年，也就是公元1407年，明将军张辅率领号称八十万人的军队平定了安南。安南当时叫大虞国，也就是现在的越南，他在安南网罗当地的各类人才一万六千多人，全都“以礼遣送北京。”阮安作为能画图善营造的人才，也在这批礼送北京的安南人中间。他就是这么作为人才型俘虏，被选送到了北京。

不过，这些人并未立即到北京，而是先到达了南京。明成祖朱棣对这批人很重视，派士人、官员对他们进行培训，教他们学习中国历史、文化，读圣贤书，遍览经、史、子、集等等。那么阮安就在其列。后来，北京修建皇城到了关键的时刻，阮安被朱棣派往北京，进行宫城主体建筑的设计。

由此看来，是阮安设计了紫禁城的三大殿奉天殿、华盖殿、谨身殿。可惜的是，在这三大殿落成仅仅几个月之后，就被雷击点燃，大殿全都烧毁了。朱棣因此心中忐忑不安，觉得是天意和天谴，就不再重建。成祖皇帝去世之后，因财力的原因，继任者明仁宗、明宣宗都没有修建这三座大殿，而是在别处办公，举行朝会。一直到明英宗朱祁镇即位，在朱祁镇的正统元年，也就是公元1436年，下诏继续建设皇城。当年十月，他诏令阮安负责这项工作，在《明英宗实录》中，记录有如下文字：

> 命太监阮安，都督同知沈清，少保、工部尚书吴中，率军夫数万人修建京师九门城楼。初，京城因元旧，永乐中虽略加改葺，然月城楼铺之制多未备，至是始命修之。

这段话的意思非常明确，明英宗在公元1436年再度启动了明皇城的修建工作，阮安担任总建筑师，沈清负责组织人力物力，吴中则是营建工作的组织者，行政主管。

明北京皇城的建设工作再度展开了。

这个时候，明北京城的九个城门还只有城门洞子，普遍没有城楼、箭楼和瓮城建筑。阮安对九座城门一座座进行单独设计，分类施工，一门一策，拿出了方案。施工工人一般来自经过训练的军士，所以才由都督沈清来组织。建筑材料使用的是十多年前修建皇城时积累下来的。到公元1439年，经过了四年的营建，明北京皇城的九座城门配套建筑，全部完工了。

接着，在公元1440年，阮安又奉皇帝诏令，重建他曾经设计建造过的奉天、华盖和谨身三大殿，以及乾清和坤宁两宫建筑。这一次，阮安重新设计了三大殿和两宫建筑，方案有所调整。随后他和吴中又组织了工匠和军士一共七万多人，参与施工。

这项工作花了一年半的时间，到公元1441年的十月，重建的三大殿和两宫建筑全部建成。作为宫城内供皇帝使用的三大殿和两宫建筑的建成，这五座建筑的重要性不言而喻。阮安在设计中优化了原来的方案，重建的三大殿更加宏伟壮观，巍峨庄严，实用性增强了，阮安的设计督造起到了决定性作用。

明英宗亲自验收，对三大殿和两宫的建设成功表示满意，下诏赏赐阮安黄金五十两、银子一百两、纻丝八表里、钞一万贯。

这一次，三大殿、两宫建筑的完成，还促成了一件重要的事情：公元1441年十一月初一，明英宗在新落成的奉天殿颁布诏书，宣布北京去掉“行在”这两个字，定为“京师”。同时，废除了各衙门的名称前所加的“行在”这两个字。此举进一步明确了北京的首都地位，也表明他不会迁都于南京了。

自成祖朱棣死后，当年他迁都北京常常有一些非议。后来即位的皇帝想法也不一样，如明仁宗就想再把首都迁回南京，但他在位时间很短，来不及实施这一计划就死了。明宣宗在位十年，对这一问题态度暧昧，没有什么动作。明英宗的诏令，再度确定了北京作为明朝首都“京师”的地位。其中，阮安负责建筑设计的新三大殿和两宫建筑的落成，起到了决定性作用。

阮安后来又主持了明北京城墙的加固工程的设计工作。

公元1445年，明英宗下诏，由阮安和成国公朱勇负责城墙的加固工程。明代初年，明朝开国大将、右丞相徐达在修建北平府城墙的时候，仅仅是用砖包砌了元大都旧城墙的夯土墙的外墙，内墙还是夯土墙。这样一旦遇到了大雨天，大雨冲刷下来，城墙内墙的夯土就会坍塌一部分下来。尤其是北城墙，完全是后来明军新建的，大雨来袭，雨水冲刷之下，城墙夯土里的一些陶瓦、杂物也跟着出来了。这是因为徐达当年督造北城墙的时候，因施工紧急，直接把元大都内毁弃的房屋建筑材料拆卸下来，运到城墙工地，然后夯土加层，城墙质量当年就堪忧，现在经不起雨水的冲刷。

这项工程，阮安是建筑设计师。工程圆满完工后，明北京城的外城和内城的城墙，才全部用砖牢固地包砌起来了。

阮安在明代宗景泰年间，因张秋河决堤，被紧急派往决堤地点治理河道。但是，他突发疾病，在奔赴治河地点的路上就死了，应该算是因公殉职。景泰年是公元1450到1457年，阮安具体在哪一年去世的，并不详尽。

交趾人阮安从公元1407年由安南到南京学习研修了十年，在公元1417年来到北京，在公元1450年后的某一天因病去世，他在北京生活了三十多年。作为明北京皇城的主要建筑设计师，阮安做出了巨大贡献。

明长城

北京市域内现存的长城，主要都是明代修建的。明长城是中国长城修建的尾声和高潮阶段，是壮阔和坚固的长城的代表作。

自公元1368年，徐达率军攻克元大都之后，明代修建长城的工作很快就展开了。因要不断面对北方蒙古军残余势力的南下侵袭，后来，明朝的历代皇帝都很重视长城的修建工作，从公元1368年开始，一直到明朝末期的公元1600年前后，二百多年的时间里，修建长城的工作从来没有停止过，因而留下了明长城的伟大杰作。

长城的修建自西周周宣王时期就开始了。最开始的发源是烽火台建筑和烽燧小城，到战国时期，各个诸侯国开始广泛修筑，楚国在公元前7世纪，把国境内的烽火台用城墙连接起来，形成了最早的长城。

秦统一天下，秦始皇将燕国、赵国和秦国的长城连接起来，这条长城曾叫作“拒胡长城”，是为防御匈奴人和东胡人修建的。这条长城西起甘肃临洮，一直向东延伸到辽东，到达现今朝鲜半岛附近西部，绵延万里，形成了万里长城。这一时期出现了孟姜女哭长城的传说。汉代，汉武帝经营西域，又将长城延伸到了敦煌，设置了玉门关和阳关，还以烽火台和烽燧小城的形式，一直修到了龟兹。至今库车还有汉代烽燧遗址多处。这样，长城西延，前出西域，从战略纵深上直逼中亚腹地，保护了丝绸之路上的交通畅达与商贸活动。

因为燕国曾修建过长城，因此北京地区的长城起源于战国时期。此后，北魏、北齐等朝廷也曾在北京以北的山中修建过长城，为防止北方的突厥人和契丹人，隋朝也多次修筑长城。

唐代因疆域已经越过了长城以北，根本不需要修建长城。宋代是收缩的区域政权，远退到了长城以南，没有修建过长城。

辽代、金代和元代是北方少数民族建立的，这几个朝代管辖的疆域越过了长城一线。清代更是停止了修建长城的工作。因此，秦朝、汉朝和明朝，是长城修建的主要时期。

明代徐达攻破大都之后，就抢先在居庸关和古北口这样的重要关隘修建关城，将原先秦长城的北京部分做了详细勘察，针对北部蒙元残余势力的存在情况，制订军事防御战略的详细计划，在北平北部山区的长城沿线设立关城、哨所和隘口建筑，增建楼橹，加强了长城的防御功能。

徐达深谋远虑，他和常遇春等一标悍将，将长城分为“九边”，也就是把当时的北平府北面燕山山脉的长城分成了九个段落，每个段落设一个军镇，驻扎兵士。驻扎地设立“路”和“关”，如山海关、居庸关、古北口关、雁门关和嘉峪关等等。这样到明代中期，守卫长城的明军兵士常年维持在几十万人。

徐达将北齐长城加固整修，形成了慕田峪长城的基本格局。明万历皇帝下诏，命人在怀柔北部山区修建了拱卫明皇家陵寝地区的长城。隆庆皇帝时期，将军谭纶和戚继光在北京承担主要防务职责，修建长城的力度空前加大。他们选择了最险峻的高山大川，沿着燕山和太行山余脉的走向，把城墙、敌台、烟火墩台、楼橹、关城、哨所的设置统一起来，详尽规划，形成了长城连绵不绝、互相交织的防御体系，构成了长城固若金汤的基本功能。

明代长城防御体系，包括了蓟镇和宣府镇，也就是宣化地区的长城，蜿蜒行走，峰回路转，一直到山西大同附近，形成了全长两千多里的牢固防御线。

北京地区现存长城的长度，历来有不同的争议。经过航测和现今专家的研究和勘测，北京地区现存的长城有六百多公里，各种敌台、城垛、城堡、烽火台九百多座，规模不小。

作为中国古代建筑的精品工程，长城除了有军事防御功能之外，还有着建筑美学的呈现。长城现今剩下的就是审美价值。长城的雄壮之美、刚强之美、粗犷之美、宏阔之美、蜿蜒流畅之美、固若金汤之美，如今已经升华为中华民族的审美精神，成为

八达岭长城

中国人强大意志力的体现，寄托着中华民族深沉的感情，成为了民族性格的象征，意义不同凡响。

现今北京最为人称道，也是游客最多的长城游览区，有八达岭长城、慕田峪长城、金山岭长城、居庸关长城、古北口长城、黄花城水库长城等地段。

从防御功能上说，八达岭长城与几十公里长的关沟和居庸关狭窄的隘口一起，形成了固若金汤的防卫要道，抵挡从宣化地区南下、威胁北京的入侵者，在古代发挥了重要作用。慕田峪长城的修建，对保护明朝皇家陵寝至关重要，而古北口则是防止入侵者从怀沙河、雁栖河谷地穿行，从黄花城一带突袭北京的蒙元士兵的重要关隘。

金山岭长城到司马台长城的地段，非常险峻，高山大岭之上，长城回环曲折，易守难攻，据传是戚继光将军亲自设计督造的，他鞠躬尽瘁、胸有韬略。金山岭长城现在也是北京明长城中的精品。

这几段长城都是明长城的代表作。这些地段的长城，在险峻的高山上蜿蜒行走，随着山峰的走势确定走势，犹如盘龙环绕，又如飞流直下，如彩虹架空，又如河流滔滔。

北京明长城的壮美，是需要我们用脚去丈量的，用眼睛去探询的。你的脚走到长城之上，你的眼睛看到的，就是长城一直在守卫的最美山河。

第七章：清京师

八旗内城与民人外城

清朝的北京以及附近地区，从行政区划上来说，分为京师、顺天府和京县三个层次。

京师是首都的意思，指的就是北京城区，从外向内，包括了近郊、外城、内城、皇城和宫城，一圈套一圈。顺天府，在清代管辖有二十四个州县。首先下辖了两个京县，也就是直辖县，这两个县的地位比一般的县要高，分别是大兴和宛平，大兴在东，宛平在西。其余所辖的州县还有：通州、霸州、蓟州、昌平州，顺义、怀柔、密云、平谷、三河、武清、宝坻、良乡、房山、香河等县。

所以，京师指的是当时北京的清代都城地位。但这座京师之城，在一般人那里还是俗称北京。

清朝的特点是沿袭旧制，包括营建皇城和宫城的基本理念，也吸收了明代的经验。满人入关之后，清朝皇帝全盘接收了明皇宫和宫城，大的建筑空间格局基本没有变。但因明皇宫和宫城内的一些建筑曾遭到毁坏，也需要修缮。李自成离开北京之前，曾下令焚烧宫殿和九门城楼。不过，根据历史材料来看，李自成的士兵放火焚烧所导致的破坏，并不是毁灭性的，可能烧毁了部分殿宇，其具体情况如何不详。

一般认为，李自成离开北京的时候，因时间仓促，对宫城的焚毁并不严重，只有皇极殿等一些殿庑遭到了毁坏，紫禁城内大部分建筑仍旧完好。因为清顺治皇帝登基大典是在皇极门举行的，说明当时皇极殿已经损毁了。

清朝皇帝入主北京皇城之后，总体格局没有变化，但在二百多年间不断重建、翻修和局部整修宫内的各个建筑。现今故宫里留下来的建筑，大部分都是清代建筑，明代原建的已经不多。

在清代，北京城的主人换成了满人。那么，在对城市空间的使用上，满人的利益是要优先保障的，满人的活动空间，自然是要优先来安排的。于是，清朝前期，就把绝大部分汉人迁居到外城，内城全部由清八旗满人居住。

清八旗在内城中都有自己的片区，围绕皇宫，以紫禁城为绝对核心，以中轴线为南北轴线，按照逆时针旋转的话，依次排列为：

在现今天安门南侧到建国门以西，是正蓝旗满人居住；朝阳门以西，是镶白旗满人居住；东直门以西，是正白旗满人居住；安定门以南，是镶黄旗满人居住；德胜门以南，是正黄旗满人居住；西直门以东，是正红旗满人居住；阜成门以南，是镶红旗满人居住；西单牌楼以南，是镶蓝旗满人的地盘。这样，清八旗满人就把当时北京的内城全占满了。这八旗紧紧围绕着北京皇城和宫城的紫禁城。这种状况一直持续到雍正二年，也就是公元1724年，开始修建圆明园护军营房为止，八旗开始向城外新建的旗营转移。

北京有句俗语“不问满汉，但问旗民”，指的是内城的旗人中也有蒙古旗人和汉军旗人，甚至还有俄罗斯族的旗人佐领。民人都在外城居住，其中汉人居多，也有其他民族的人口。

外城，就是现今前三门大街以南、一直到永定门南北一线的南城，就是“凸”字形凸出的区域。外城也分区域，从东往西分别为东城、南城、中城、北城、西城五个区域。在清代中期之前，北京地域文化由内城的八旗文化和外城的汉人文化构成。外城的汉人文化，也称为“宣南文化”，泛指宣武门之南的汉族市民文化。

内城因为包裹着清皇城和宫城紫禁城，是绝对的权力中心，汉人可以出入内城，但没有固定住址，不得夜宿内城。只有一些寺庙和八旗中的汉军军营里的汉族士兵，可以住在内城区域里。

一些汉族士大夫，尽管属于参与了清代社会管理的上层阶层，但也住在外城区域。围绕着这些人士的宅邸，逐渐就出现了新型的宣南文化。

在清代开国时期，出现了八个号称“铁帽子亲王”的满族皇亲家族，也就是世袭罔替的亲王王府，建在内城之中，一般在紫禁城中轴线向北延伸的两侧区域分布。这八位清代开国时期分封的“铁帽子王”分别是：

礼亲王代善，王府在大酱坊胡同；郑亲王济尔哈朗，王府在大木仓胡同；睿亲王多尔衮，王府在南池子；豫亲王多铎，王府在帅府园胡同；肃亲王豪格，王府在正义路；庄亲王硕塞，王府在太平仓胡同；克勤郡王岳托，王府在新文化街太平桥大街；顺承郡王勒克德浑，王府在西城区赵登禹路。这八位“铁帽子王”因对清代开国有功，属于“世袭罔替”，不需要后代降级继承亲王的爵位。

后来，在雍正、同治和光绪年间，因各种原因，又封了四位“铁帽子王”，也是“世袭罔替”这一级别的亲王，他们是：

怡亲王允祥，王府在王府井东冰渣胡同；恭亲王奕䜣，王府在什刹海西南角；醇亲王奕譞，王府在后海北沿；庆亲王奕劻，王府在定阜街。这些满族皇亲宗室，以他们的权力形成了向外不断扩展的血缘、宗族的势力依附圈层，成了北京城的新主人。

清代土地的占有形式分为皇庄、王庄和旗地，土地的买卖也伴随着人口的移动。到清代后期，也就是从公元1860年，以英法联军烧毁圆明园作为标志，旗人住内城，汉人住外城的规矩打破了。因外城在汉族人和其他民族人口的经营之下，非常繁华热闹，汉族精英也不断进入清朝统治阶层，因此也被分配在内城居住。同时，在后来的发展中，也有贫苦旗人不断出现，他们搬出内城，住在了传统汉人居住区的外城。

还有的旗人变卖了城内宅基地，迁居到了北京的近郊和远郊，买下一些田庄、皇庄，雇佣汉人作为佃农。另外，八旗军营也不断向城外迁移，如蓝旗营、蓝靛厂火器营、香山健锐营等，都是后来迁出内城的八旗军营，北京城市空间的格局，随着时间的推移，不断演变。到了清代后期，无论内外城，满、汉和其他民族的混居就比较普遍了。

另外，清代北京的粮食供应，主要依靠的是大运河的漕运。清代依赖两湖地区的稻米，和中原地区的小麦等农作物粮食。清光绪三十四年，也就是公元1908年，进行了一次城市人口普查，当时北京内城人口四十五万多人，外城人口三十多万，合计七十六万多人。这还只是常住人口，每天的流动人口可能更多。这么多人每天吃粮，大都需要外运。从南方运来的粮食大都存放在通州的粮仓，再通过马车运到东便门的大通桥，放在东墙外的粮仓，也分送各个内城区域的粮仓。现今还存在的南新仓、禄米仓等地名，依稀能够看到这一历史由来。

宫城　皇城　大城

清代的京师北京城，是多民族统一国家的政治中心，北京的城市功能就围绕着这一中心功能在运转。

在清代，对宫城内建筑营造上，大格局维持明代规制，具体的建筑做了很多的修缮、改造乃至重建，因宫城内，特别是大内紫禁城的主要建筑都是木质的，容易随时间受到虫蛀和自然坏朽，加上日常使用的耗损、雷火导致的火灾威胁，时不时要进行维修。

因而紫禁城的修缮和改造是持续进行的。顺治朝时期，将前朝大殿和后宫嫔妃们居住的宫殿修造完毕，使宫城能够正常使用，康熙年间将宫城恢复到了明代鼎盛时期的建筑规模。乾隆年间在宫城内修建了一些新建筑，如文渊阁、宁寿宫、重华宫等，这些建筑打破了明宫城内的对称格局，填充了宫城建筑空白点，使宫城空间利用得到了新扩展。

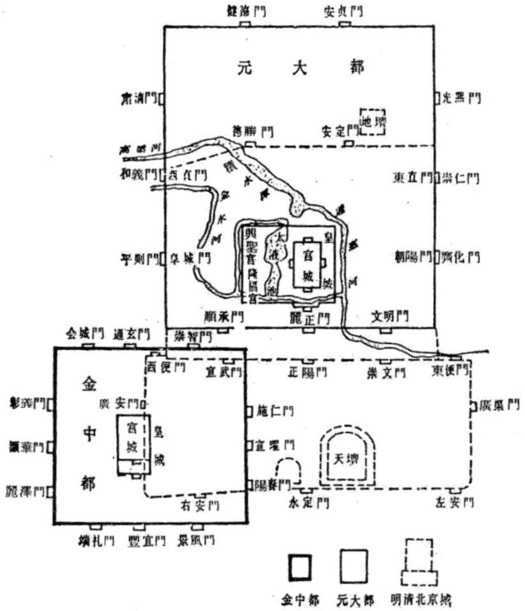

金中都、元大都、明清北京城的位置变迁

这就像是明式家具的风格极其简约，而清式家具就变得繁复起来了。我们观察清代家具，在装饰上非常雕饰、极尽华丽，细节上更为机巧和繁复，清代对宫城建筑的雕琢是很耐心细致的。

有些雷击导致的火灾未能避免，但所有的宫殿建筑，都经受住了北京多次地震的考验。这其中，斗拱在木结构的建筑中发挥了重要作用。斗拱位于立柱和横梁之间，既有承重作用，也有装饰作用，使得木质建筑具有了受力弹性，有了伸缩度和柔韧性，这是宫城建筑经受住地震考验的关键原因。斗拱这一中国建筑文化的杰出创造，后来成为中国建筑学会的会徽图案。

紫禁城是皇帝居住的地方，也是北京城的核心，紫禁城有着至高无上的皇权的象征。那么，皇帝在大内宫城中，是怎样活动的呢？我在吴十洲先生所著的《乾隆一日》中，看到了乾隆皇帝一天里的事无巨细的详细活动记录。

吴十洲的这部书挑选了乾隆三十年正月初八这一天，也就是公元1765年1月28日。这一天非常普通，在清高宗实录中，只有几百字的记载，但吴十洲却用了二十八万字的篇幅，详细描绘了乾隆皇帝的普通一天。

根据一天的时间线索，我们能看到乾隆皇帝一天里的时间安排：

凌晨四点，乾隆皇帝起床。养心殿请驾，更衣。然后去坤宁宫朝祭。五点，饮冰糖炖燕窝。六点，在中南海同豫轩进早膳，之后去乾清宫西暖阁看前朝圣训。七点，更衣，在建福宫稍坐，去重华宫茶宴，邀请臣子在重华宫对诗联句。十点，赴养心殿勤政亲贤殿批阅奏折，一直忙到十二点之后。十三点钟，在养心殿前殿引见臣工，十四点继续在养心殿引见臣工，并进晚膳。十五点小憩，批阅内阁呈上的各部和督抚、提镇的本章。十六点，与傅恒“晚面”。傅恒是首辅大臣，也是乾隆皇帝的小舅子。十七点，在养心殿三希堂等处鉴赏文物。十八点，继续在养心殿三希堂鉴赏文物。十九点，小憩。二十点，养心阁后殿东暖阁就寝，入眠。

这只是乾隆皇帝在紫禁城里这一天的活动。我们可以看到，乾隆皇帝一整天安排得非常满，按照每一个时辰，都有十分具体的事情要做，其中，对诗联句是有臣子参加的，批阅奏折需要好几个小时，欣赏文物的时间也比较充足。他早起早睡，几十年来每天如此，是一位十分勤勉、勤政的皇帝。

在宫城内，是内廷在围绕着皇帝每天的活动而细密地运转着。紫禁城的外面，包裹着的皇城里，又有什么变化呢？

在清代，皇城所开的大门在名称上有些变化。大明门改为大清门，建筑规制是三阙之上为飞檐高脊，这是北京中轴线上的重要建筑。往南的承天门在顺治八年、也就是公元1651年改为天安门。在天安门里，是“左祖右社”建筑，左边是太庙，右边是社稷坛。

皇城里的组团空间结构，主要有宫城、太庙、社稷坛，还有北部的景山与西苑花园。除此之外，皇城之内分布着重要机构衙署。明代分布的二十四衙门，到了清代中期后，基本废弃，都由内务府所辖的“七司三院”占据，内务府规模扩大，它负责整个清代皇室和皇宫日常生活的供应。这“七司三院”分别是广储司、都虞司、掌礼司、会计司、营造司、庆丰司、御药司和上驷院、武备院、奉宸院，这些司和院掌管着皇城内的很多仓库，现今还有些地名就是当时皇家仓库的地名。内务府仓库的分工很细致，哪个库摆放哪个东西，都很具体。防火、防盗措施也很多。

清代皇宫内还有六部机构和建筑衙署，吏部、户部、礼部、兵部、刑部、工部；五寺如大理寺、太常寺等；三院，翰林院、太医院、理藩院等大量衙署。这些衙署建筑，集中在千步廊的两侧。

相比明代，皇城内缩小了宫苑和官署的范围，空出来的地方，就变成了佛寺和民居。清代的皇城里寺庙也不少。现今记录有兴隆寺、华严寺、玉皇庙、普渡寺、延寿庵、慈云寺等二十多座，其中有少量的道观和尼姑庵，这些寺庙大部分都曾是明代衙署建筑。因清代皇帝也推崇佛教和喇嘛教，在皇城内几乎处处可见寺庙。

皇城内还有很多民居，这一点和明代不一样。明朝的时候，皇城之内是没有老百姓居住的，在清代，大内紫禁城里是皇帝专属的活动区，但宫城外的皇城里，却有很多王公贵族和一般百姓居住，还有旗人的居住区。这些官员、旗人、市民、士兵、商贩，都游走在皇城里，除了宫城和西苑、太庙和社稷坛之外，他们能够在很多区域里活动，商业发达，人员众多，相对自由，使清代的皇城体现出一种少有的城市活力。

如高士奇在他的《金鳌退食录》中所记载：

紫禁城外，尽给居人，所存宫殿苑囿，更不及明之三四。凡在昔时严肃禁密之地，担夫贩客皆得徘徊瞻眺于其下。

可见，清代皇城内的生活化场面很生动。

北京大城中，内城旗人的八旗和外城的民人生活区，两片区域的生活面貌迥然不同，构成了不一样的文化习俗，彼此影响、互相塑造，是有清一代北京城市文化的一个显著特点。北京的八旗文化，可以说上承清朝的皇家文化，下接北京的民间世俗文化，两百多年来，形成了独特的文化形态。清朝覆灭之后，对这一文化现象的整理和关注非常不够，只是在近些年，学者对北京八旗文化遗存进行了更多的研究和整理。

在外城的汉族士大夫、文化精英以及民人百姓所共同铸造形成的“宣南文化”，也是清代北京文化的一大特点。在这种文化的影响之下，北京外城出现了很多会馆。因全国各地都有地方官、商人和士人，频繁往来于家乡和北京，他们在北京的留驻之地，就是外城区域的各地会馆。

会馆文化的形成，是这一时期北京城市文化的一面风景。北京现今还有湖广会馆建筑留存，是民间相声、曲艺表演的场所。在清代，内城开设的旅店、饭馆较少，大部分旅店、饭馆就开在了外城。由于清代国土辽阔，省份数十个，乡土情怀是中国人根深蒂固的情结，各地人士纷纷在京设立会馆，就如同现在各地在京设立驻京办的情况一样。不同的是，现在的驻京办是各个省市地方政府的派出机构，而当时的会馆，则大都是商人在经营，这些会馆背后的操纵者和出资人，往往又是当朝的官僚和有钱人。

会馆中供奉有关帝、财神、真武大帝等神灵保佑大家。所以，会馆有着精神、感情、宗教和地域文化的联系与寄托。此外，大的会馆之内如湖广会馆，还搭建有戏台罩棚，演戏、喝茶、吃饭、交流就成了会馆的最重要功能。这一时期，同业行会也在会馆的串连之下，得到了很大的发展，促进了清代民间商业的繁荣。会馆也带有行业的地域性，也造就了一些行当的富人，他们就逐渐买下内城落魄旗人的地产，影响也渐渐扩大到内城了。

京城会馆的出现，是当时北京成为全国文化中心的一个表征，促进了清代多民族文化的融合和流动，也加速了人口的流动。根据吴长元所著《宸垣识略》一书的记载，外城中的东、西、中、南、北这五个城区中，大大小小的会馆接近四百个，这些会馆终日里都是人来人往，热闹非凡。人们来自五湖四海，官员、商人、举子，来朝廷汇报工作的外地官僚，来北京投亲靠友的人，大家都操着方言，在外城的城区到处走。这样的情景反映出清代北京的包容性，和首都地位的强化与提升。

清代北京的商业中心转移到了前门大街一带。前门大街现在也是南城的繁华之地，西侧是大栅栏，东侧是鲜鱼口，聚集了大量的商贾店铺。宣武门外有菜市口，崇文门外有花市，还有琉璃厂的文化市场和前门外的“八大胡同”这样的香艳之地，外城的市井俗文化和士族雅文化混合交织在一起，形成了外城日常生活的鲜亮色彩。

清末北京流行一种说法，叫作“东富西贵，南贫北贱”，说的是北京大城东边住的是富人，西边住的是贵人，南边住的是贫民，北边住的是贱民。清代末年，大城区域之外，在北京近郊又形成了一些新居民区。

这种说法的源头，据说明代就已经有了。当时是形容内城的居民格局。大运河的漕运造就了富裕的商人阶层，他们大都住在东部城区。到了清代，城东的仓库很多，商人也多聚集在东城，漕运依然发达。

特别是到了清末，大城南部住了不少城市贫民，在大城以北有很多坟地，还有太监、佃农居住区，捡破烂的、流浪者等社会地位低下的“贱民”也生活在那里。所以，“南贫北贱”就流行开了。这种说法朗朗上口，是对当时大城居住人口的形象描绘，是清代末年北京城市空间形态的一个变化。

三山五园

清代对北京空间结构营造的最大贡献，是西郊皇家园林的建设。

因清代皇宫沿用了明皇宫，除了新建和改建了一些建筑，宫城也不断修葺，明代留下来的城市总体格局不变，城内没有较大规模的营建活动。当然了，清代在内城新建的亲王府、在郊区营建的皇家园林、离宫园囿和八旗军营，都是有清一代对北京城市空间的拓展，也给我们留下了举世瞩目的文化瑰宝和建筑奇迹。

清代与明代迥然不同的一点是，清代朝廷的政治中心不仅在紫禁城，西郊的皇家园林也是政治中心之一。也就是说，由于“三山五园”的存在，有清一代实际上有两个政治中心，清代的皇帝在紫禁城和西郊“三山五园”中的离宫这两个地点，决策着国家大事。

在清代皇家园林的营建中，以“三山五园”的建设成就最有代表性。“三山五园”是清廷的离宫别苑，它的建造时间主要在清代的康熙、雍正和乾隆年间持续进行。这几位清代初期的皇帝，为“三山五园”的建设投入了巨大精力和财力，最终为我们留下了丰厚的建筑历史文化遗产。此外，清代在承德修建了离宫避暑山庄，这也是一座规模较大的离宫别苑。

皇家园林建设的根本理念，在于“移天缩地在君怀”，将天地间的精华景物缩小在眼前，天之骄子皇帝穿行于其间，人在园中，天地也在心中，这是中国古代君王追求的至高境界。从汉唐时期的皇帝建造离宫，到宋徽宗营建艮岳，都是这一理念的外化。

“三山五园”是老百姓对清朝在北京西郊营建的皇家园林的通俗说法，未见清代文献史书的记载。实际上，到底是哪三山哪五园，也有不同的说法。一般来说，三山，指的是翁山、玉泉山和香山。翁山是在公元1750年（乾隆十五年）改为万寿山的。

五园，指的是哪些园林，争议就比较大。现在一般的看法，五园是圆明园、畅春园、香山静宜园、玉泉山静明园、万寿山清漪园（后来的颐和园）。

有学者认为，“五园”是单指圆明园中的五园，就是圆明园、长春园、熙春园、绮春园、春熙园。

不管如何争论，“三山五园”是人们对清代西郊皇家园林的总体称呼，是没有问题的。也就不用太具体地分辨到底是哪五个园。我采取前一种说法。因为圆明园中的五个园，建成的时间是不一样的。所以我认为“三山五园”就是三山含三园，另两个园，分别是圆明园和畅春园。

清代北京西郊的皇家园林中，三山基本上在同一纬度线上，从西到东，分别是香山静宜园、玉泉山静明园和万寿山清漪园。五园中另外两园，圆明园和畅春园，在这片西郊皇家园林的最东端。这使得北京城形成了西郊一线、横亘东西的园林之最，作为离宫别苑，与北京皇城构成了一体两地的格局。

这“三山五园”在清代不光是供皇帝游玩散心的地方，我在前面说了，它还有政治中心的意义。每年的某个时段，清朝的皇帝在“三山五园”的某处待的时间，要比他在紫禁城内待的时间还长。往往是长达几个月的时间里，皇帝都在这西郊离宫处理政务，这时，西郊的皇家园林就成了清朝的政治中心。

在清代早期，顺治皇帝时期，西郊皇家园林还没有修建，他一般喜欢去南苑和西苑这两个规模较小的离宫园囿。西苑是中海、南海、北海三海的总称，非现在北京西苑的所在。南苑之地相当开阔，是一片狩猎的野地，顺治可以在那里骑马射箭，获得军事训练的乐趣。

从康熙朝开始，西郊皇家园林开始营建。建成的畅春园是康熙皇帝最喜欢居住的离宫园囿。

畅春园原来是明代武清侯李伟别墅的一部分，后来建为畅春园，在公元1687年，康熙皇帝第一次驻跸畅春园，就很喜欢这里。公元1691年，康熙皇帝在畅春园一下住了四个多月。可以说，这时清廷的政治中心，就变成畅春园了。因此，研究清代政治历史，关注北京西郊“三山五园”的历史作用，也是考察清代政治运作的观察视角之一。

圆明园可以说是清代西郊皇家园林“三山五园”之首，冠盖五园，它是于康熙四十六年、也就是公元1707年全面建成的，康熙将这座园林赐给了儿子胤禛。胤禛就是后来的雍正皇帝，他即位之后继续扩建圆明园，圆明园成了雍正最喜欢的离宫，因此也是雍正朝的政治中心之一。

到了乾隆朝，乾隆皇帝在圆明园北侧修建长春园，又把熙春园划归圆明园，改建绮春园。公元1782年，他将淑春园改为春熙园，这样就形成了圆明园之内连体共生、璀璨繁华的圆明园五园。每年，乾隆皇帝要花四个月以上的时间在圆明园居住。这是圆明园达到最顶峰的时刻，只要乾隆皇帝在圆明园，这里就是清朝的政治中心。

再来看看玉泉山的静明园。金代的金章宗喜欢游山玩水，他在玉泉山修建了行宫芙蓉殿，并创造出“燕京八景”的提法。其中的“玉泉垂虹”描绘的就是玉泉山的景观，后来芙蓉殿遭到了毁坏。元代郭守敬曾引玉泉山的水变为金水河进入元大都宫城，最终贯通了通惠河，说明这里的水资源十分丰富。

在清代，玉泉山这有山有水的好地方，自然就成为皇家园林的一部分了。玉泉山现存一座玉峰塔，远远地就能看到。玉泉山静明园是从康熙十九年营建，到乾隆年间最终建成的，内有玉泉十六景，可见玉泉山的山、水、泉、塔，共同构成了一幅静明园的美景。

香山静宜园是最靠西的一座皇家别苑。金世宗曾在这里修建大永安寺，这是后来香山寺的前身。乾隆年间，在康熙修建了香山行宫的基础上建成了静宜园。他还给静宜园命名了“静宜二十八景”，可见香山静宜园有着一种别处没有的精致之美，也体现了乾隆皇帝对静宜园的重视和喜爱。

乾隆皇帝命名的“静宜二十八景”，细数起来，我们会发现这些景名起得灵气飞动。这二十八景有：绿云舫、丽瞩楼、璎珞岩、翠微亭、玉乳泉、知乐濠、香山寺、芙蓉坪、栖月崖、玉华岫、隔云钟、蟾蜍峰、青未了、驯鹿坡、听法松等等，足足二十八景，可见乾隆皇帝的用心良苦和静宜园在他心目中的地位了。现今去北京植物园游览的话，还能看到当年静宜园的气韵。

以上的皇家园林，除了玉泉山静明园在清代重修之后，留下了相对完整的规模外，还有万寿山清漪园能够让我们一窥“三山五园”的气魄究竟。万寿山清漪园，就是人们非常熟悉的昆明湖风景区。这是北京现今保存最为完好的清代西郊皇家园林的代表作。

清漪园修造完成的时间比较晚，是在公元1750年，乾隆皇帝为母亲六十大寿祝寿，特地修建了清漪园。为此，他还把翁山改为万寿山，把翁山泊改为昆明湖。清漪园的最大特点是水面特别大，虽然有着江南园林的细节，比如西湖苏堤的挪移变为长堤，但在现今的颐和园，却呈现出一种狂野、开阔的北方园林风景的明朗之美。

万寿山上的佛香阁，至今仍是颐和园的最佳观景点和重心所在。清漪园或者说颐和园，它的建造也要追溯到金代。早在海陵王完颜亮从会宁迁都到金中都的时候，就在此修建了行宫。

现今的昆明湖，在元代郭守敬疏浚河道时还叫作翁山泊。万寿山一直叫翁山，山脚下的一汪水面就是翁山泊了。

“三山五园”命运多舛。公元1860年10月6日，也就是咸丰十年，英法联军洗劫了圆明园后，放火把圆明园、畅春园、万寿山清漪园、玉泉山静明园、香山静宜园一起都烧了。那一次的大火，一连烧了三天，“三山五园”最后只剩下了残垣断壁。

圆明园遗址

光绪十四年，也就是公元1888年，慈禧太后动用海军军费，重修了她最喜欢的万寿山清漪园，并将重修后的园林改为颐和园。

公元1900年八国联军洗劫了这里，这一次，圆明园、玉泉山静明园也都遭到了彻底破坏。不过慈禧太后再次修复了颐和园，足见这座园林对于她的重要性。不惜动用军费来修建一座皇家园林以供享乐，距离亡国也就不远了。

圆明园至今仍是废墟一片，成为爱国主义教育的基地。我们现在去圆明园遗址，看到的是令人痛心的一幕。到处都是残垣断壁，记录着清末衰弱的国家所遭受的惨痛打击，至今裸露着巨大的历史创伤。

现在的畅春园的区域，在北大校园和家属区中。未名湖周边，依稀可见畅春园的痕迹，现存有“畅春园东北界”石碑桩，恩佑寺和恩慕寺的山门等古建筑遗迹。如今我们能看到的，是畅春园在北大校区的痕迹、圆明园废墟、万寿山静漪园改叫颐和园的昆明湖景区。

香山静宜园还有少量留存的遗迹，玉泉山静明园经过了清代重建，保留下来比较完整的景观，现为干部休养所，不对外开放。好在颐和园今天保存完好，并且成为世界文化遗产，为千万普通的中国人游览和喜爱，这才是最重要的。

除了上述的北京西郊皇家园林“三山五园”，清代对南苑的营造也应该着重写上一笔的。细说起来，康熙皇帝出宫喜欢住在畅春园，雍正和咸丰皇帝都喜欢把圆明园作为他们的离宫，而比他们都早的顺治皇帝，当初刚刚入关时，北京西郊的“三山五园”都还没有影子呢，怎么办？顺治就造了一个南苑。他最喜欢的离宫，就是南苑了。

南苑距离永定门十公里左右，作为清初的皇家园林，面积相当大，约有二百平方公里。整个南苑都由围墙围了起来，一共开了九个门。在南苑之内一共建有四座行宫，有新衙门行宫、旧衙门行宫、团河行宫、南红门行宫。

南苑的北门是正门，叫作大红门，皇帝一般从这个门进去。南苑和“三山五园”最大的不同，在于南苑是清初的皇家狩猎场。因满人本来是渔猎民族，骑马射箭是基本功，入关后统治中国，也不能忘记这个基本功，于是顺治皇帝就喜欢在南苑骑马射箭。

南苑地域广大，野气纵横，适合训练和检阅军队，后来康熙皇帝也在南苑阅过兵，接见过少数民族部族首领的来朝。乾隆朝之后，南苑的地位就下降了。

光绪二十八年，也就是公元1902年，朝廷卖掉了南苑的土地，这块土地由皇家园囿之地，变成了富人阶层谁都可以买来盖房子、建庄园的地方了。南苑的皇家别苑和狩猎场、阅兵场、行宫的地位，从此不存在了。

20世纪中，这里有一座南苑机场，南苑的地名因此而继续存在。后来在兴建北京第二机场——大兴国际机场的规划中，把南苑机场合并到了新机场的区域里。2019年年底，随着大兴国际机场的正式启用，南苑机场也同时关闭了。

今后，这里将兴建一座南苑国家森林公园，成为北京南中轴线上的一座生态园林明珠和南中轴线上的重要节点景观带。

副章：恭王府与东交民巷

恭王府花园

在清代，顺治六年将宗室的封爵分为十二个等级：和硕亲王、多罗郡王、多罗贝勒、固山贝子、奉恩镇国公、奉恩辅国公、不入八分镇国公、不入八分辅国公、镇国将军、辅国将军、奉国将军、奉恩将军等。这十二等爵位的皇亲国戚府邸的建筑规制，包括建筑符号、标准和材料，都做了详细的规定，不能逾制。

因此，王府是皇宫和民居之间的一种建筑。

在这十二个等级的府第中，亲王府邸的建筑规制最高：正门五间，启门三间，并以坚固的高墙为院墙。正殿七间，翼楼各九间，后殿五间。后寝七间，后楼七间，府邸一共是五重。

清代的王府建筑，一般分布在内城南北中轴线两侧的城区里，成为封建等级秩序中的礼制建筑。虽然王府有限制性规制，但在建筑营造上，也有很多别具匠心之处，成为清代北京城市营建中的一大亮点。不过，王府的产权在朝廷，有的是世袭罔替，还有的是世袭递降。递降，就相当于官邸制，王的爵位没了，再好的宅子也会被皇帝随时收回，然后赏赐他人。

恭王府内景

据《乾隆京城全图》中标明的王府，一共有四十二处之多。到了清嘉庆年间，北京的王府府邸已经达到了八十九处。现今北京留存下来比较有名的王府旧址有：醇亲王府、孚郡王府、雍亲王府、礼亲王府、庆亲王府、淳亲王府、顺承郡王府、恭王府等等。其中，恭王府在这些清代的王府中最有代表性，几经修缮，也最漂亮，有关它的故事也最多。

恭王府花园如今是游赏北京的一个好去处，它是北京现存的王府中名气最大的一个。恭王府花园位于什刹海前海三座桥的西北面，曾经是清代末年恭亲王奕䜣的宅子。这所王府花园之所以有名，不仅在于恭亲王的特殊政治地位，还在于它的前身是乾隆朝的宠臣和珅的大宅子。

和珅尽管很受乾隆皇帝宠信，但他只是朝臣，不是亲王一级的皇亲国戚，修建自家宅子的时候，就不能按照王府的规制来营造，宅子的大小、房间的面阔、屋顶的规制等等，都不能僭越规制。但他后来倒台了，其中一项罪名，还是因为“僭越”。

和珅担任过的官职爵位很多：封一等忠襄公、官拜文华殿大学士、内阁首席大学士、领班军机大臣、吏部尚书、户部尚书、刑部尚书、理藩院尚书等，他还兼任过内务府总管、翰林院掌院学士、《四库全书》正总裁官、领侍卫内大臣、步兵统领等等，这一箩筐的职务都是要职，可见他深受乾隆皇帝的宠信，权势熏天。

和珅当年盖的宅子门脸不是亲王府的门脸，最大的看点在后花园，别有洞天。和珅后来在嘉庆皇帝初年倒台，不仅人头落地，还被新皇帝抄了家。一朝天子一朝臣，这是他免不了的命运。当时，和珅的一大罪状，就是建筑府邸逾制——他用了只有皇帝才能使用的金丝楠木，“其多宝格及隔断式样，皆仿照宁寿宫制度，其园寓点缀竟与圆明园蓬岛瑶台无异，不知是何肺肠”（《仁宗实录》）。就是说，他按照紫禁城宁寿宫和圆明园蓬莱瑶台的规制，来建造自己的房舍和后花园，那是大大的逾制和僭越了。在古代中国，僭越是一个大忌，在和珅的二十大罪状里面，这府邸营建的僭越也是一大罪状。

和珅府里的贵重东西都被新皇帝派人抄走了，这个宅子也被嘉庆皇帝赐给了自己的弟弟、庆郡王永璘。但当时和珅的一个儿子已经和乾隆皇帝的女儿和孝公主结了婚，他算是“额附”，皇家地位等级上，不低于这个庆郡王永璘，因此还能住在这里。那么有段时间里，这个宅子就是一家一半，两家分着，一墙之隔住在里面。又过了三年，到了道光三年、也就是公元1823年的时候，和孝公主死了，宅子就全归永璘家了。此时，庆郡王永璘已经去世三年多了。

前面说了，清代施行的爵位有两种制度，一种是世袭罔替，就是开国的八个亲王加上后来增加的恭亲王等四位亲王，子孙不减待遇，因此叫作“铁帽子王”。另外一种是世袭递降，后一代比前一代爵位要降低等级。

永璘的孙子就降为了辅国将军，不能再享受王府待遇了。到了咸丰二年，也就是1852年，这所宅子就由咸丰皇帝赐给了自己的六弟、恭亲王奕䜣。

相传，恭亲王奕䜣喜欢《红楼梦》，他先是把后院扩大，圈进来不少民宅，然后让人按照《红楼梦》中大观园的意境，请工匠按图索骥，进行营造。于是，工匠在恭王府后花园萃锦园的别致空间中，加了大量的水景、游廊、亭台、花榭，使恭王府成为了一座园林建筑，和别有洞天的王府花园。

周汝昌先生为此专门写过《恭王府与红楼梦》一书，表达自己的发现。不过，我认为曹雪芹写《红楼梦》的时候，对建筑的描写也是虚虚实实的，故意不写出所处时代的特征，让你看不出来到底是明朝还是清朝，非清非明，似清似明。人名、地名、官职、服装，都是这样。这是曹雪芹高妙的地方。在建筑形制的描写上，也是如此。如他在小说第三回中描写王府的一段：

……又行了半日，忽见街北蹲着两个大石狮子，三间兽头大门……正门却不开，只见东西两角门有人出入。正门之上有一匾，匾上大书“敕造宁国府”五个大字……又往西行，不多远，照样也是三间大门，方是荣国府了。

如果这一段是实写清代的王府，门前有一对石狮子就不合规制。因清代王府门前的石狮子不临街，临街的是东西阿塞门，石狮子在阿塞门内，不是一眼就能看到。所以，曹雪芹在《红楼梦》中的建筑描绘，也是虚实相间，虚虚实实，这是研究和阅读的时候应该注意的。

因这座王府花园的主人，先后有权臣和珅、和孝公主、庆郡王永璘、恭亲王奕䜣、奕䜣的孙子——末代恭亲王溥伟，这一大串在历史上都很有影响的人物都在这座宅子里生生死死，自然给王府花园增加了很多历史和文化内涵，他们演绎了多少宅子和人的命运的故事啊。到了民国时期，这里成为教会学校辅仁大学的女子部。

恭王府的历史价值、建筑文化价值都很高，有人夸赞说，“一座恭王府，半部清朝史”，此言不虚也。

恭王府建筑分为王府府邸建筑和花园园林建筑两部分。按照《大清会典》中的规制要求，王府的府邸建筑分三路，中间的主路是主体建筑，屋顶可以覆盖绿色琉璃瓦。绿色琉璃瓦具有礼仪和祭祀的功能象征，整个恭王府主路建筑，是庄严、气派、宏伟的风格。正门叫作头宫门，正殿是银安殿，殿内放着亲王宝座，宝座后面有八尺高的三折大屏风，屏风上绘了金色云龙图案。

东西两路是两进的院落，嘉乐堂在恭王府内是举行萨满教祭祀仪式的地方，后楼就是后罩楼。恭王府后罩楼辉煌气派，共有两层，长达一百六十米的转角楼，多达四十七间房，号称九十九间半，说的就是这里。它横亘在整座王府的后花园之前，既是收尾，也是绝佳的屏障，雕梁画栋，红漆柱子，窗棂精美，传说当年和珅的大量珍宝都藏在这里。楼的底层正中有堂门，直通后花园萃锦园。

萃锦园是恭王府花园的园林部分，也是这座王府建筑的精华所在，能够看到清代造园的很高水平。萃锦园与它南部的府邸相对应，也分东、中、西三路。真的是峰回路转、曲径通幽、万千气象、花团锦簇。

恭亲王之子载滢曾写了《补题邸园二十景》，详细描绘了萃锦园的二十处风景：曲径通幽、垂青樾、沁秋亭、吟香醉月、蓺蔬圃、樵香径、渡鹤桥、滴翠岩、秘云洞、绿天小隐、倚松屏、延清籁、诗画舫、花月玲珑、吟青霭、浣云居、枫风水月、凌倒景、养云精舍、雨香岑。通过这些别具韵味、对萃锦园高度凝练式的概括，我们应该能想象萃锦园的万千景致，是如何乱花迷人眼的。

萃锦园中路从一个园门进入，是三进的院落，有青石假山分列两旁，叫作垂青樾和翠云岭。青石假山向东西两边延伸，把萃锦园环抱起来。往前走，就是曲径通幽，正厅安善堂端坐其中。

继续前行，那二进、三进的院落，不断把各种景致都点缀在这个花园的不同空间中，精粹而华美，柳暗而花明，层峦而叠嶂，美不胜收。这些词汇形容这中路三进院落中层层递进的风景之美，丝毫不夸张。

东路的三进院落边，有一座竹林边的大戏楼，这是恭王府花园的一大亮点，现今北京听戏的地方，有两处最有名：一处是湖广会馆，另外一处就是这恭王府的大戏楼。真戏迷，一定是去过这两个地方听过戏。

西路的主景是一面长方形的水池，波澜微惊，春水乍起，长长的游廊蜿蜒游走在边上，一座土山将之环抱，使你感叹这恭王府花园实在是有容乃大，山重水复，冬去春来，生生不息。

东交民巷

北京作为清朝的首都，在近代化的过程中，城市的建筑格局与符号形态也发生了很大变化。自1840年鸦片战争之后，洋务运动展开，清代末期北京的建筑风格也受到了西方建筑文化的影响，出现了东交民巷使馆区，在这个使馆区中出现了很多西洋风格的建筑，虽然经过了岁月的淘洗，仍旧有很多当年的建筑保留了下来，成为北京昔日旧影中一抹独特的光亮。

东交民巷原名“东江米巷”，元代这里就通行漕运，郭守敬沟通的运河水道使得漕运很方便，这里设有一座河道的水关，南方运来的大米都在这里卸货，政府也在此设立了收取大米、糯米税的税司。糯米在北方人的发音中叫作“江米”，所以一开始这里叫“江米巷”，分为东西两段。

明朝时期，这一片区域就变为了皇城的前部广场，在现今天安门广场以东，分布有很多衙署。东交民巷这一片分布有礼部和鸿胪寺，这是当时专门分管外交和民族事务的国家机构。

后来，在公元1840年，清朝设立会同馆，用来专门接待外国使节和来访的宾客，隶属礼部管辖。会同馆的位置就在东交民巷北面的御河桥西一侧，会同馆是清代进行外交活动的机构，这是东交民巷演变为使馆区的前因。

公元1860年10月28日，咸丰皇帝签署并公布了中英、中法

《北京条约》。这两个条约里，其中有一条，是准许英国和法国派遣公使前来北京进驻。这对于清朝这样一个封建王朝来说，还真是一个接受起来十分为难的难题。此前，并无外国使节常驻北京，外国人在清代朝廷的眼皮子底下活动，是很让人不放心的。但这一次，是在清廷战败之后签订的屈辱条约，必须要执行。于是，按照条约内容，英、法外交官很快就来北京驻节了。

英国对华全权专使当时是额尔金，他选择了东交民巷的梁公府作为英国驻华使馆。这是一座规模较大的大宅子，位于御河西岸，一道御河成为天然的屏障，易守难攻。恭亲王奕䜣照会额尔金，说这房子可以租用为英使馆，但英国人每年得支付一千两银子作为租金，按年支付。前两年的租金作为修缮费用。

额尔金同意了，然后他就回去了。转眼到了公元1861年3月，英国首任驻华公使普鲁斯先生来到了北京，正式进驻使馆。

接着，法国公使布尔布隆也到任北京。法国使馆也是租的，位于台基厂南口，东交民巷路北侧，是原来纯公府宅邸，局部损坏严重，西墙都倒塌了。经过商议，奕䜣同意法国人可以在纯公府西花园的空地上，自己盖新房子。

同年，俄国公使巴留捷克到任，入驻御河西岸边的俄国大使馆。这个使馆紧挨着英国使馆南侧，在东交民巷的北侧。这是公元1861年间，英、法、俄三个列强国家的使节率先入驻北京使馆的情况。

从公元1862年到1873年，美国、德国、比利时、西班牙、意大利、奥匈帝国、日本和荷兰等国，也纷纷在北京设立使馆，这些使馆大都位于东交民巷附近，以御河为参考点，在东交民巷路的南、北、东、西，几个方向延伸开去，次第修建而成。东交民巷使馆区就初步形成了。

公元1900年庚子之乱前后，东交民巷使馆区在受到破坏之后得以更大规模地重建，形成更加完备的外交使馆区域，这是北京这座京师皇城的城市空间发生的巨大变化。东交民巷使馆区建筑群，从此成为清末北京城市建筑的新符号被保留了下来。

这个附着了政治、文化、外交等多重意义的建筑群，值得仔细探访。整个东交民巷使馆区占地约一百公顷，约等于紫禁城的一倍半再大一点。在这个区域里，按照清末的外交条约，设立使馆的各个国家可以根据需要，自行进行规划设计，自行建造使馆内的房屋。于是，各种风格的使馆建筑就拔地而起，形成了别具一格的、世界博览会般的建筑群，成为清末北京对外开放交流的观察点，也是观察清代北京建筑空间变化的绝佳窗口。

东交民巷所处的地域，是清代皇城外围的重要区域。比如，在英国使馆和俄国使馆的西侧，就紧邻着清代的皇家机构宗人府，以及一些重要衙署，如吏部、户部、礼部等中央机构的衙门。现在，这一片区域被确定为“东交民巷历史文化保护区”，成为受保护的北京市建筑文化遗产。

1900年庚子之乱的时候，义和团拳民摧毁了不少使馆区的建筑，其中，英使馆受到的损失最大，也包括几所教堂。但这些教堂在第二年就重建了。后来，按照1901年签订的《辛丑条约》，东交民巷不能有中国老百姓居住，使馆封闭式管理，戒备严密，成为一座城中的法外之地。

东交民巷使馆区修建了一道围墙包裹着使馆，围墙的外面还有一条深深的壕沟。现在信步走在东交民巷，那些老建筑都在静静地注视着你，每一幢建筑的背后，都有着独特的故事，等待着你去发现。

东交民巷不仅是外交使馆的集中之地，在清代末年，这一带还是各国的银行保险金融机构、国际饭店、医院等汇聚的地方。特别是大型的金融机构，如英国麦加利银行、汇丰银行，美国花旗银行，德国德华银行，日本横滨正金银行，法国东方汇理银行，俄国华俄道胜银行等大银行的总部也设在这里，这些大公司富可敌国，有的银行至今还是国际金融业巨头。当时留下的建筑，现在你去观察，是可以和上海外滩的那些外国金融、商务机构的老建筑相比较的。

东交民巷街景

漫步在东交民巷，可以看到这片区域以东交民巷和玉河为十字交叉，形成了东、南、西、北四片更小的区域，当年那些使馆和金融机构的老建筑，大部分都是两层或者三层的洋楼，并不高大，但也有例外，如圣米厄尔教堂的哥特式尖塔依旧十分醒目，它建于公元1901年，是北京地区最小的一座天主教堂，由法国高司铎创建的。

第一次世界大战结束后，德国和奥匈帝国率先放弃了驻华使馆，一直到“二战”结束日本投降，这片使馆区内的列强们设立的使馆使用权，陆续被中国政府收回了。

现存的建筑中，法国公使馆旧址后来是柬埔寨国王西哈努克及其夫人在京的临时住宅。原英国使馆内的武官楼气势非凡，饱经沧桑。它坐北朝南，红色砖木结构，有拱圈窗户装饰，柱头为希腊爱奥尼式，在大槐树的掩映之下，别有一种韵味。另外一幢比较有特点的建筑是正金银行旧址。这幢银行大厦是在清代灭亡的前夜、公元1910年建成，设计师是日本建筑师妻木赖黄（也有一种说法，说设计者是妻木赖黄的下属森川范一和松井三吾），风格上融合了荷兰古典主义风格，外立面是红色砖块与白色石材交替使用，转角还有一座塔楼，整座建筑造型风格既坚固、严整而又活泼，现在是这一地区的地标建筑。

徜徉在这片使馆老建筑群中，一幢幢的洋楼静谧地矗立在那里，它们显得老旧、斑驳，非常安静。其中，有很多幢建筑都是全国文物保护单位和市级文物保护单位。就像是历史的无声诉说，和建筑界的世界博览会，以西方近代古典建筑风格为主调的这片建筑群，足够你去尝试着发现，北京清末时期的很多耐人寻味的涉外历史。

东交民巷使馆区的建设，当时也带动了教堂建筑和大学校舍建筑的西洋化。梁思成先生在描述这一情况的时候写道：

> 十九世纪末叶及二十世纪初年，中国文化屡次屈辱于西方坚船利炮之下以后，中国却忽然到了“凡是西方的都是好的”的段落，又因其先已有帝王骄奢好奇的游戏，如郎世宁辈在圆明园建造西洋楼等事为先驱，于是“洋式楼房”“洋式门面”，如雨后春笋，酝酿出光宣以来建筑界的大混乱。

那一时期，清华学堂、京师女子师范学堂、北京饭店老楼、正阳门火车站等等，都是外国建筑师设计或者受到洋风影响的建筑，成为北京城市空间中独特的符号，诉说着这座城市在现代性转型过程中的艰难求索。

因此，无论是建筑背后的政治历史文化符号，还是建筑风格呈现的西洋文化符号，东交民巷使馆区的存在，都具有特别的意义。

第八章：民国北平市

“北洋”北京

自1911年的辛亥革命摧毁了清朝统治之后，从1912年至1949年，北京城经历了复杂多变的历史变迁，城市命运也发生了令人眼花缭乱的变化。

在清朝结束统治之后，中华民国初立时期，北京城在空间格局上并未大变，但在建筑功能和城市空间的使用上，以及细部的改造利用上发生了很大变化。从管理这座城市的政权主体的角度来说，北京城在中华民国这个历史阶段里，可以分为四个时段：

1912年到1928年这段时间，清朝覆灭，中国封建王朝时代结束，中华民国成立，由北洋军阀统治长达十六年，北京是中华民国首都。

1928年到1937年间，北京成为北平特别市，中华民国首都变为南京。1937年到1945年，日本侵略者占领北京，北平进入沦陷时期，1937年12月，日伪在北京成立“中华民国临时政府”，这是一个日伪汉奸的傀儡政府。此时，南京国民政府已经迁移到了重庆，并不承认日寇扶持的这个北京傀儡政府。

1945年8月抗战结束，中华民国恢复了对北平市的管辖，重组北平市政府。1949年10月1日，中华人民共和国成立，首都定在北京。

在这几个阶段里，北京的政治地位不断变化，文化中心地位却得到了加强，同时还是北方的经济中心和军事重镇。

中华民国的成立也有一个复杂的过程。1912年1月1日，从海外回国的孙中山被十七个省推举，宣布就任中华民国临时大总统，中央政府设在南京。此时，清朝最后一个皇帝是溥仪，在京尚未退位。2月12日，在袁世凯逼宫措施的压力下，溥仪颁布诏书退位。按照此前的约定，只要清朝皇帝主动宣布退位，孙中山就会辞职，让出中华民国临时大总统一职，交给握有实权、在北京推动清帝退位的袁世凯。

2月15日，十七省代表因而推举袁世凯为中华民国临时大总统，决议请他前来南京，就任中华民国大总统。但袁世凯不愿意离开他所能掌控的京津直隶，前往南京就职。他决心把中华民国首都定在北京。3月10日，他在北京宣誓就任中华民国临时大总统，任命唐绍仪为内阁总理。

4月5日，南京临时参议院决议将中华民国首都迁往北京。北京成为中华民国的首都，袁世凯执政的数年时间，他的办公地点在中南海的区域里，因宫城此时仍由退位的末代皇帝溥仪居住。

后来的北京政局就变得云谲波诡了。1915年12月，袁世凯称帝，在一片讨伐声中，袁世凯又不得不在1916年3月取消帝制，当了八十三天的皇帝，大梦就此破灭。6月6日袁世凯病死，紧接着，黎元洪接任总统，然后是府院之争，段祺瑞和黎元洪派系决裂，黎元洪被赶下台，冯国璋任总统。后来冯国璋的继任者是徐世昌。

这一时期，北洋军阀各个派系争斗不已。后来，保皇派势力一时崛起，张勋复辟，十三岁的溥仪也颁布复辟诏。仅仅十二天后，张勋在反对声中逃入荷兰使馆，溥仪再次退位。之后就是段祺瑞、冯国璋等北洋军阀轮番统治时期，首都仍旧在北京。

1919年，在北京爆发了“五四运动”，这是一场影响深远的反帝爱国运动。北京也是1915年到1923年间，中国新文化运动的中心。

1924年10月，冯玉祥决心倒戈，将总统曹锟赶下台。接着，冯玉祥下达命令，将溥仪驱逐出宫，并取消对清皇室的一切待遇。11月4日，摄政内阁会议决议此事，溥仪出宫，移居到了什刹海的醇王府，他的帝号被废止。宫城正式全面开放，原先是只开放了前半部分区域，也就是到文华殿和武英殿那一片，后来很快将宫城改为“故宫博物馆”。

冯玉祥从直系中倒戈，支持南京国民政府，但奉系军阀张作霖支持段祺瑞。1924年11月12日，段祺瑞入京，24日宣布就任临时执政。

北洋军阀统治时期，呈现出“城头变幻大王旗，你方唱罢我登场”的奇诡场面。这种情况一直持续到1927年，这一年的6月18日，张作霖在北京中南海怀仁堂举行就职典礼，宣布就任安国军的海陆空大元帅一职，宣布自己代表中华民国行使治权。

1928年年初，蒋介石重新掌握了南京政府的军政大权。4月开始北伐。南京国民政府代表与北洋奉系代表在京谈判，议定由奉系军和平移交北京，张作霖的奉系军队撤到山海关以外。5月底，张作霖下达了奉军撤退的命令，6月3日他在回东北的火车上，在沈阳附近的皇姑屯车站，被南满和京奉铁路交叉口的铁路桥下安装的炸弹炸成重伤，几个小时之后在沈阳去世。

1928年6月4日，南京国民政府委任阎锡山为京津卫戍司令，接管北京。北洋军阀统治北京历时十六年，就此结束了。

1928年6月，国民党中央政治会议决议：改直隶省为河北省；旧京兆区各县并入河北省；北京改名为北平，与天津一起成为特别市，由南京国民政府内政部直属管辖。

市民公园

中华民国初期，北京城市建筑空间的性质发生了一些变化。原来属于皇家禁地的宫城和戒备森严的衙署、封闭的西郊皇家园林，现在都归属于市民大众了，出现了“市民公园”，人民百姓可以到皇家曾专属的太庙、社稷坛、故宫、西郊园林中游玩了。这是1912年之后，北京最令人瞩目的建筑空间功能的改变。

民国初年，民国行政部门的办公场所并没有集中在一起，而是将清代的旧王府、中央机构的衙署利用起来，开辟为办公场所。当时，很多清代的王公贵族都变成了破落户，旗人地位下降，财富也流失了，不得不卖掉自己的宅子，或者人去楼空，很多王府是空闲的，衙署也没有了清朝留辫子的官僚。因此，中华民国建立的新机构，如立法、司法和行政机构的设立，总统府、国务院和国会的机构设立，都需要办公地点，这些机构的办公地点就分散在城区各处。

中华民国中央政府的办公地点设在中南海之内，因这里是南北中轴线和东西交通要道交叉口，是交通最方便的地方。1913年，天安门前的东西大道被打通，市民可以自由穿梭往来。

民国时期，有大量新式学校也都进入内城，占据了过去的王府、衙署、寺庙等地，科举已被废除，北京很快成为了新式教育中心城市。1925年，在北京就有大学二十六所，新式大学的在校生达到了数万人。

在这一时期对北平市近代化推动最大的人，首推朱启钤。他在北洋政府中担任交通总长、内务总长，当时，他认为北京迫切需要一个独立的行使城市管理权的政府，就给袁世凯递交了一份建议书。在他的倡议下，1914年6月，京都市政公所成立，内务总长朱启钤同时兼任京都市政公所督办。

这是专门进行北京城市规划与市政建设的管理部门，对民国初期北京城市建设与规划进行了设计，对城市基础设施的建设做了很多开创性的工作，开启了北京城市公共建设现代化的序幕。

在目光深远的朱启钤所领导的京都市政公所的推动下，北京市的公共工程大规模地开展起来。这个时期，京都市政公所对清代旧王朝留下来的皇城的改造、对正阳门地区的改建、对北京各区道路网络的规划建设，特别是北京环城铁路的建设，都是可圈可点之作。

当时，对如何使用明清宫城，朱启钤也提出了一个十分大胆的想法，那就是把宫城整体保护起来，创立“故宫博物院”，将宫城的前部，到文华殿和武英殿南面的区域，先向社会开放。1915年，故宫前三大殿太和殿、中和殿、保和殿被开辟为古代文物陈列所，也进入开放序列。

清代留下来的那些精美的或已残缺的皇家园林，如郊区的畅春园、颐和园、圆明园遗址、玉泉山，全部开放为市民公园。南城的皇家祭祀之地天坛等在1915年前就开放为市民公园。北海、地坛于1925年开放，中南海公园和太庙是1929年开放的，还有几十处拥有漂亮的后花园的省、市会馆和行业会馆，都由朱启钤所领导的京都市政公所推动改为市民公园，对全社会开放。

这一时期，可以说“凡昔日帝后游幸之所，今咸为市民宴乐之地”（北平市政府，《旧都文物略》）。也就是说，帝王皇后游幸之地，如今都属于人民大众了。

在朱启钤的大力推动下，“市民公园”这样的城市公共设施不断出现在北京这座曾经的皇城帝都里，标志着封建专制时代的结束。想想吧，普通人可以自由出入皇城和宫城，可以去欣赏故宫里的三大殿，太和殿、中和殿、保和殿里面已经没有了皇帝，没有一个太监或者守卫会出来赶人，因为，那已经是“故宫”了。市民们晚上可以随便在北京城内游走，到处都是“市民公园”，这样的现代理念的变化是开创性的。

民国北京的公共设施建设中，道路建设是一个标志。为了修建沥青路主干道，拆除了皇城和城门的瓮城，志在建设开放和立体的城市交通体系。1923年，京都市政公所开始有步骤地陆续拆除清代皇城的城墙，把内、外城的交通打通了。城区内的一部分牌楼也拆除了。到了20世纪30年代初期，北京城内东西南北的交通，全部贯通。

1924年之前，退位的末代皇帝溥仪还住在后宫殿区域内，1924年他被冯玉祥赶出故宫后，故宫作为一个整体，被开辟为故宫博物馆，全部向市民开放，不再是某个封建王朝的皇家禁地了。

朱启钤当时担任京都市政公所督办，全面领导北京的市政建设工作，从1914年开始，只做了几年，就取得了巨大的成绩。他的远见卓识，加上对中国古代文物的热爱与理解非常深入，因此很多营建工作并没有对文物造成破坏。后来，在1930年2月，他还组建成立了中国营造学社，这是中国最早的现代建筑学家的社团组织，团结了大量杰出的中国建筑学家。

朱启钤在民国初年对北京市政的改造，从改建正阳门，到打通东西长安街，再到打通南北长街、南池子北池子，还有修建城市环形铁路，使北京初具现代城市风貌。朱启钤也因此成为北京都市近代化过程中的关键人物，在他的启发之下，后来者对北京城的营建的理解就会有新的出发点。

梁思成就是这样的后来者。生于1872年的朱启钤是梁思成的父辈，朱启钤和梁启超、蔡元培是一代人，这一代人赶上了“戊戌变法”，经受了当时传统社会的崩解和西方思想的巨大冲击。出生于1901年的梁思成，能站在巨人的肩膀上，从朱启钤已经做过的事情入手，思考其得失，继续提出规划建设北京城的新构想。

民国时期，北京的商业区的发展也更加迅猛，很快就在王府井和西单形成了两大商业中心，使得这两个城市商业中心区的格局保持了大半个世纪，一直到20世纪八九十年代的改革开放年代，也仍旧是北京的商业中心区，获得了继续改造的动力和持续发展的能力。民国北京的另一个商业中心地区，就是前门、正阳门一带。前门大栅栏的市民商业中心区，串连着清代很多旧会馆，民国时期继续繁荣发展，并扩展到了广渠门到广安门一线。

民国期间北京的城市工业也在发展，分散在北京市区的很多地方。因大部分都是私营企业，只要有地方、有房子，一家企业就能干起来了。当时的轻工业企业较多，这些企业的产品大都和民生息息相关。重工业企业中，1919年，段祺瑞执政期间，开办了龙烟铁矿公司石景山炼厂，这家炼厂当时有一座日产二百五十吨的炼铁高炉，是首钢的前身。

在北洋军阀统治北京的十六年间，政局瞬息万变，社会生活动荡不安，贫富分化非常严重。在李大钊的《黄昏时候的哭声》中，有这样的记载：

> 北京市内，每到吃晚饭的时候，有一种极悲惨的声音送入市民的耳鼓，这就是沿街叫苦乞怜于阔绰人家的残羹剩饭的呼号。这种声浪，直喊到更深，还断断续续的不绝。一家饱暖千家哭，稍有情感的人，便有酒肉在前，恐怕也不能忍心下咽吧！（1921年3月5日，《新生活》第46期）

文化中心

1928年6月28日，中华民国南京政府宣布，将直隶省改为河北省，北京改为由中华民国行政院直辖的北平特别市，这是蒋介石削弱控制北京的京津总司令阎锡山的一招。从此，北京的政治中心地位被南京取代，经济中心也南移到上海，北京——现在叫北平了——的文化中心功能却凸显了出来。

在1928年夏天，国民革命军北伐，占据了京津地区，北洋军阀的中央政权丧失了统治地位。6月4日，南京政府委任阎锡山为京津卫戍司令，6月15日，南京国民政府宣布统一中国，国民党组建的国民政府取代北洋军阀控制的北京政府，取得了对全国的统治地位，首都定在南京。28日，明令改直隶为河北省，任命易培基为北平故宫博物院院长。

从1928年到1937年之间，北京就变成了北平特别市。这个阶段，北京的政治中心地位失去，很多人离开了这座城市。首都南迁到南京，在经济上就给北平以很大打击。北平很快就陷入萧条和被冷落的状态中。仅仅一年左右，北京市人口锐减，商业日衰。

经过了政界和知识界的一番大讨论，大家认为，现今北平的文化中心地位却在逆势增强。盖因清末以来，北京的教育发展迅猛，大批知识分子聚集在北京，又兴起了新文化运动，北平的文化发展是一大亮点。

1928年，从欧洲留学回来的张武博士提出了《整理北京市计划书》。在他的这个关于北平的城市规划书中，他主张以故宫中轴线和中海、南海、北海三海为北平都市中心区，拆除城墙，修建交通干道，以同心圆的方式向外扩展，集中建设政府的机关设施，在南城设立工业区。这一计划书的优点，是具有城市建筑规划理论先行的意义，缺点是主张大拆大建，不顾及北平文化古都的风貌，破坏性强，因此未被采纳。

1928年10月，曾任京兆尹的薛笃弼提出来，将北平建为“东方文化游览中心”。后因蒋介石和阎锡山的矛盾日益激化，将北平建设为“文化市”的计划陷入停顿。1930年，反对蒋介石的国民党内斗公开化，在汪精卫、阎锡山、冯玉祥的主导下，推举阎锡山就任国民政府首脑。这年的9月9日的9点9分，阎锡山在中南海怀仁堂就职“国民政府主席”。随即，9月18日，张学良通电出兵北京，与蒋介石联手把阎锡山的势力赶出了北京，东北军进驻北平，京津地区的政权都被东北军接收。

1933年，时任北平市市长的袁良主持编制了《北平市游览区建设规划》，相配套的还有沟渠建设计划和河道整理计划。这一规划将北平设定为文化古城，着重从文化旅游的角度，在三年时间里，对北平的文化资源进行了整理，整修了一些古建筑，这一游览区十分期待对国内外游客开放。

北京成为文化中心城市，是这一时期的主要特征。这就要将时间向前回溯十多年。新文化运动中最令人瞩目的声音，是白话文运动和新文学革命。

在中国新文学的发展历程中，1917年是一个值得铭记的年份。这年1月出版的《新青年》上，刊载了胡适的《文学改良刍议》，紧接着，在2月刊载了陈独秀的《文学革命论》。这两篇向旧文学发难的文章，在当时引起了热烈的讨论，有些学者也因此将1917年定为新文学的发轫之年。新文学的推动者们相信文学能够影响人心、教化社会、再造国家。

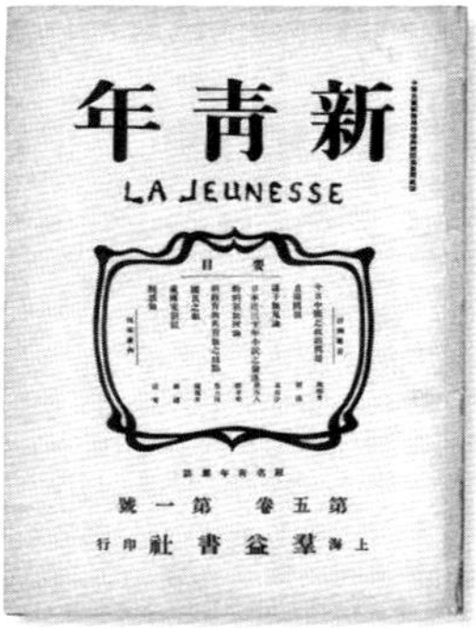

民国时期的《新青年》杂志

在《文学改良刍议》这篇开风气之先的文章中，胡适提出，要从以下八点对文学进行改良：一曰，须言之有物。二曰，不摹仿古人。三曰，须讲求文法。四曰，不作无病之呻吟。五曰，务去滥调套语。六曰，不用典。七曰，不讲对仗。八曰，不避俗字俗语。

陈独秀对文学革命也有自己的思考。为响应胡适的文章，陈独秀撰写了《文学革命论》。他提出了文学革命的三大主义：推倒雕琢的阿谀的贵族文学，建设平易的抒情的国民文学；推倒陈腐的铺张的古典文学，建设新鲜的立诚的写实文学；推倒迂晦的艰涩的山林文学，建设明了的通俗的社会文学。

陈独秀抨击旧文学装饰的意义大于实用的价值，而在内容上专写帝王权贵、神仙鬼怪、鸳鸯蝴蝶，对于宇宙、人生与社会全无关怀。《文学革命论》充满了战斗精神，对于《新青年》的读者而言，无疑更能使其热血沸腾。

胡适与陈独秀的文章发表后，迅速引起了人们的热烈讨论，从普通读者到大学教授，纷纷通过不同平台各抒己见。

在这个时期，胡适、鲁迅、钱玄同等人将白话文推到了正统书面语的地位。胡适在《建设的文学革命论》一文中写道："我们所提倡的文学革命，只是要替中国创造一种国语的文学。有了国语的文学，方才可有文学的国语。有了文学的国语，我们的国语才可算得真正国语。"

胡适的文章发表后，"国语运动"与"文学革命"两大潮流便联合在了一起。1920年，北洋政府教育部指示从这年秋季学期起，"国民学校的一二年级都改用国语"，新式标点也在这一年颁行。

在从1917年到1922年的新文学的早期推动者中，我们还可以见到鲁迅、闻一多、刘半农、钱玄同、周作人、李大钊、郭沫若等熟悉的名字。

李大钊是中国共产党的重要创建者，1919年，他写下了《什么是新文学》，则被认为"揭开了马克思主义文艺理论的中国化序幕"。在这篇短文中，李大钊认为只是用白话文写文章，算不得是新文学，新文学应当是“为社会写实的文学，不是为个人造名的文学”，他批判时下的新文学字里行间映照出“刻薄、狂傲、狭隘、夸躁”种种恶劣的心理，长此以往，势将损害新文学的发展。他认为：“宏深的思想、学理，坚信的主义，优美的文艺，博爱的精神，就是新文学新运动的土壤、根基。”这里所说的“坚信的主义”，对李大钊而言就是马克思主义。这条以马克思主义指导文艺发展的路径，随着时代车轮的前进，它的重要性日益凸显，并最终成为一个时代的旗帜。

现在来看，新文学的宗旨，就是强调一种为人生的文学、为大众的文学、为现实的文学、为社会的文学，新文学之新，就体现在这里。

新文化运动的不断推进、新文学革命的兴起、“京派”与“海派”的争论、现代新式教育的发展、文化旅游观光业的发端，与北平当时所拥有的大量古代物质、建筑文化遗产一起，使北平在失去了首都的政治中心地位之后，变成了文化中心城市，并将这一特征一直保持到如今。

日据时期

1937年，日本人加快了侵华战争的步伐。“七七事变”之后的7月28日凌晨5点，日军对北平发起总攻击。次日，北平沦陷，被日本侵略军占领。

1937年10月12日，日伪势力成立“北平市地方维持会”，宣布将北平改为北京。对于这一改名，南京国民政府是不承认的。

同年12月，日本人从香港将曾任北洋时期民国政府内务部长的王克敏请到北京。12月14日，“中华民国临时政府”在日本人的扶植下在北平中南海粉墨登场，王克敏担任委员长。

日本侵略势力不仅扶植了王克敏的北京傀儡政府，1938年3月，他们在占领南京之后，又扶植成立“中华民国维新政府”。南京的这个傀儡政权“中华民国维新政府”遭到了华北日本方面军和王克敏的“中华民国临时政府”的反对，王克敏于4月17日宣布，将北平改为北京，意思是只有他担任“委员长”的“中华民国临时政府”才是中央机构。

1940年，在日本人的支持下，汪精卫与北平的“中华民国临时政府”委员长王克敏、南京的“中华民国维新政府”首脑梁鸿志一起，于3月30日在南京宣布建立汪伪政权，汪精卫就任“国民政府代主席兼行政院院长”，将北平的“中华民国临时政府”取消，改为“华北政务委员会”。

日本人侵占北平之后，在1938年编制了《北京都市计划大纲》，带有对北京城市进行总体规划的含义，在计划中提出按照不同的城市功能分区，对北平市区的使用采取不同建设方向，在这一计划中，把北平分为日侨居住区、商业区、工业区、行政区、古都保护区等等。从1940年到1942年间，这一都市计划大纲实际实施了两年多的时间，建成了一些城市功能区。

日本实施这一都市计划大纲，目的就在于占领北京后，在当时日本的战时体制下，加紧对北平的经济掠夺。他们采取了粮食和棉花等物资的专卖制度，对煤和铁矿石等战略物资进行掠夺式开发和外运。日本人还废除了中国国民政府的禁烟法令，实施鸦片专卖，将吸食鸦片合法化，使得北平当时毒品泛滥成灾。据

1943年的统计，当时在北平有三十万的吸毒者，超过了城市人口的五分之一。北平的大街小巷，到处都是贩卖鸦片的土膏店，空气里也弥漫着鸦片的味道。

日本还从国内和东北沦陷区向北平迁居了很多侨民。据1941年的统计，在北平的日本人超过了六万。这些日本人大大挤压了北平市民的生活空间。日本侨民办企业、开店铺、放高利贷、贩毒、拉皮条等等什么都干，在日本占领军和日伪北平维持会的支持下，将北平作为日本侵略全中国的基地。

就是在这一时期，日本人总结了在长春建立日本侨民居住新区的经验，想在北京也实施新的营建计划，这就是《北京都市计划大纲》的由来。

1938年4月，在日本特务机构的推动下，日本规划建筑师佐藤俊久与山崎桂一两人一起合作，设计提出了《北京都市计划大纲》。今天，从《北京都市计划大纲》中我们就能看到，虽然这一都市计划大纲客观上也为北京的城市功能做了前瞻性的规划，也有可取之处，但日本侵略者在北平的城市建设如何更好地为日本人服务方面，费尽了心机，也表明他们做了长期占领的准备。

在制定这一都市计划大纲之初，佐藤俊久和山崎桂一就确定，把旧皇城特别是宫城区作为文化名胜区永久保留起来，不作开发。另外，为这个计划做出了三点说明：一、为了应付日益增长的人口。二、北京都市道路建设不完备，成为经济发展和军事要地的障碍。三、将日本人和中国人的居住活动区分开，便于更好地管理和统治。

《北京都市计划大纲》的内容共分九个部分，涉及城市规划的区域划分、新街区的建设计划、不同性质的区域划分、交通设施的改造计划、上下水等公用设施系统建设以及城市防护设施建设，最后是保留地块的设置等等。从城市建筑规划角度来看，这是一个比较现代的较为完备的城市规划。规划的地域范围，将北平的内、外城和近郊地区都包括了进来。

《北京都市计划大纲》的设计思路，是按照朝向未来二十年的时间来进行规划设计，可见日本人企图长期占领北平的野心。因为日本人一直想把北平变成“支那的东京”。

我们看到，日本人把北平定位为一个政治中心城市、军事重镇城市和文化旅游观光城市。在这一计划中，预先将北京市的人口上限提高到二十年之后，也就是1960年左右达到二百五十万人的规模。另外，这个规划的核心内容，就是为日本侨民建设专门的居住区域，和中国人分开来居住。

这个城市规划设计方案是以正阳门为中心，向东、西、南、北四个方向辐射，形成近六百平方公里的城市区域。计划大纲中的基本设想，是把工业区集中在东部郊区的通县。西部郊区的新街区，则规划为专门容纳日伪政府机构办公设施和集中北平的日本侨民居住。

在这个位于西郊的全新街区，规划面积约六十五平方公里，位于公主坟以西、八宝山以东的区域之内，主要是为日本人兴建办公区、居住生活区和商业贸易区，与原先北平旧城之内的中国居民隔绝开，这是《北京都市计划大纲》规划的一个特点。

《大纲》中对东郊通县工业区的规划，相比西郊的规划来说就简单多了。在《大纲》中的表述也比较简略，主要是围绕着大运河的漕运系统建立码头，建设新的火车站和仓库，便于工业制成品的原料进出等等。

1939年，负责承建工作的华北房地产公司在北平成立了。同年10月，日伪建设总署还成立了“北京市建设工程局”，为这一都市计划建设拉开了架势。

1940年8月，由“北京市建设工程局”根据1938年11月日伪“华北政务委员会建设总署都市局”订定的《北京都市计划大纲》，制订了一个详尽的北京都市建设计划方案，还绘制了机密的施工图纸。

1940年，这一计划在北京西郊动工。到1942年年底，在以现今万寿路为核心纵轴线的地区，建成了沥青混凝土路和碎石土路几十公里，在规划中的两千幢圆角型、烟盒式日本风格的低密度瓦房，也建成了五百八十多幢。这些房屋的使用者，都是日本企业、警察署、邮政总局、电信电话公司等机构。到1942年2月，入住这一地区的日本侨民超过了两千人，其进度显然令日本人不满意，一是征地遇到了北京老百姓的抵触，进展显得缓慢，二是太平洋战争爆发，日本在和美国的对垒中节节败退，导致营建进展不能按照《大纲》的计划大规模进行。东郊通县的工业规划区有所进展，在1940年间建成了北京啤酒、华北烟草、大新制纸、北京锻造厂等企业。

《北京都市计划大纲》实施还不到两年，日本军队在太平洋战争中不断失利，在中国的侵略不断遭受痛击，日本人已经无法在人力、物力和财力上继续实施《大纲》了。无奈之下，日伪北平政权在1942年1月宣布撤销“北京都市建设工程局”，这也标志着《大纲》的实施陷入困顿，最终停止执行。

1943年7月，日本人控制的石景山制铁所发生了流行性霍乱，制铁所的工人死亡人数超过两千人，附近的日本侨民进行了疏散。入冬之后，北平实施粮食配给制度，市民日常生活日益艰难，到了12月份，每天在街头倒毙的人越来越多，很多日本人也离开了北平。

现在来看，单就《大纲》的北平都市营建规划来讲，是有些可取之处的。《大纲》中完全绕开北平旧城，另外规划新的城市功能区，这一思路很有可取之处。从城市空间结构来看，在北平西部地区建立新的居民和商贸区，在东部郊区运河漕运地带建立新工厂区，这一思路，是对北平城市空间的深度研究和设计，在实际操作上也具有很强的可行性。

《北京都市计划大纲》的实施时间虽然很短暂，但也影响了北平光复之后的城市营建工作。如关于北京城市功能区的思路，对后来的城市规划是有影响的。另外，东郊通县的工业区建设草草收场，只建成了少数企业，中华民国政府接收北平之后，在东郊通县区域继续建厂。

1949年新中国成立之后，北京的东部地区一直是轻工业企业和重工业区企业的集中区域，不能不说在建设思路上，受到了《大纲》的启发。

20世纪90年代我曾住在东三环北京木材厂附近，目睹了北京东部工厂区的腾退过程。那时正是东部的企业不断向外搬迁、腾退出工厂原有土地的“腾笼换鸟”时期，腾退出来的土地变得寸土寸金，变成了中央商务区及其延伸区域的建设用地，很快崛起了一片摩天大楼。

在城市西部建设新城区，在20世纪50年代，也启发了梁思成和陈占祥两位杰出的建筑师和规划师，对首都北京城市空间营建的思路。他们共同提出了一个方案，叫作“梁陈方案”。可以说，《北京都市计划大纲》的构思和实施，对我们了解1937年到1945年间日据时期北京城市空间结构的变化，也有着历史价值和参考意义。

北平北京

1945年8月，抗战胜利之后，国民党政府接管了北平，9月，蒋介石宣布委任李宗仁为国民党军事委员会北平行营主任，负责北平的军政事务。北平市政府成立，隶属于国民政府行政院。

这个阶段，很多流亡在外地的学校纷纷返回北平，重建新式教育。国民党政府也将一些机关迁移到北平，大量的人员涌入这座古都，北平开始恢复旧有的生机与活力。但国民党接收大员对城市资产的巧取豪夺，使社会生产遭到了破坏，社会风气不振，动荡不安，物价飞涨，1947年，北平掀起了“反饥饿、反内战”的学生运动。

1947年，北平成立了“北平市都市计划委员会”，编制了《北平都市规划》，根据这一计划的指导性原则，分为八个专题，有计划的基本方针和纲领，市区界线、交通、设施、分区制、公用卫生、游憩设备、住宅建设等，要把北平建成现代化城市，同时保护好文物古迹和文化资源古建筑等；还要大力发展交通，将道路、电车和铁路交通结合，修建地铁，筹建二环和三环路，形成立体的交通系统，继续建设公园、绿地和公共设施，建设住宅区。

这个计划对北平的建设起到了很大作用，特别是筹建地铁和二环和三环路，在后来北京的建设中得到了实现。

1949年1月22日，国民党北平驻军司令傅作义，宣布接受中共的和平改编。月底，北平宣布和平解放。

1949年9月21日到30日，中国人民政治协商会议在北平召开，决定：即将成立的中华人民共和国定都北平，并改北平为北京。

1949年10月1日，中华人民共和国成立，北平改为北京，地位是国家首都。自此，从清朝覆灭到中华人民共和国成立的这段时间，北京经历了从京师帝都到民国首都、又变为直辖特别市，抗战胜利后恢复为北平市，最后成为中华人民共和国的首都这样一个十分曲折的过程。历史形成的政治、经济和文化影响，以及军事重镇的地位，使得北京再度成为首都。

北京又掀开了新的一页。

副章：正阳门火车站和老舍

正阳门火车站

在清代末期，宣告进入新时代的最新象征，是火车的到来。

火车是一个新鲜玩意儿，是欧洲工业革命导致的蒸汽时代的一大贡献，它自然也会来到古老的北京。当时，有人认为，火车是对中国封建王朝的天、地、神、人秩序的最大破坏，非常惧怕火车。

德国人在山东修建胶济铁路的时候，这个黑乎乎的庞然大物，喷着汽呜呜叫着从远方驶来的时候，太像是一头巨大的怪兽，把当地农民吓坏了，他们以为它是吃草的，就在铁道上铺了一些牛马吃的草，来让火车吃。这是曾经真实发生过的，可见火车带给人们的震撼。

早在公元1865年，英国商人杜兰德就在北京宣武门外修建了一条长零点三英里（零点四八三公里）的铁路，他是为了向清朝皇帝证明，欧洲现代工业技术的新进展和新成就。

清朝人害怕这种东西，认为它体型很长，长得像恶龙，还会叫，会喷汽，一定会破坏龙脉，谁都不敢去坐。于是，这条北京最早的铁路不得不被拆掉了。

欧洲工业革命注定会影响包括中国在内的全世界。公元1888年，李鸿章把一辆从法国引进的小火车作为礼物——它共有六节车厢和一节车头，送给了慈禧太后。慈禧太后很喜欢这个小火车，同意李鸿章接下来的建议：由他找人在皇城的花园内，为这辆火车修建一条铁路，使它能够跑起来，载着慈禧太后游走。

这条铁路很快建成了。它从紫光阁向北延伸，穿越了中南海的北门，沿着北海西岸到达极乐世界后，再转向东，经过五龙亭、大西天，到达镜清斋，俗称西苑铁路。

不过，慈禧太后也很害怕火车惊动宫城地下的龙脉，没有让小火车的蒸汽机车发动起来，而是让太监每四个一组，去拉动一节车厢，六节车厢，一共是二十四个太监拉车厢，最后是四个太监拉车头。于是，这辆有着六节车厢的小火车，由二十多个太监当牛马呼哧呼哧跑着拉动车厢和车头，小火车果然跑起来了，跑得还挺快，很平稳地把慈禧太后从仪鸾殿拉到了镜清斋。

仪鸾殿是慈禧太后睡觉的地方，镜清斋是她吃饭的地方。火车在人力拉动下自然没有惊动龙脉，慈禧太后就接受了火车这个新鲜玩意儿了。

这两次火车在北京的试跑，都是小玩闹，火车真正在北京出现的时间，是在公元1896年，有一条火车铁路线从天津一直通到了北京卢沟桥，接着又通到了永定门和正阳门。

火车通到正阳门火车站的时间是1900年，这一年，八国联军打到了北京，还利用了这条火车线来运兵，这些入侵大清的欧洲士兵借助火车的速度，很快就从天津一路打到北京。

火车的便利谁都看到了。再往后，清末时期，修建铁路的步伐加快了。1907年，从北京到奉天（现今沈阳）的京奉铁路开通。为修这条铁路，还拆除了崇文门的瓮城，火车终点站设在了东便门。

1909年，北京到张家口的铁路完工。火车可以通过居庸关这个古老的关口，直达高原边缘张家口。

到了中华民国建立后，铁路建设方兴未艾。1915年，北京环铁修建成功，成为北京交通史上的一件大事。这是一条连接了西直门、德胜门、安定门、东直门、朝阳门、正阳门，在东便门和京奉铁路连接起来的城市铁路。环铁的建成，方便了城内市民的交通出行和商品运输。

为了修通这条铁路，上述火车经过的城门的瓮城，大都拆除了。最可惜的就是前三门宣武门、崇文门和正阳门的瓮城，从此就不复存在了。

作为当时几条铁路都能通达的枢纽车站——正阳门火车站，成了当时北京铁路快速发展的标志性建筑。

正阳门改造也是朱启钤所考虑已久的。1914年6月，他的职务是京都市政公所的督办，此时，北京城的全面改造工作，摆在了他的面前。

瓮城过去是屯兵所用的，正阳门瓮城南北长一百零八米，东西宽八十八米多。正阳门外，已经是京奉铁路、京汉铁路和环城铁路的到达车站，有两座火车站都建在附近，每天的人流量很大。经过了仔细考察和考量，朱启钤决定拆去正阳门瓮城，保留箭楼，在正阳门两侧再开两个门洞，方便市民进出。

改造正阳门是一个很棘手的、也是十分重要的城建工程，需要运送渣土八万多立方米。朱启钤让人把京张铁路和京奉铁路的铁路轨道延伸到了瓮城的墙根之下，充分利用火车的装载能力，

正阳门火车站旧址

把渣土集中起来，再装在火车车厢里直接拉走，使得正阳门的改造变得快捷了。

正阳门的东西月墙也拆除了，在月墙和城墙之间开了两个门洞，改善了内外城之间的交通。在新开的左右城门下还修了排水暗沟，使得正阳门常年低洼积水、臭气熏天的状况，得到了根本改变。

经过了细致的改造，原先在正阳门瓮城附近集聚的商铺很多很杂，后来都搬迁到前门大栅栏一带。瓮城顺利拆除之后，正阳门又开了两个门洞，在很多地方因势利导。正阳门改造后，这一火车进京的集散之地呈现出人员快速进出、没有耽搁的绝佳效果。现今的前门东南侧，仍旧留有后来重建的京奉火车站建筑，它的全名叫作“京奉铁路正阳门东车站旧址”。

这是一座三层的小楼，一座转角楼之上，半球形的屋顶依稀让我们能够看到中华民国初年火车站屹立的身影。

我们可以设想，当外地人第一次来到北京，在正阳门火车站下车，他看到的正是前门箭楼那巍峨的身影，遥望北面，辉煌的故宫那金色的屋顶正在向天空中反射着古都的光芒，他领略到的一定是北京这座古城饱经沧桑却历久弥新的傲岸气魄。

老舍

有些作家，他一生的写作都和一座城市联系在一起。

老舍就是这样一位作家。在20世纪30年代到40年代的中华民国时期，能和北京或北平紧密联系在一起，且在他的作品中能够看到这座城市无比丰沛的生活细节和十分丰富的人物形象。作品中充盈着那个时代特殊气韵的作家，要首推老舍先生。

老舍的早期作品，并未聚焦于对北平这座城市的专门书写，比如寓言体的长篇小说《猫城记》等。后来有一天，他顿悟了：

> ……《大明湖》与《猫城记》的双双失败使我不得不这么办。附带的也决定了，这回还得求救于北平。北平是我的老家，一想起这两个字就立刻有几百尺“故都景象”在心中开映。啊！我看见了北平，马上有了个“人”。我不认识他，可是在我廿岁至廿五岁之间我几乎天天看见他。他永远

使我羡慕他的气度与服装，而且时时发现他的小小变化：这一天他提着条很讲究的手杖，那一天他骑上自行车——稳稳的溜着马路边儿，永远碰不了行人，也好似永远走不到目的地，太稳，稳得几乎像凡事在他身上都是一种生活趣味的展示。我不放手他了。……（老舍，《我怎样写小说》，译林出版社2015年版，第31页。）

这是老舍在他的创作谈《我怎样写〈离婚〉》中的一段表述。《离婚》是老舍在1933年出版的作品，从此，他的小说人物活动和故事演绎的舞台，就是北京这座城市了。包括他在1926年所写的小说《老张的哲学》，1927年写的小说《赵子曰》，以及新中国成立之后1951年创作的话剧《龙须沟》，也是描绘和塑造他最熟悉的北京场景和人物这一创作理念的延伸。

老舍的创作无比紧密地和一座伟大的城市联系在一起，他也写出了独特的“京味儿”小说。1951年后，他获得了“人民艺术家”的称号，他的作品获得了跨越时空的文化价值。他太熟悉北平的市井生活、历史掌故和风土人情了。大量北京的人名、土

作家老舍

语、地名进入到老舍的小说中，如他的第七部长篇小说《离婚》，里面三对夫妻各有各的问题，都想离婚，但最喜欢撮合别人的老张，却在努力使这些夫妻保持婚姻，由此就引发了一系列很有喜剧色彩的故事。

老张这个喜欢帮助别人的人，在民国北平的特殊环境中，遭受了不少的无妄之灾。他儿子被抓起来，他自己也丢了工作和房子。后来的故事发展，老张的生活化险为夷，平安落地，这样的带有黑色幽默的遭遇让人唏嘘感叹。

老舍写于1936年的长篇小说《骆驼祥子》，是他的作品中最为我们所熟悉的，也是中国现代文学经典小说之一。这部小说经过了电影、电视剧、话剧等更多艺术形式的传播之后，更具大众化色彩了。

骆驼祥子已经成为了民国北平小人物的一个典型。小说中的民国北平市，一个父母双亡，在北平拉车的车夫祥子的命运，与这座城市真实的时代底色完美地融合在一起。

小说中的主人公祥子，外号“骆驼祥子”，这样一个底层的车夫，他的悲惨命运，起承转合，注定是城市生活的一种象征。他的生活梦想不断在现实面前碰壁，他被敲诈勒索，妻子虎妞难产死去，他心爱的女人被卖到了妓院里，最后他无法当车夫了，竟然为了钱出卖朋友，丧失了所有的生活勇气以及正直的品格，成为一个失败的男人。每一次翻阅这本书，我都能够立即嗅到民国北平那一种独特的气息，仿佛看到古都的灰色的天空下，一个为生活而奋力拉车奔跑的男人。

1925年，李景汉在《北京人力车夫现状的调查》中写道：

> 北京城内在二十区署挂号的营业人力车有二万九千辆，自用人力车有七千五百辆；在城外四郊地面挂号的人力车有七千七百辆；共计四万四千二百辆。人力车夫有六万余人，倚靠车夫生活的家口约有二十万人。除乞丐以外，这些以人类代牛马的东洋车夫算是最穷苦的人了。

当时现实的北平生活境况中，老百姓是很难讨得好生活的。特别是在电车的发展之下，人力车夫行当在北平受到了毁灭性打击。这一点，我们能从祥子的命运中看到。作为文学人物，祥子肯定是民国北平的产物，也是这座城市所毁灭的人物。只有悲剧人物具有的震撼人心的力量，才能给我们带来时代的真相。

老舍并不是单纯地把生活的悲剧撕开给我们看，而是以他那独有的幽默，语言的机智俏皮，外在的达观和内在的悲悯组成我们接受这些文学人物的心理基础。

有趣的是，时代的悲剧因素不仅体现在了祥子这个人物的身上，在老舍的《骆驼祥子》的发表和出版的命运上，也有着映射：

> 《祥子》的运气不算很好：在《宇宙风》上登刊到一半就遇上了“七·七”抗战。《宇宙风》何时在沪停刊，我不知道；所以我也不知道，《祥子》全部登完过没有。后来，《宇宙风》社迁到广州，首先把《祥子》印成单行本。可是，据说刚刚印好，广州就沦陷了，《祥子》便落在敌人的手中。《宇宙风》又迁到桂林，《祥子》也又得到出版的机

会，但因邮递不便，在渝蓉各地就很少见到它。后来，文化生活出版社把纸型买过来，它才在大后方稍稍活动开。

1937年，老舍创作了中篇小说《我这一辈子》。小说的主人公是生活在北京的一个裱糊匠人。裱糊匠人在民国北平是一种重要的手工艺人，人们遇到婚丧嫁娶，所用的各种祭品和贡品，都要裱糊匠人来做。就是这么一个很体面的、众人赞许的裱糊匠人，他一开始的人生是顺利的，但接着他的老婆跟人跑了，不幸就降临了。后来这个裱糊匠人当上了巡警，在民国建立、军阀混战、日寇侵略和国民党光复北平等各个时期，都迎来了个人生活的不断下挫，50岁的时候丢掉了饭碗，死了儿子，却不得不面对年幼的小孙子需要他抚养的局面，一辈子重新回到原点，一无所有地继续生活下去。

因此，老舍笔下的北平生活和他塑造的文学人物，是在他的经验之内和经验之上创造出来的审美世界里的独特塑造物。这一点在他的长篇小说《四世同堂》中得到了最佳表现。

《四世同堂》全书共三卷，一百多万字，是老舍作品中篇幅最长的。1944年，他开始创作这部描写日据时期的北京的作品，当时的计划是写三卷，一百段，每段一万字左右，一共一百万字。这部小说在1949年二月完成，但当时出版了前两卷《惶惑》《偷生》，第三卷《饥荒》前二十段连载于上海《小说》月刊，《饥荒》的下卷原稿在“文革”期间老舍被抄家时抄走，一直下落不明。

2017年，出版人赵武平在美国发现了《饥荒》下卷的英文全文译本，这一发现让他感到如获至宝，对现代文学史来说也是一个重要的发现。赵武平进行了回译，把英文翻译成中文，使得这部一共一百零三段的作品《四世同堂》的中文全貌，呈现在我们的面前。这部命运多舛的小说巨作，当年由上海东方出版中心出版了三卷本全文，以新样貌呈现在读者面前。

作为一部描绘沦陷于日本人的铁蹄之下的北平的长篇小说，《四世同堂》中塑造了很多北平人物。这也是他所写的篇幅最长的长篇小说。就像是时间的容器和人物标本的展览室，也是人性在特殊时期的展览厅一样，老舍成功地展现了北平的时代氛围。那种气韵，在后来描写北京的小说里也很少存在。

这部小说是从北平小羊圈胡同生活的祁老爷子八十大寿的

欢宴，因日本人的入侵而丧失了喜庆气氛写起的。由此，老舍展开了对日据时期北平社会环境的波澜壮阔的逼真描绘。小羊圈胡同是一个微观的地理环境，是北平的城市空间中被文学放大的处所，是空间、时间和人的相遇。

《四世同堂》这部小说中，汉奸、官僚、小市民、清朝遗老遗少、五花八门的市井人物纷纷登场，国家命运、城市生活、日寇入侵和人物命运纠缠在一起，从中可以看到日本人在北平对资源的占用导致了粮荒的情况，以及日本侨民作为占领者的贪婪和蛮横。

从1942年开始，因战事吃紧，粮食紧缺，日伪北平特务机关开始对北平市民实施面粉配给制度。在北平街头，常常能看到倒毙在街头的饿殍。对北平特定年代的定格般的文学书写，《四世同堂》肯定是无法回避的杰作，也是民国北平活生生的文学记忆。

假如将北平在沦陷时期内由日本人设计的《北京都市计划大纲》这样的城市规划手册，与老舍的《四世同堂》套着阅读，我们就能更好地理解，在1937年到1945年间，日据时期的北平生活的全景观了。《大纲》是对北平城市空间的规划利用，《四世同堂》描绘的是这一时期北平人心理与生活的变化。建筑规划和文学创作在这两个文本中汇合了。

老舍在《想北平》一文中说：

> 设若让我写一本小说，以北平作背景，我不致于害怕，因为我可以拣着我知道的写，而躲开我所不知道的。让我单摆浮搁的讲一套北平，我没办法。北平的地方那么大，事情那么多，我知道的真觉太少了，虽然我生在那里，一直到二十七岁才离开……我所知道的那点只是“我的北平”，而我的北平大概等于牛的一毛……可是，我真爱北平……我将永远道不出我的爱，一种像音乐与图画所引起的爱。

老舍如此谦虚又如此一往情深地表达了对北平或曰北京的热爱。阅读老舍的小说，我们感叹时间虽然流逝了，但却在他的笔下获得了定格效果。文学的功能正在于此，以笔力万钧和细致入微的手法，描绘一个时代的画卷，这画卷最后成为时间中的空间形态。

第九章：新中国首都

新首都的空间变化

1949年10月1日，中华人民共和国成立，首都定在北京。这一选择，显然是综合了政治、历史、文化、地理等多种因素考虑的结果。

毛泽东等中央领导人选择在中南海办公。清朝的最后一位皇帝溥仪退位之后，中华民国北洋政府开始，也是在这里办公的。中共中央和政务院入驻中南海内的办公地点，原来最早是袁世凯的总统府，后来改为北平市政府办公地点。这一地点靠近宫城中轴线，在西苑里的西南边，闹中取静，靠近城市中心区，非常方便出行。

1949年10月的北京，总人口是一百三十万，而且肯定会迅速增加，共和国首都需要大批住宅，以及中央机关和北京市属机关的办公用房，都需要尽快进行建筑规划。百废待兴，一切都需要时间。新建办公用房来不及，就利用旧房子，包括中华民国时期的机构所在地、东交民巷各国使馆的空置房，还有一些清代的旧王府，都被利用起来了。如北京市委、市政府的办公楼在东交民巷使馆区，还有位于北海北的国防部办公楼、交道口的交通部办公楼等等，大都利用了北京市保留下来的老旧建筑。

从1949年到1978年这三十年的时间里，北京城市的营建是一个扩展的态势，南北中轴线和东西长安街，继续起着城市两大主轴的作用。

早在1949年5月，北平和平解放没多久，就成立了北京都市计划委员会，着手进行首都北京的城市规划，还邀请了苏联专家协助。1953年，北京都市计划委员会提出了甲乙两个方案，这两个关于北京城市建设规划的总体方案，都将国家行政中心放在了旧城，这是采纳了苏联专家建议的结果。这两个规划方案，对北京城市建设规划的时间上限是二十年，人口规模四百五十万人，城市建设用地五百平方公里。

两个方案几经修改、合并，最后上报中央的方案有以下几条指导原则：北京的城市性质，是我国的政治、经济和文化中心，还要建设成我国的工业基地和技术科学的中心；对于古代建筑，不能一概否定，也不能一概保留；改造城市道路不能为现状所限制；在二十年的规划期内，目标人口为五百万人、市区面积扩大到六百平方公里；居民区采取大街坊制，增设公园，在市郊建设森林防护地带。

后来，在第一个五年计划期间北京市的建设基本上按照了上述规划进行。首先，这一时期的首都建设，形成了“一个中心、多点分散”的空间结构。

一个中心，就是天安门广场。天安门广场这个政治中心场域，与这座城市的历史文脉密切相关，在天安门广场西侧分布着全国人民代表大会这个国家最高权力机关的办公楼和人民大会堂，南部是司法部、最高人民法院、公安部、纺织工业部等等机关，东侧是中国革命和中国历史博物馆、北京饭店新楼等。这体现了历史在现实中的回响。党中央、中央人民政府设在中南海，在现今三里河地区，建设了国家计划委员会、财政部等重要部委机构办公楼，进行了多点分散的布局。

尽管国家计委不赞成北京市建设成为重要的工业基地，但为了发展经济，北京市认识到，不可能一点工业企业都不搞。在第一个五年计划期间，北京市在东郊和东北郊，建设了两个工业区，新建了五十多家工厂：在朝阳门东建设了纺织城，北京国棉一、二、三厂都在这里，还在酒仙桥地区兴建了电子工业区，建立了不少科技、电子企业，在建国门以东兴建了一个机械、化工、木材等企业集中的区域，在石景山钢铁厂原址继续兴建首都钢铁厂，将之建设成为北京市的工业支柱企业。

当时，在现今的海淀中关村一带，兴建了文教区和科研基地。中国科学院、北京大学、清华大学等高校，还有很多国家级的科研单位都集中在这一区域，适合兴建一个教育和科研基地区。当时这里还有很多荒地，在荒地上修建了很多办公、教学和居住功能的新房屋，有的是利用旧有建筑，进行翻新改造。如北大、清华都位于清代的“三山五园”西郊皇家园林的拓展区，因势利导，将园林部分旧址纳入校园进行综合利用。

1957年，北京拥有各类高校三十一所，在校生达到八万人。同时，在内城和外城等老城区内，修建了大量的商业、文化和体育服务设施。

北京的民航也在这一阶段起步。1955年，在现今首都机场二号航站楼的东侧，修建了首都国际机场航站楼，于1958年正式落成。这座航站楼就是现在的首都机场一号航站楼。

在新中国成立的第一个十年里，北京市的建成区已经突破原先的宫城、皇城、大城的三层相套的格局，开始向大城之外的四面八方放射状发展。这一空间上的放射状拓展，是北京城在营建历史上的一次飞跃，这样的发展方向，突破了原先北京只能在大城城墙之内发展的旧有格局，开始围绕一个同心圆向外扩散。当然，“同心圆”模式的发展在后来也显现出了弊端，演变为城市“摊大饼”，在20世纪90年代后期遇到了发展的瓶颈。

经过新中国成立后的十年的建设，北京不同的城区形成了功能分区：围绕天安门广场的中央行政部门集中区、海淀中关村的教育科研区、酒仙桥的电子科技区、东郊的工业企业区。在一些城市交通要道的节点，如王府井、甘家口、木樨园、六铺炕、东单、西单、大栅栏等地兴建了商业和公共服务设施。

对城区功能分区之后，进行专门建设，显然是合理的，是对城市空间格局的新认识，提升了北京作为国家首都的功能性、人民性和发展性，也吸收了清代末年和中华民国时期的一些建筑学家所提出的、关于北京城市营建和建筑规划理论的成果。

新中国成立后仅仅十年的时间里，北京就发生了很大的变化。到1959年新中国成立十周年之际，在北京这座古都和新首都城市中，崛起了一大片新建筑。

我们至今都能从天安门广场的成功改造和“国庆十大建筑”工程上看到，在新中国成立之初，那种人民当家作主、创业百废待兴、干事只争朝夕、努力奋斗建设的气概和蓬勃向上的力量。要是没有开国之初的巨大建设热情和站在新历史开端的豪迈气魄，很多艰巨复杂的建设工程是无法完成的。

随着“大跃进”造成的冒进发展受挫的影响，北京城的建设步伐在20世纪60年代开始放缓了。1966年“文革”开始，1967年1月，国家建委下令北京市城市总体规划暂停执行，北京市的城建工作陷入了停滞期。

尽管如此，到20世纪60年代，北京市的建成区也已扩展了很多，和原先的民国北平市区相比扩大了一倍，人口也由1949年的四百一十四万（含内外城和八个郊区的人口），增加到了1964年第二次人口普查后的七百五十九点七万人，短短十年多时间里，人口增长接近一倍。在20世纪60年代末期，现今三环之内的区域都已经成为城市建成区。

从1969年到1978年这十年间，北京城市空间的变化主要体现在地铁的建设和城市道路的拓展方面。1969年，北京地铁一号线建成通车，标志着北京地铁网络建设的正式起步。北京道路建设也有进展，二环路的建设大部分完工，三环线完成了一部分。

1976年，西便门外建设了第二热电厂，同年，燕山石化聚乙烯三十万吨项目投产，巨大的厂区屹立在燕山脚下。同时，由于东、西长安街的延伸，在石景山区和通县地域，也建设了新的工业区和居民区。

北京市的人口增长速度在这一阶段有所回落。1978年，北京市常住人口达到了八百七十一点五万人。首都北京作为全国的政治中心、文化中心和经济中心，其聚集效应、虹吸效应和感召效应进一步显现。

天安门广场的改造

我们从小就唱“我爱北京天安门，天安门上太阳升……”天安门广场，对于每一个中国人来说，都具有特别的吸引力。

在1949年新中国成立后的第一个十年里，天安门广场的改造，是这一阶段北京城市空间营造最为成功的范例。

1959年国庆前夕，改扩建的天安门广场完工，原来封闭的皇家宫廷广场，成为开放大气、举世瞩目的人民广场。长安街朝着东、西两个方向延长，道路进一步拓宽，成为城市主干线并与南北中轴线在天安门广场的北部交叉成十字，刚好位于天安门城楼的南面，显示了空间纵轴和时间横轴的完美交汇，体现了历史和现在的交汇，实现了古代和当代的握手，并朝向了未来。

早在古罗马建筑师维特鲁威所著的《建筑十书》中，对广场建筑的理念就有所阐释。他认为，广场，就是城市中的公共空间，是一片被建筑所包围的空地，虽然它空空如也，但确是属于每一个来到广场的人。他们在广场上自由地穿梭出入，成为这一空间的主人。因此，城市广场，有着公共空间和精神空间的属性，绝对不能设计得太小了，要根据一座城市里的所有的居民和来往的流动人口数量来设计，同时要考虑到广场对国民的精神感召。

欧洲的城市广场大部分很小，广场也都被建筑物所包围。莫斯科红场在20世纪是最为耀眼的欧洲城市广场，规模很大，在第二次世界大战中的苏联卫国战争中，发挥了特殊作用，精神指向很昂扬。它空间阔大，建筑布局有着丰厚的历史感和现实感，让修建它的苏联人很骄傲。所以，天安门广场改造方案中，苏联专

2015年的天安门广场

家也参与其中，并时常拿红场的建筑方案来做比较。

可即使是红场，也无法与建成的天安门广场的规模相比。

天安门本来是明清时期皇城的正门，公元1417年就已落成，明代叫作承天门，就是奉天承运、受命于天的意思，天降大命于此一个朝代等等含义。清代顺治朝的时候改为天安门，意思是出入此门，天下安康太平无虞。天安门是皇城四门中形制最高的，下有广阔的城台，上有巍峨的城楼，城楼面阔九间，进深五间，屋顶由重檐式黄色琉璃瓦覆盖，南侧是金水河蜿蜒而过，河上跨越了五座汉白玉石砌拱桥，与五座券门相对应。

在明清两朝，天安门广场不过是一个T字形的狭长、封闭的紫禁城的前门大院。

1949年共和国成立之后，对天安门广场的改造迫在眉睫。天安门的独特地位凸显了出来。这是因为举行开国大典的时候，毛泽东就是在天安门城楼上宣布，中华人民共和国中央人民政府成立了！天安门由此成为共和国首都作为政治中心的象征。

在清华大学建筑系教授梁思成牵头设计的国徽正立面，就出现了天安门。天安门城楼上原来悬挂天安门字样的地方，被内含天安门图案的国徽所取代。这种互为解释的象征，强化了天安门广场作为新中国的政治中心象征的含义。

东、西长安街的贯通、中南海作为中央核心办公区的确立，将故宫博物院午门以北的宫城，都变为了历史文化遗产。天安门的地位就突出出来了。它面向长安街，在天安门广场上举行超过五十万人参与的大型公共庆祝活动，是非常迫切的需要。

原来的天安门广场狭窄而局促，已经不适合新中国的政治要求。1950年拓宽长安街的时候，天安门外侧的华表向北移动了六米，腾挪出来的空间错落有致，华表、汉白玉金水桥、石狮子和天安门城楼，一组不同的建筑形成了中国建筑美学的华彩乐章的前奏。

1953年开始将天安门广场的改造和扩建提上了议事日程。为此，专门成立了方案设计征集办公室。经过一段时间的等待，征集到的十五个天安门广场改扩建的方案并不令人满意。这些方案大都将天安门广场设计成了庭院式空间，空间面积偏小，不能容纳更多人活动，也不能体现出共和国大气磅礴的新面貌，还不够完美。

这些方案中，有的方案可以继续优化。如建筑学家陈植等人设计的方案，和刘敦桢、戴念慈等人设计的方案都不错。这几个方案是以中轴线南延作为基本尺度，将天安门广场设计成广阔的空间，以大型的中式庭院结构，来重组一个面积广大的城市公共广场。

长安左门和长安右门拆除之后，天安门观礼台就建造起来。天安门广场上的画龙点睛之笔，是1958年5月人民英雄纪念碑的落成。这是建筑学家梁思成设计的。作为一个杰出的建筑学家，梁思成将放大的方尖碑和中式石碑结合的人民英雄纪念碑，置于天安门广场的核心位置，确定了秩序。

这座纪念碑，采用了双须弥座形式为台基，碑顶的灵感也许来自西式方尖碑，但确是中式庑殿顶。这是梁思成所提倡的“中而新”的建筑理念的显现，体现了现代中国的民族样式，又不同于任何传统的中国石碑造型。

天安门广场的改扩建工作主要是在1958年8月开始，只花了十个月的时间，广场就建设成功了。在这个巨大的城市空间中，体现了政治性的安排：广场西侧是人民大会堂建筑，这座吸取了罗马大殿风格、有立柱的中西合璧的殿堂，使得广场在西侧也有了压阵的重心。广场东侧，是中国革命和中国历史博物馆建筑（现今国家博物馆），这座建筑体量稍小，和人民大会堂东西相隔，遥相呼应，将历史和现实、古代和当代在时空上贯穿起来。

有意思的是，两座大型建筑的东门和西门刚好是对着的，人民英雄纪念碑则不在大会堂和博物馆的东、西正门相对的直线上，而是偏南一点。假如人民英雄纪念碑刚好在大会堂东门和历史博物馆西门相对的直线中点上，就成了建筑学上的死对，所以，这一设计是十分巧妙的。

天安门广场的南部是前门箭楼傲然挺立，显示了中轴线的时空纵深。1976年毛泽东去世之后，在人民英雄纪念碑南侧建了毛主席纪念堂，位于南北中轴线的南段，继续增强了天安门广场的政治性和人民性的融合意义。

天安门广场的改造无疑是成功的，它可容纳五十万到一百万人一起活动的巨大空间，显示了新中国的不凡气度。改扩建之后的天安门广场，成为首都北京公共活动的中心广场。此时，故宫紫禁城悄然隐身在广场北面的黄色琉璃瓦下，已经显得不那么重要了。

我记得，1999年国庆五十周年前夕，天安门广场曾进行过一次大改造，重铺了地面，建了一个中央大型隐蔽式喷泉，还在东西两侧增加了大块的绿地，增加了人们休息和漫步的场所，施工标准是五十年不落后。此时，永定门瓮城改造也已经完工，天安门广场向南的中轴线继续延长。

天安门广场是中国举行国家纪念与庆典活动的中心场所。新中国成立七十年以来，天安门广场上举行的各种集会活动和与之相关的事件，已经构成了中国现当代史的重要篇章。天安门广场作为首都的政治中心象征，也是国家的象征，已不是单一的物质广场，它是一个国家的精神圣坛。

漫步天安门广场，人人都会为它的开阔、大气和庄严而感到愉悦和舒畅。来到北京的人，常常有一个心愿，就是到天安门广场上走一走，去体会一种个体、民族和国家相融汇的感情，去看看升国旗，体验久违的崇高感，这是一种神秘而激动人心的感情体验。

2009年10月，庆祝新中国成立六十周年之际，天安门广场上临时摆放了五十六根民族团结柱，给广场带来了新景观。

居民区的时空演变

作为新中国的首都，北京是所有人都向往的地方，成为万众瞩目的城市。因此，北京吸引了来自全国各地人口，总量不断增加，使得元、明、清时期形成的老城区四合院和胡同，居住空间十分拥挤。大量四合院在产权的不断演变下大都变成了大杂院，不再是独门独户。在东城、西城、崇文、宣武四个老城区，曾经居住了五百万以上的人口。

如此之多的人口拥挤在旧城之内，在城市的规划建设方面，也引发了更大的矛盾。这一矛盾就是，北京变为一个摊大饼型的城市，向四周不断生长着城市建成区，成为一个罹患城市病的大都市。

北京的居住区，也有时间和空间的轴线，显示了北京作为一个居住空间的结构变化。

我大学毕业，到北京工作的时间是在1992年，当时就听同事讲，从北京城市的居住区演变上，有这么一个顺口溜：

> 五十年代三里河、六十年代和平里、七十年代是劲松、八十年代看方庄、九十年代亚运村，二十一世纪看望京……

那时还是九十年代初期，我就问为什么会有这样的说法。作为“老北京”的同事给我详细解释了这个顺口溜的成因。

“五十年代三里河”，是因为在1953年，在三里河新建了国家计划委员会和财政部等重要部委的办公楼。国家计划委员会号称小国务院，分管国家的经济建设，财政部又是掌管着国家的钱袋子，自然是国家部委中的重头部门。那么，这么重要的部委机关大院在三里河，三里河的国家计委大院里，就新建了一批住宅楼，分配给机关公务员住。当时，三里河国家计委大院和财政部大院的住宅在20世纪50年代中自然是最令人瞩目的。

军队大院和机关大院，都是20世纪50年代之后北京大院文化的重要代表。像国家计委大院里，陆续走出来二十一位国务院副总理和国务委员，二百多位部长、副部长。现在还能在三里河看到计委大院的红塔礼堂，位列北京四大机关礼堂之首，其他三个礼堂分别是地矿部、物资部和全国政协的礼堂。

在西长安街延长线的公主坟一带，分布了海军大院、空军大院等多个军队大院，这也是北京城市空间结构变化的特点。作家王朔就是军队大院子弟，他的小说和影视作品中出现的主人公，大都是军队大院的产物。王朔是继老舍之后，书写北京特定年代的一位代表性作家。

除了三里河的国家重要部委大院里的居民楼，这个时期，在东直门外大街、西直门外大街、德胜门外大街、安定门外大街、朝阳门外大街、阜成门外大街、复兴路、永定门外大街、广安门外大街等向城外延伸的大街边，也都兴建了新的居民住宅区，这些住宅大都是三四层的红砖楼房。

“六十年代和平里”，六十年代期间，中国工业发展迅猛，煤炭、纺织、电子、石油、机械等行业成为主力。在北二环外的和平里一带，建了煤炭部、石油部、机械工业部等部委的机关宿舍区。

特别是机械工业部，从1952年开始，国家先后成立了九个机械工业部，分别掌管民用机械、电信、船舶、航空工业、核工业、兵器工业、航天技术等机械工业，分工相当细致，也有大量的工作人员需要住房。煤炭部的前身是燃料工业部，1955年设立了煤炭工业部、石油工业部、化学工业部。这些部委的机关职工宿舍，集中在和平里，大都是三四层的坡顶红砖小楼，很少有超过六层的。我们现在去和平里地区，还能看到大量这样的居民住宅楼。

“七十年代是劲松”，七十年代，劲松地区成了不断增加的新机构的新建居住区。1975年，按照几个小区连片形成的居住区，施行综合开发、统一建设的办法，建了大批的高层住宅，北京首次出现了高层住宅，就是这个阶段。

劲松小区至今还是东南二环到三环之间的主要住宅区，由劲松东街、劲松中街、劲松西街、劲松路、劲松北路等构成了道路骨架，分割出多个居民社区，辖区面积五点二平方公里，大部分都是老的国有工业企业的职工宿舍。

“八十年代看方庄”，到了八十年代后期，北京南二环外的方庄住宅区的建设最为抢眼。那个时候的中央国家机关公务员的宿舍用房，主要在方庄。

方庄是北京第一个整体规划的住宅区，建筑设计规格较高，总建筑面积二百六十多万平方米，全部都是高层住宅楼，一共有两万多套住宅，整体设计，以十字路和环路构成了道路的骨架，全区划分为芳古园、芳城园、芳群园和芳星园四个小区，这四个小区的住宅高楼颜色不一，还有紫芳园和芳城东里两个相邻小区。

除了住宅，方庄还规划建设有写字楼、商业、文化教育和体育等服务配套设施，是一个超大型的居住区，代表着20世纪80年代到20世纪90年代中期北京住宅建设的水平。

“九十年代亚运村”，20世纪90年代，随着1990年北京亚运会的成功举办，在北四环外侧的亚运村原运动员村周边，兴建了大量新住宅小区。

现在，亚运村共有十个社区，十二个大型居住小区，常住人口在八万左右。这个区域现在也是北京非常重要的居住区，从1990年北京亚运会，到2008年的北京奥运会，两大在北京举办的国际赛事，催生了这片区域的住宅楼建设。现在的亚运村，已经是一个广义的概念了，包括了从北四环到北五环以外的广阔的区域，居民小区高楼林立，与奥运会体育设施错落有致地分布，形成了北京都市人工建筑的现代景观地带。

“二十一世纪看望京”。本来有可能成为城市副都心的望京地区，在进入21世纪后，几经规划设计，最终建成了组团式的大型居民住宅区，常住人口几十万，与天通苑、回龙观等超大型居住区一起，成为北京在21世纪前二十年建成的三大居住区。望京地区为北京迅速增加的人口提供了很大的承载量，是北京人口在21世纪的主要迁移和承载区。

21世纪的前二十年，北京居住区的小区种类也更加多元，功能分区层次分明，就像是天女散花，不再有集中建设的大型居住区。

北京城的代表色

要是有人问你，北京城的代表色是什么颜色？很多人一定会愣在那里，答不上来。什么？北京有市花、市树，难道还有代表色？

是的，北京的市花是月季，市树是国槐，北京城的代表色是灰色。这是北京的主色调，只要我们走到北京的胡同里，就能看到这种灰色是那么普通、普遍和可触可感。

不过，说北京光有灰色，那很多人都不同意。北京的城市色彩也是多样的。除了灰色是主色调、代表色以外，北京起码还有四种颜色，是非常显眼的。这就是黄色、青色、黑色和红色。

先说说灰色。北京城的大部分建筑，尤其是老城区，都是灰色基调的。新城区里也大多是蓝灰色的玻璃幕墙大厦。灰色作为一个形容词，似乎不够明亮，不够明快。但灰色确实是北京的主色调，特别是北京的城墙、路面、四合院、胡同，以及大部分房子的院墙，到处都是那种北京灰，俗称高级灰。灰色是含蓄的，甚至即使是高贵的，也显得低调和内敛，这是灰色最迷人的地方。

正是在广大的灰色城区里面大量的民居，包裹着皇城和宫城，才衬托出了北京另外两种主色：黄色和红色。北京的黄色和红色，体现在皇城的核心建筑群、宫城的建筑身上。那些宫城内的前三殿后两殿，高大宫殿的屋顶上是皇家专属的黄色琉璃瓦，以及宫墙的红色墙体，无不给第一眼看到它们的人，以巨大的心灵震撼。

中国的历朝历代，对颜色都很有选择。颜色也代表了一个朝代的价值取向，甚至是最终的命运。秦代崇尚黑色，衣服大多是黑色最尊贵。汉代是白色，喜欢白色的纯洁、空无感。宋是暗红色，就像是宋朝对文化深度的追求和向往，对精致文化的无尽的探索一样。元代是蓝色调的，我们只要想起蒙古人的蓝如天空的哈达的颜色，和元青花瓷器带给我们的那种浑朴厚重的蓝色，就知道元代的气质是开阔、质朴和爽朗的。

明清时代以来，黄色历来是皇家内廷喜欢的尊贵的颜色。红色代表着生机勃勃，象征着热情，同时还是鲜血的颜色，代表着皇权的兴旺发达，福运永祚。

至于黄色，当然来自于黄土。“黄，地之色也。”“黄色，土德之色。”炎黄子孙一向以黄色为尊贵，黄色安详而稳定，尊贵而吉祥，最终演化成了明清帝王喜欢并尊享的颜色。

灰色就是北京的代表色，黄色和红色是这座城市的中心色，代表着它的政治性和至高无上。灰色在改革开放年代里也在继续演化。北京的高楼大厦的外立面的玻璃幕墙，选择银灰色的幕墙玻璃，在太阳底下熠熠生辉，这是对北京的主色调灰色的继承。

红色，和黄色，则呈现于特定的时期，如国庆的时候我们看到更多的红色，黄色则渐渐隐身于这座日渐广大的城市肌理之中了。

在《北京城市总体规划（1991年—2010年）》第八章《历史文化名城的保护与发展》中的第47条第5款是这么表述的：

> 注意吸取传统民居和城市色彩的特点。保持皇城内青灰色民居烘托红墙、黄瓦的宫殿建筑群的传统色调。

在《北京城市总体规划（2016年—2035年）》第四章第二节的第9小节《保护老城传统建筑色彩和形态特征》中，是这么说的：

> 保持老城传统色调，以大片青灰色房屋和浓荫绿树为基

调，烘托金黄琉璃瓦的皇宫及绿、蓝琉璃瓦的王府、坛庙。新建建筑的形态与色彩应与老城整体风貌相协调。

这是北京市在做城市整体规划的时候，对城市色彩和色调的基本规定。从中可以看出，青灰色和红色、黄色这三色，是北京市的传统城市色彩。

北京服装学院的崔唯教授对北京城市色彩做过一个“五色北京”的构想。他认为：

二环路以内中心区域保持北京传统的灰色调，它代表“阴阳五色”中的黑色；二环至三环以内区域为灰黄橙色调，代表五色中的黄色；三环至四环路以内的区域为青绿色调，象征五色中的青色；四环至五环路以内区域为砖红色调，代表五色中的红色；而五环路区域以外为灰白色调，寓意五色中的白色。

2006年之后，这个“五色之都”的深化设计方案构想得到了北京相关部门的通过，现今北京的颜色，以二环路为界，构成了“内灰外彩”的北京城市色彩设计方向。

希望看到一个更加五彩缤纷的北京，出现在未来的时空中。

副章：“梁陈方案”与“国庆十大建筑”

“梁陈方案”

北平在1949年年初和平解放之后，当年5月就成立了北平都市计划委员会，叶剑英是主任委员，梁思成是这一委员会的常务委员。

在成立大会上通过了一个决议，由梁思成领衔清华大学建筑系的设计力量，筹备规划设计新的国家行政中心建筑。梁思成是近代著名学者梁启超的儿子，他的夫人林徽因也是一位建筑学家，两个人志同道合，传为佳话。林徽因同时还是一位文笔相当不错的作家。

新中国成立之后，在首都北京确定中央和政务院新的行政中心，是迫在眉睫的事。当时北京市还请来了苏联专家来京，一位叫阿布拉莫夫，另一位叫巴兰尼科夫，协助研究北京的城市规划建设，设计新的国家行政中心。

梁思成觉得自己作为建筑学家，需要一位规划学家帮助，他找来了一位合作者，这个人叫陈占祥，曾在英国学习过建筑规划学，然后他们俩一起进行研究设计，在1950年拿出了一个方案，被称为“梁陈方案”。

梁思成和陈占祥提出，在长安街西延长线的北侧，也就是月坛和公主坟之间的区域，建立新的国家行政中心区。

在这个方案中，他们的基本观点是：要保护好北京皇城南北中轴线上的老城区，在外城寻找新区来建设国家行政中心。他们认为，北京是历代封建王朝精心建设的壮美都市，布局系统、完整，在世界上都是罕有匹敌的城市建设杰作；旧城区人口密度很大，如果将新的国家行政中心建在旧城区，不仅会破坏古都风貌，城内也没有大面积的空地，拆迁工作量巨大。

在“梁陈方案”的构想中，不仅整体保留了北京内外旧城，同时要保留城墙，将城墙的部分段落建成可以跑汽车的道路，辅助城内交通，将旧城墙建成环绕北京的空中花园。在1950年，北京的旧城墙已经所剩无几了，民国年间修建马路和铁路拆掉了不少。新中国成立后修建道路，又拆掉了一些城墙。保护旧城和城墙，在梁思成看来也非常要紧。

“梁陈方案”的根本出发点，一是对古都北京建筑文化遗产的保护，二是满足建设国家新行政中心的迫切需要。他们俩出的这一“梁陈方案”，可能也受到过日据时期的《北京都市计划大纲》的启发。在那个大纲中，日本人就是绕开旧城，在西部建立新城区，且已经实施了两年多。“梁陈方案”不同之处在于，他们设计的西部新城区更靠近旧城区，便于交通，利于建设。

“梁陈方案”详细设计了新国家行政中心的建筑规划布局。在现今公主坟以东、东二环月坛以西的位置，采用了和北京皇城中轴线平行的另一条南北中轴线，在这条中轴线两侧来安排设计国家行政中心的功能区建筑，这条新的南北中轴线，距离北京皇城的中轴线五公里。

在“梁陈方案”中，国家政务院位于规划的中心位置，全国人大和全国政协办公楼在南侧对称而建，其余部委办公楼围绕着政务院的主建筑，在东、西、南、北分别排列，显示了集群建筑的宏伟气势和聚集效应。“梁陈方案”重视北京旧城的文化价值，以最大气力保护古都的建筑遗产。

另外两位建筑规划学家朱兆雪和赵冬日则提出了和“梁陈方案”不同的思路。这两位建筑学家，一个留学比利时，另一个留学日本，都是当时杰出的建筑规划学家。他们提出来一个要害问题，就是经济问题：在当时新中国刚刚成立，此时绕开旧城区里完全可以利用的空间，在城外新建一个规模庞大的国家行政中心区，费用不菲，对百废待兴的新国家来说，财力是吃紧的。

朱、赵拿出的规划方案，是将新国家行政中心保留和镶嵌在旧城之内，主要安排在天安门南侧的东西两边。“朱赵方案”中强调了东、西长安街轴线，在长安街南面，安排了很多中央部委建筑。同时，“朱赵方案”中形成了一条新的南北中轴线，北面对着中南海——新的中央领导人办公的区域，南面对着先农坛。可以看出来，“朱赵方案”将国家行政中心向天安门西侧移动了，这样会影响北京南北中轴线的重心。

“朱赵方案”得到了苏联专家的支持，苏联专家也提出了相似的意见，认为还是应该以天安门广场为中心区，来安排国家行政中心比较好。只要把中央和国家的核心机关，如党中央、国务院、全国人大、全国政协的办公区规划好了，其他的机构办公地点相对就好处理了。

苏联援华专家的意见是非常重要的。况且当时确实存在财力物力问题，旧城的利用空间还是很大的。由于国家行政中心选址的分歧，1952年之前都没有确定最终的城市规划。

1953年，北京都市计划委员会提出了甲乙两个方案，这两个方案都将新国家行政中心放在了旧城区，实际上是采用了“朱赵方案”和苏联专家的意见，“梁陈方案”未被采纳。

建筑从来都是需要与可能的有机结合。当时，中央领导人认为，另建新城区，势必不能以天安门广场为政治中心、以南北中轴线和东西长安街为十字坐标，国家行政中心西移，不能体现出天安门广场作为政治中心的理念。以天安门为原点和中心，确立国家政治中心，是对北京作为古都的深刻理解，天安门广场作为北京的中心广场也就顺理成章。这与北京三千年都邑的历史有着密切的继承关系。

按照“梁陈方案”另建国家行政中心区，有利于北京在新空间中发展。但尊重北京形成的历史文化的主轴——南北中轴线，也非常重要。此时，东西长安街的拓宽，与南北中轴线共同形成了首都北京的十字形两轴，那么在西部城区另建一个行政中心，不仅使北京城的重心偏移，南北中轴线失去意义，也使得东、西长安街的功能受到了影响。

另外，毛泽东是在天安门城楼上宣布新中国成立的，天安门广场自然会成为首都北京的政治中心区，国家行政中心也要围绕这一中心区来建设。最后一个问题，就是当时的财力紧张，不能支持大规模建设新行政中心。综合以上多种原因，国家行政中心区最终以天安门广场为中心点，在四面进行规划和建设。

后来，政务院的重要部委机关，如财政部和号称小国务院的国家计划委员会办公楼，建在了“梁陈方案”中规划的行政中心区的地点，算是局部实现了“梁陈方案”的规划设计。

直到如今，三里河的国家发展和改革委——国家计划委员会的继承者，依旧是安排国家经济发展规划的重要部委，财政部是掌管国家钱袋子的重要部门，在三里河区域，财政部和国家发改委办公楼的庞大体量，也算是“梁陈方案”的余音吧。

“国庆十大建筑”

常言道，十全十美，“十”这个数字在中国文化里就是大满贯、圆满和最高等级的指代，1958年，在中央政治局的一次会议上决定，在1959年新中国成立十周年前夕，首都北京要建成一批重要建筑，作为国庆十周年的献礼。后来，这些建筑被称为“国庆十大建筑”。

经过一年多的紧张施工，1959年10月1日，中华人民共和国国庆日来临的时候，国庆十大建筑工程如期完成。而在1959年2月的一份报告中显示，所有被列入国庆工程的加起来一共有十六个，还有几项其他重点工程，如国家大剧院、西单商场、电影宫和科技宫等，因建设进度、财力等原因，没能在这一时间段完成。

建成的这“国庆十大建筑”分别是：人民大会堂、中国革命和中国历史博物馆（现为国家博物馆）、中国人民革命军事博物馆、全国农业展览馆、钓鱼台国宾馆、民族文化宫、民族饭店、北京工人体育场、华侨大厦和北京火车站。

这十大建筑大都分布在长安街沿线：人民大会堂、中国革命与中国历史博物馆（两馆合一的综合建筑），在天安门西、东两侧遥相呼应、隔着广场相望；军事博物馆在现今木樨地西长安街的北侧，是展示中国军事史和装备史的博物馆；钓鱼台国宾馆在军博以西偏北的地方，是一座园林式对外宾馆；民族饭店和民族文化宫在西单的西侧、长安街以北；北京火车站在东单以南几百米的地方，也算是长安街沿线建筑。

不在长安街沿线上的建筑，是华侨大厦、全国农业展览馆和北京工人体育场。这三座建筑距离长安街相对远一点。华侨大厦在东四的美术馆斜对面，全国农业展览馆在现今东三环北路东侧。北京工人体育场在东二环东四十条桥东，是举行重要体育赛事的大型体育场。

“国庆十大建筑”的如期落成，是20世纪50年代里北京城市空间营造的重要收获，体现出新中国的建设成就，鼓舞了全体人民的精神斗志。

参与这些国庆建筑工程设计的，都是当时中国建筑学界的泰斗和大师级的人物，如梁思成、张开济、杨廷宝、赵冬日、陈植等。当时，建筑设计和施工要求的时间非常紧迫，本来要两三年时间才能完成的建筑项目，现在要压缩到一年多一点的时间来建设完成，这是非常困难的。所以，大家只能是边设计、边备料、边施工。

这是以往很少碰到的情况，建筑师们群策群力，快马加鞭。建筑设计肯定要走在前面，建筑设计的大框架弄好了，通过了，再进行细节设计，然后就是建筑材料的准备，施工稍后进场，整个项目就这样赶着向前加速推进。尽管在这一建设过程中，几乎每一个“国庆十大建筑”工程都遭遇到施工人手缺乏、小事故不断、建筑材料准备不足与浪费并存、规划面积与建成面积不符等等问题，但在1959年10月1日之前，“国庆十大建筑”还是顺利落成了。

在图纸上，“国庆十大建筑”的规划面积一开始是三十万平方米，后来建成的是六十多万平方米。可见，这十大建筑工程在施工过程中有多大的变化，施工工期是多么的紧张，也体现出当时参与进来的设计者、组织者、施工者克服了多少困难，最终让十大建筑矗立在我们的面前。

今天，我们来检视1959年“国庆十大建筑”工程所取得的成就，依然会感到骄傲。这些建筑的落成，对于首都北京处于新的历史方位、空间格局的变化所体现出的政治和社会意义都非常重要，也令人自豪。可以说，“国庆十大建筑”的落成，以及天安门广场的成功改造、东西长安街的拓宽工程，是新中国成立十周年之际北京最重要的建筑成就，改变了北京城市空间结构，确立了北京的新中心和新地标。

十大建筑的“十”字，体现在十座建筑的十全十美的圆满象征上，也对应了1959年新中国成立十周年的国家生日这一历史时间的节点，呈现了新中国建设首都北京的成就。十大建筑的“大”字，体现在这些建筑不仅体量大、结构宏伟、建筑面积大，还体现在这些建筑所处地理位置的重要性，以及建筑本身的政治含义的重要性上。几乎每一座建筑，都让人一眼看去顿生庄严宏伟、气象万千之感，顿时肃然起敬，这是“国庆十大建筑”带给人们的心理震撼。

“国庆十大建筑”在建筑设计上采取了中西合璧的理念。既有中国传统建筑理念的影响，也受到了当时斯大林新古典主义建筑美学和西方古典和现代主义建筑的多重影响。特别是面对长安街的几座建筑，都是把苏式的整体外立面和中式传统建筑的细节雕饰结合在一起。

人民大会堂的主建筑设计师是赵冬日，他深受文艺复兴和西

人民大会堂一景

方古典主义建筑美学的影响。人民大会堂南北长三百三十六米，东西宽一百七十四米，总建筑面积十七万一千八百平方米。中国革命和中国历史博物馆南北长三百一十三米，东西宽一百四十九米，面积比人民大会堂略微小一点，这是因为人民大会堂的南翼增加了全国人大常委会的办公区域，在人民大会堂南门，悬挂有全国人大常委会的牌子。

人民大会堂设计了三级台阶，最上层还有三米高的须弥座，这些须弥座一个个撑起了十二根圆柱子。十二根圆柱，每根高达二十五米，是罗马大圆柱的建筑风格。中国革命和中国历史博物馆的门前，则是方形的柱体，一圆一方，颇为讲究。两座巨型建筑的正门东西相对，一条直线东西穿越天安门广场，人民英雄纪念碑则在这条直线的南侧，不在这两大建筑正门的直线上，显示了当代鲜活世界和历史的丰富关系。

希腊、罗马、意大利文艺复兴时期的建筑理念影响了苏联古典建筑美学，苏联建筑美学在斯大林时期又发展为一种登峰造极的公共建筑美学，这些在人民大会堂等“国庆十大建筑”的设计方案中，都能看到回响。

“新中国十大建筑”的每一幢，都有着政治上的含义。比如，人民大会堂接纳全体人民，这里是人民当家作主开会决定国家大事的地方；

> 作为新中国政治力量的一个象征，人民大会堂的设计展现了一个国家的统一与民族平等。在大会堂内，中国的每一个省、直辖市、自治区都有一个以之命名的独立厅堂，包括西藏、内蒙古、新疆和台湾。在万人大会堂的天花板上，无数的星形聚光灯围绕着中央的一颗巨大红五星，象征着六亿中国人民团结在党的周围。略呈拱形的天花板从四面平滑流畅地融入墙面，宛如布满繁星的苍穹。（于长水，《长安街与中国建筑的现代化》，生活·读书·新知三联书店版，第108页）

中国革命和中国历史博物馆，是让每一个国人看清来路和人民革命、民族融合、历史发展的宏伟画卷的地方。这座建筑由北侧的中国革命博物馆和南面的中国历史博物馆组合而成，共有三个中空的庭院相连，建筑面积比人民大会堂小一些，高度也要低一些。为了使它看上去与人民大会堂相比并不低矮，在面向广场的西立面，建了一座柱廊，柱廊高度是三十九点八八米，这样与人民大会堂的高度就基本相同了。

在建筑理念上，人民大会堂和中国革命和中国历史博物馆建筑，形成了阴阳互补的关系。人民大会堂是阳，东门外的柱子是圆形的，博物馆的柱子是方形的。大会堂东门悬挂圆形的国徽，博物馆柱廊上是长方形的旗帜图案。大会堂中心建筑是实体的万人大会堂，博物馆建筑是中空的庭院，这就是天圆地方的体现，天对地，圆对方，实对虚，阳对阴。这种中国传统文化中对万物最重要的理解，体现在了天安门广场东西两侧最重要的建筑的营造上。

北京工人体育场是给工人阶级建造的，象征着工人阶级受到重视和他们的主人翁地位。全国农业展览馆自然是给农民和农业、农村建造的，展现新中国农业发展新成就的地方；有常设展，也有特展。中国是一个农业大国，也是一个农业古国，农业是立国之本，农业的方方面面，在这一展览馆中，都能得到体现。我曾经在全国农业展览馆看过一场“中国农具展”，这个特色展览，呈现了中华民族数千年来在农具的创造和使用上的智慧和经验。

军事博物馆是展现解放军军事革命斗争历史和军人风采的地方。军事博物馆建筑的正立面明显有着苏式新古典主义美学的建筑风格，外部轮廓有点像是两边拉长的金字塔造型，中间的塔尖上，竖立着一枚巨大的解放军八一五星徽章，展现出昂扬大气的军人风采。

民族饭店和民族文化宫，映射着五十六个民族大团结的政治意义。民族文化宫的设计采用了更多中国传统文化的符号，中央耸立起一座乍一看多少有点突兀的塔楼，在大楼的顶部还有一座中式的亭子，亭子是重檐屋顶，覆盖绿色琉璃瓦，在亭子底部四角又各有一座小亭子，四座小亭子拱卫中间一座大亭子，而在两边的侧翼建筑设计上，采取了长廊的设计理念。这就把少数民族地区的吊脚楼，侗族高高的鼓楼、风雨桥、廊桥等建筑风格，融会贯通成为一种独特的民族建筑样式。

钓鱼台国宾馆所处的位置在金朝就是一处离宫园囿。建成后的钓鱼台国宾馆，是中国国家领导人迎接世界各国领袖的最高规格的接待地点，显示了新中国迎接八方来客的好客情怀。

华侨大厦展现出华人四海一家、血浓于水的华侨爱国情。北京火车站则体现了北京作为首都欢迎全国人民到来的胸怀和气魄。后来，东单火车站前街的低矮房屋拆除之后，北京火车站就成为面对长安街的一座建筑了。

“国庆十大建筑”展示出新中国成立后短短十年所取得的成就。在建筑形态上，体现出梁思成所提倡的“新而中”的理念。中国传统建筑风格、苏联社会主义建筑美学和欧洲文艺复兴的古典建筑理论，在“国庆十大建筑”的设计建造中都不同程度地有所呈现，使这一时期的中国建筑充满了时代的豪情并展现了一个新国家海纳百川、蓬勃向上的面貌。

第十章：国际化大都市

同心圆：六环大都市

1978年12月召开的十一届三中全会，确立了实施“改革开放”的国策，国家的工作重心转移到了经济建设方面。从那时起，一直到2008年北京成功举办奥运会、2009年新中国成立六十周年，北京的首都地位不断加强，并成为一座具有世界影响力的国际化大都市。这个过程，是在短短的三十年的时间里完成的。

以经济建设为中心，中国的城市化整体加快了步伐。北京也是如此，到2008年，北京市第三产业所占国内生产总值的比重超过了70%，显示了首都经济结构的决定性变化。

与之相应的，是城市的“软化”，也就是去工业化。比如，首都钢铁集团公司从2005年开始陆续搬迁到河北省曹妃甸，2011年完成了搬迁。这座诞生于1919年的北京钢铁巨型企业，就此结束了在北京的九十二年的历史，虽然名字还叫作“首钢集团”，但已经身在河北了。在现今石景山区的首钢集团原址上，建立起了一片工业旅游区和生态文化产业园，以及一座中国冶铁博物馆。

城市现代化指标中，第三产业占比一直是一个重要指数。第三产业就是服务业，是城市经济总量的增长极，早已替代了第二产业工业的地位，变成了创造财富的主要手段。

这一阶段，北京的工业处在衰落阶段，大批工厂外迁至郊区，或者就地转为服务业和商业部门。城市中心黄金地段变成了商业、金融、商务、行政中心区域，老城居民大都通过拆迁，搬到市近郊和远郊居住了。人口的急剧增加是城市化的另一个重要表现。北京市常住人口从1978年的八百七十一点五万人，增长到2008年的一千八百万人，三十年时间里增加了一千万左右的人口。北京作为现代化的“国际化大都市”，吸引了来自世界各地的人口。

从城市空间结构的变化来看，1978年到2008年这三十年的时间里，按照每十年一个阶段，共分三个阶段。这三个阶段，能够看到北京是如何迅速演变成了一座全球化时代里的国际化大都市。

1982年，北京市出台了《北京城市建设总体规划》。在这个规划中，北京取消了建设“强大的工业基地”这一贯穿了1949年到1978年间北京城市建设发展的目标，开始大力发展第三产业。

在这个规划中，北京城市建设目标拓展到了远郊区，将四个方向的北京远郊纳入整体规划，发展市区边缘集团卫星城。比如西南方向的燕山石化地区，因这家巨型企业有几十万职工居住和生活，燕化地区就自然形成了新的居住区。而东部的通县、南部的大兴黄村和北部的昌平也都规划为了卫星城。

北京城市空间结构进一步扩展。北京四环以内，逐渐连片成为建成区。很长一段时间里，北京就只有两条地铁线：横贯长安街地下的北京地铁一号线，和环绕北京二环路的北京地铁二号线，这是20世纪80年代末北京地铁的基本架构。

进入20世纪90年代之后，北京人口迅速增加，城市国际化趋向提速，相应的就是城区面积的扩大。从空间结构上来讲，北京建成区还是以同心圆的模式在向外扩大。北京确立的中心，就是天安门广场，这座城市所有的生长，都要围绕这一中心进行。

20世纪90年代里，北京的旧城改造加快了步伐。地产开发商对城市的营建开始改变北京天际线，新的生活空间与新的生活方式，不断改变着老城区的面貌，狭窄的道路变成快速交通路；胡同与四合院经过了精细的分类，有的区块被保护起来，有的胡同变成了单行道，有的四合院进行了腾退和商业开发。这就像是一个中山装和唐装、汉服与超短裙、西装和旗袍并置的时期。宫城之内的旧宫殿在白天十分热闹，游客塞满了故宫三大殿及周边的所有空地。到了晚上，故宫隐退到黑夜里，重归时间深处的寂静。三里屯、后海、亮马桥等夜间娱乐发达，人们蜂拥至酒吧和餐厅，寻求属于自己的夜生活，城市沸腾了。

在20世纪90年代里，北京的环路建设也提速了 。二环路于1992年全线贯通，这是北京第一条全立交、无红绿灯的快速路，全长二十二公里，沿着北京“凸”字形的老城区修建为环形道路。据说，后来有人夜间在二环路上飙车，绕一圈只需要十三分钟，号称“二环十三郎”，名噪一时，结果被警察抓住罚了款。1993年，首都机场高速公路建成通车，前往机场的道路变得通畅，老机场路悄悄地掩映在白杨树林里，成为一条几乎看不见的小路。

没有红绿灯的快速路使城市的血管变粗了，交通流量迅速扩大。汽车在迅速增加。紧接着，1994年，全长四十八公里的北京三环路贯通，呈现出一个正方形的快速路，包裹着城区。路修到了哪里，哪里的居民区就迅速生长起来，就像是地衣或者某种菌类，大片的住宅区和商业建筑不断拔地而起。小区连成片，商业设施也不断扩展，资金、信息和车流，非物质和物质的流量加在一起在流淌，亦庄经济技术开发区在城市东南边铺展开来。

西北地区，上地信息技术开发区建立，它是北大、清华等高教区的技术产业化的集群地区。1998年住房制度改革，北京的住宅供给进行了商品化、市场化改革，一般单位不再分房子，采取了货币化分房和商品房买卖的方式，为市民提供住房。北京市民要去买房改善居住条件，北京四环外的大型居住区开始出现，比如望京新城、回龙观社区、天通苑社区。

北京迈向国际化大都市的路途中，举办大型国际活动是一种推动力。20世纪80年代里积累下来的经济动能在20世纪90年代得到了持续释放。1990年，亚洲运动会在北京成功举办，使北京的中轴线北延到了北四环亚运村。亚运村运动场馆和运动员公寓使中轴线这一北京最主要的空间轴线复活了，还被赋予了新的发展含义，对北京城市空间结构影响深远。

进入21世纪之后，北京的变化更加迅速了。2001年，北京申奥成功、中国加入世界贸易组织，这两个对中国影响意义深远的事件，使外力和内力结合起来，推动北京向国际化大都市挺进。

2001年，准方框形的四环路全线贯通，全长六十五公里。2003年10月，全长九十九公里的五环路建成通车，使得北京城的同心圆进一步扩大了。2004年建成了朝阳公园，它比颐和园还大二十平方公里。这一时期，体量庞大的新建筑在长安街、金融街、中关村西区商务区、东三环中央商务区之中不断矗立起来，每年在北京常住的外国人也达到了几十万。从外观上看，北京正在变成一座日益国际化的大都市。

望京地区最初规划为北京副中心，计划安排五十万到八十万的人口居住。2000年之后，望京地区大面积建成，却一度成了著名的“睡城”：白天，住在这里的人要向北京的四面八方散去，他们要上班。晚上，四面八方的人都要回来睡觉，几乎所有通往望京的路上都是拥堵的，堵车十分严重。回龙观、天通苑，也是规划了数十万居民的大型住宅区，很多老城区居民因拆迁搬到了上述三个超大型居民社区居住。

望京地区曾规划了一个大型的中央商务区，如今缩小到了一个小区域之内，2020年前建成了望京SOHO等写字楼群。望京的住宅楼建设，体现出了近年的高水平住宅建设和国际化的居住格局。

国际化在望京体现得最充分：望京地区曾是在京韩国人最喜欢的居住区。在这一区域，韩国籍的居住人口最多的时候曾达到了三四十万，望京到处都是韩式餐厅和韩语学校。后来，韩国经济发展缓慢，北京生活成本又迅速提高，如今在望京地区居住生活的韩国人少多了。

北京四环内三百二十五平方公里的城市中心区，工业用地由五十五平方公里变为了二十二平方公里，大批土地用于商业、金融、服务和房地产开发。在四环和五环之间设计了九个大型居住社区，以卫星城镇的形式，承纳三百万人居住，大面积绿化市容市貌，兴建绿地广场。

北京的居住区大都由开发商建设，三十年的时间里，建筑分布呈现出不断从老城区向郊区和新城区发散外溢的局面，并不断向五环外延伸。在21世纪的第一个十年里，北京的空间结构继续向远郊区延伸。顺义新城和亦庄新城落成；怀柔雁栖湖地区正在被建设成国际会议之都；延庆也成功举办世界园艺博览会，从而成为生态旅游度假新区。

2009年9月，全长一百八十七点六公里的北京六环路建成通车。这条路是不规则的环形绕城高速公路，与七条放射形的高速联通，拉近了北京远郊区县和城区距离，也使过境车辆迅速分流。

2013年之后，经过几年“疏解北京非首都功能”的努力，北京市常住人口在2017年达到了二千一百七十万的峰值后，人口较快增长的势头被遏制住了。这要仰赖北京市拆除了大量的违建，使疏解非首都功能成效显著，外来人口居住生活成本提高，开始撤离北京。这是一个显著的信号：北京将强化首都核心区功能，围绕建设政治中心、文化中心、国际交往中心和科技创新中心这四大中心目标，建设一个新首都。很多批发市场、零售商场、污染企业等非首都功能的行业业态不断外迁，北京市的人口总量出现了小幅下降，2019年最新统计数字显示，北京市常住人口为二千一百五十四点六万人。

三十年弹指一挥间，北京变为了一座五环同心圆结构的国际化大都市，成为世界中心城市之一。这座城市的一举一动，开始为世界所瞩目。不管北京如何在外观上簇新变化，北京城的内在精神依旧历久弥新。

金融街一瞥

漫步在金融街，穿行在西二环路边的国槐树树荫下，向东边一瞥，就能看到一幢幢国家金融机构的总部大厦，就像是一座座装满了金币银币的宝盆和篮子一样，金碧辉煌、金光灿烂，让我产生了有趣的遐想。

现代国际都市的金融业，是一座城市显形和隐形的血脉。从

1992年开始，北京这座城市建设了金融街。金融街在西二环的东侧，后来延伸到了西侧地区。从复兴门至阜成门、东临太平桥大街，这个区域被规划建设为金融街。说是金融街，实际上是一个规模较大的金融机构总部大厦集中的区域。如今有几十幢银行、保险、金融证券等金融业企业的总部大厦矗立起来，成为一个成熟的金融产业功能区。

在1993年国务院批复的《北京城市总体规划》和2005年继续批复的新的北京城市总体规划中，都有对金融街的建设定位。规划中明确提出：

> 在西二环阜成门至复兴门一带，建设国家级金融管理中心，集中安排国家级银行总行和非银行金融机构总部。

这些大型银行和非银行类金融企业的总部大厦，关系着中国经济的血脉，金融街也因此而成为了首都金融主中心。

早在元大都建成的时候，在大都城的西南角，就有一个金城坊。金城坊的北侧有妙应寺白塔，还有一座城隍庙。明清两代，

金融街

在金城坊一带遍布银号、金坊、当铺、票号，是繁华的商业和传统金融区。因此，从1992年至2005年，就在这金城坊的旧址之上，崛起了北京金融街建筑群。

金融业诞生在贸易活跃的城市。在中国古代，就存在着古老的金融业态。山西票号在近代非常有名，古老的票号和钱庄催生了大量的山西大院。今天，金融业和高科技、信息产业结合，成为信息与知识经济时代的经济增长点。一座没有金融业的城市，肯定不会是一座国际化大都市。纽约、伦敦、东京、中国香港、新加坡的城市地位之所以重要，就在于金融业在这些城市中占据着举足轻重的地位。

在历次北京市城市建筑规划中，可以看出首都金融业的地位在提升。北京最重要的南北中轴线核心段，从永定门到奥运村，规划建设了国家行政中心、文化体育中心的一组组大型建筑。这是一条中轴线，是政治中心和文化中心的体现。而在西二环建设金融街，在东三环建设中央商务区，金融业与国际商务活动就是北京这座国际化大都市的左膀右臂，或者是两只翅膀。没有金融与国际商务活动作为两翼支撑，北京的政治中心和文化中心的功能将衰减，这座城市就会折翼，成为无法起飞的城市。

当然，首都的政治中心功能也会增益金融和国际商务活动的两翼动能。

北京金融街的规划与实施也曾引起过争议，曾有人认为，将金融机构总部盖在西二环，稀释了东三环中央商务区的规划发展，也有人认为，首都金融中心区和中央商务中心区并不冲突，它们的功能是分开的，金融和国际商务活动，承担着不同的使命。

在金融街及其延伸区建成的银行总部有：中国工商银行、中国银行、中国人民银行、中国建设银行、交通银行、中国农业银行、光大银行、华夏银行、中国投资银行、国家开发银行、中国民生银行、中国人民保险公司、平安保险公司、中国证监会等十余家国家级的金融机构总部大厦，这些大厦外观形态各异，功能也有细致区分。

我在金融街漫步，观察这里来去匆匆的金融业从业人员的形貌和建筑外观的形态。从建筑美学上讲，这些金融机构大厦是非常独特的。较早落成的中国人民银行大楼，体现了聚宝盆的观念：它向内的弧形形成了盆状墙面，中间凸起，则像元宝的中心。通泰大厦把中国传统的“斗”状抽象到建筑形态中，因为斗是古代中国的量具，斗可容纳很多东西，自然也可以汇聚钱财，这幢大厦建筑外形别具一格。

中国建设银行的外形取了“天圆地方”与天人合一的观念，圆屋顶坐落在方形基座上，黑色的外装饰透露出一种雍容、庄重的气度。中国工商银行大厦是中外合作设计而成，它的钢架结构俯视长安街街面，雄伟大气，中庭有一个大型天井，吸取了传统中国建筑的庭院理念。

天银大厦和国际金融大厦都是比较成功的建筑作品，天银大厦的绿色屋顶透露出传统建筑绿色琉璃瓦抽象的含义，像古堡一样两边对称，中间的建筑主体坐姿沉稳，整座建筑就像是一座“巨无霸”，甚至让人想起外星机械人或变形金刚的造型。国际金融大厦大跨度的钢架结构，营造出了凯旋门似的欢乐气氛，使这幢四座连体的门式大厦气派非凡。

金融街的限制高度在六十米，这里要全建成六十米高的大楼的话，从景观上变成了一排又矮又胖的建筑群，并不美观。规划建设部门详细研究、限定了每一栋建筑的高度，使它们建成之后，尽管都不超过六十米的限高，也显得高低搭配、错落有致。

整片金融街的A区在2005年就已经建设完成，北部B区是金融街的中心区，建筑限高提高到了八十米，到2008年全部建成。

金融街可以说是中国的“华尔街”，整片建成的建筑群，轮廓线流畅和现代。金融街的富丽堂皇，显示着一座城市的兴旺与发达。尽管我们并不从事金融业，但作为观光客在金融街漫步一番，也会获得一种独特的体验。

立体交通网

从地图上看，北京形成了六条环路、十二条放射状高速公路和网格化、棋盘状的城市道路网，呈现出扇面状进出城的道路系统，缓解了汽车拥堵情况，还有北京地铁系统建设的庞大计划，方便市民出行。

2019年北京市的汽车保有量是六百三十六万五千辆，是中国汽车最多的城市。有车必须有路，十二条放射状通向全国各地的高速公路分别是：京哈高速、京沪高速、京港澳高速、京藏高速、京新高速、京承高速、京开高速、京津高速、京平高速、北京机场高速、机场第二高速、通燕高速等。这十二条放射状的高速公路重新编号为G字头的高速公路，把首都北京和全国各地联系了起来，只要从北京出发，就能到达中国任何一个地方。

我曾多次观察北京的城市立交桥，并驾车上下来回转，体验一座座城市立交桥的通行能力。我认识一位交通专家，他认为立体交叉桥是最丑陋的东西，但我们不得不建立交桥。立体交叉桥简称立交桥，它是在城市道路上起关节和枢纽作用的立体桥梁建筑，通过各条匝道，汽车可以从多个方向自由地出入。北京目前有几百座城市立交桥，有三百多座分布在四环以内三百二十五平方公里的城市中心区内。

立交桥经常闯入我们的视线。城市最开始是平面的，十字道路有交叉，车流量小，有红绿灯就可以了。后来，城市里机动车越来越多，如果只用红绿灯来控制交通，道路就变成了停车场，道路交叉口就变成了城市梗阻。红绿灯解决不了拥堵问题，甚至还制造拥堵，不得不用立交桥代替。

立体交叉桥这才应运而生。立交桥是城市走向立体的一步，一座现代化的城市，它的交通也必然是立体的：有地下轨道交通，有地上的快速交通，有空中的航空交通，有河流和近海的航运交通。

城市的大型立交桥一般有三四层，它可以使多个方向的车辆自由通行。立体交叉桥是大城市一种特殊的建筑符号。它的多少、大小显示着一座城市的通行方便程度。立交桥结构最复杂的城市是重庆，如果你是第一次来到重庆，多半会在立交桥上迷路，肯定会为重庆市那令人晕眩、通行方式十分复杂的立交桥所折服。

城市高架桥也是立交桥的一种。立交桥有枢纽式全方向立交，也有转盘式立交桥，有各种匝道桥，也有平面立交桥。城市高架桥有时长达几公里，需要凌空架起横穿城区。上海的高架桥是中国城市中规模最大、作用也很显著的立交桥，有的长达一二十公里，蜿蜒屈伸于市区茂密的楼厦之间，使城市交通通畅起来。北京有代表性的叠加式高架桥有东三环国贸桥、京广桥等。四元桥、五元桥、天宁寺桥都是北京立交桥的代表作。

除了路面交通，在北京，地铁绝对是方便和快捷的同义词。地铁是城市内部的运营系统，如果说火车是从一座城市到另一座城市，那么地铁则是从一个城区到另一个城区，从一个街区到另外一个街区。你要是和朋友约好了在二环内的某个地方吃饭，最好坐地铁，这是保证你准时到达的前提。

地铁和摩天大楼一样，是人类在后工业时代的创造，是展示人类建设能力的杰作。它可以使我们在城市地底下快速穿行，等我们再钻出地面时，已经到达了想到达的城区。

2020年，北京地铁每天的人流量是一千万人次以上。北京的汽车保有量已经达到六百三十六万辆，汽车的使用率太高，应该不断下降。东京有八百万辆汽车，但汽车的使用率只有北京的三分之一，汽车大都停在地铁站附近的大型停车场里，人们纷纷乘坐地铁。

我一直很关注北京地铁系统的规划和建设进展。多年来，我搜集了很多北京市地铁建设的年度计划进展报道。美国诗人庞德也写过一首非常有名的诗《地铁车站》，只有短短的两行："人群中那面孔的倏忽闪现／一条湿漉漉的枝条上的许多花瓣"。

庞德是欧美诗歌流派意象派的代表诗人，这首诗歌非常有名，也非常精美。每次乘坐地铁，我总是能想起他的这首诗，随便看去，每一个乘坐地铁的人，瞬间走过，都像一朵朵湿漉漉的花瓣。

地铁作为城市地下的快速轨道交通，它的通车里程是一座城市现代化的标志。现在，中国有几十座城市都已拥有了地铁，全国地铁和城市轨道通车里程在2019年达到了六千六百公里，地铁的方便和快捷让人称道。北京地铁建设进入快车道，是在2001年奥运会申办成功之后。为了举办奥运会，建设相应的地铁里程，也是承诺的条件之一。2010年，北京地铁通车里程是三百三十六公里，一共有十四条线，一百九十八座车站。2019年新中国成立七十周年之际，北京地铁通车里程是六百九十九点三公里，在建的还有三百三十九点一公里。这是构成北京国际大都市的地下交通网络系统，是北京的交通硬件。

在最新的北京城市总体规划中，北京的地铁规划建设目标也进行了调整。目前的建设目标是：到2035年，城市轨道交通（含市郊铁路）里程不低于二千五百公里。这是一个相当宏伟的轨道交通建设目标了。

地铁系统的完善程度，体现着一座城市的经济活力和现代交通管理的水平。像日本东京的地铁已经连接起横滨，地铁网络把三千万人的生活通过地铁交通连接和组织起来，还连接了通往大阪的新干线高速列车，把日本本岛的交通快速化。在俄罗斯，莫斯科地铁也很方便快捷，由红场向各个方向延伸的地铁线路有十多条，总长度四百多公里。为了国防，俄罗斯地铁的深度是世界之最，有的地铁站深达一百多米。

世界大都市的地铁系统都是很发达的，北京作为世界都市，仍需加快建设发达的城市轨道交通的步伐，在京津冀协同发展的目标下，还要和天津、石家庄、唐山等城市连接起来。

在全世界范围内，地铁每公里的造价都很高昂，这是很多城市的地铁建设目标常常不能如期完成的主要原因。加之地铁是在城市地下通过，技术难度高。盾构机的发明解决了很大问题。

作为价格低廉的公共交通，有些城市的地铁系统投入运营后就开始亏损，这是令城市管理者头疼的事情。在世界各国，地铁都是政府给市民提供的公共交通，财政自然负担了不少相关亏损。比如，仅在2007年，北京市就拿出十亿元财政资金，补贴亏损的地铁系统运行，保障了北京市民安全、快捷的地铁交通出行。

虽然地铁很快捷，但是地铁和火车站一样，是陌生人相聚最多的场所。有时候，整整一车厢人，大家各怀心事，人们只想尽快回家去。在地铁里，最好读书或者看手机，这是消遣解闷的方法。

我喜欢莫斯科和巴黎的地铁，我看到读书的人很多。说到地铁，我最难忘的经历，还是在2003年“非典”流行的时候。北京地铁偌大的车厢里，只坐了我和另外一个人，我们都戴着口罩，彼此距离十米远，还在琢磨对方是不是一个危险的“非典”患者。2020年的2月，因冠状病毒肺炎疫情在武汉爆发，我在北京地铁车厢里，重温了这一幕。所幸的是，这一次北京的防疫工作准备非常充分，很好地应对了疫情来袭。

奥林匹克中心区

北京举办的两次大型国际运动会，对城市空间结构的营造推动作用很大。一次是1990年北京举办亚洲运动会的时候，将中轴线向北延伸，在北四环建设亚运村，改变了城市空间格局。

另一次就是2008年北京奥运会，将中轴线继续北延伸，建设了奥林匹克中心区，使之成为北京城市营建的高潮乐章。

北京的大型体育中心，有兴建于20世纪50年代、大家耳熟能详的工人体育场、鸟巢——国家体育场、五棵松体育场、兴建于九十年代初的奥林匹克体育中心等，这几处都是北京举办大型体育赛事的地方。1990年前建成的奥林匹克体育中心，恢宏阔大，由主体育场、田径运动场、英东游泳馆和综合体育馆组成，能够举办各种体育赛事。

与北京奥林匹克体育中心一路之隔的亚运村建筑群，由新五洲大酒店、北京国际会议中心、康乐宫、远南饭店、北辰购物中心和一组高层运动员住宅楼构成，它连同北京奥林匹克体育中心建筑一起，被称为亚运村。

国家体育场“鸟巢”

为了举办2008年北京奥运会，兴建国家体育场“鸟巢”、国家游泳馆“水立方”等大型建筑，邀请的都是世界顶尖的建筑设计师参与设计。

这些建筑设计方案经过全球招标，建成后获得了广泛赞誉，它们非常漂亮，美轮美奂，成为了北京奥林匹克中心区的标志性建筑，也成为北京国际大都市的标志建筑。

忽必烈当年下令刘秉忠规划营建元大都时，就确立了一条贯穿城区的南北中轴线，由此确定了城市中心点的位置。这条中轴线南起永定门，北抵钟鼓楼，纵贯正阳门、故宫、景山等节点。

现在，位于中轴线北延顶端的奥林匹克公园，就是中轴线的再次延伸。奥林匹克中心区的建设，激活了中轴线的传统文化内涵，并将之延伸到北四环外，成为体现时代精神的轴线。奥林匹克中心区位于北京北中轴线端点，是中国千年历史文化的延续，是融合了办公、商业、酒店、文化、体育、会议、居住多种功能的新型城市区域，也是中轴线的高潮部分。

早在20世纪80年代，大型体育中心奥林匹克公园的选址就开始考虑中轴线北延的北四环地区。后来，在奥运会申办之前又有争议，有专家坚决反对选址定在北部城区，建议选址定在南城，最好选址在东南四环与京津塘高速公路相交的东南角或者亦庄地区。

他们认为，中轴线北四环外的选址地区，是大面积的森林和绿地，北京大半年的风向刮的都是西北风，几年的施工进程，会给朝阳区、东城区和东部经济技术开发区带来大量尘土污染，空气质量很糟。加之北四环路已经非常拥挤，兴建奥体中心将会严重增加交通负荷。把奥体中心放在南城建设，可以开发带动北京南部的经济发展和城区建设，平衡北京市内各区的发展差距。

最终，北京将奥林匹克中心区建设，放在了现在的北四环外一带。那里是天坛至故宫、又向北延伸的中轴线的收束地带。在2004年版北京市城市总体规划中，奥林匹克中心区的建设成为中轴线北延的高潮乐章。

从建筑美学角度看，奥林匹克中心区的周边建筑大都采取组团模式，气势宏大。向东有名人广场大厦、阳光广场、炎黄艺术馆与远大大厦共同组成了颇具现代感的建筑群。阳光广场，由四幢商住楼构成山城状建筑，四角主楼高达一百米，墙面是北京建筑中比较罕见的红褐色，非常夺目。

名人广场主楼高达一百五十二米，与名人国际大酒店和名人公寓，组成名人广场，与马路对面的土褐色屋顶的炎黄艺术馆和远大大厦组成了亮丽、辉煌的建筑群，是“鸟巢”东侧的主要建筑，有建筑乐章的激越与响亮。

2001年，以北城方案为奥运会主会场选址的申奥取得了成功，说明选址北四环外建设奥林匹克中心区的决定对于申奥是有利的。这个方案在体现奥运文化与北京城市历史的主轴线的延伸、扩大和交融上，表现出丰富的内涵和生长性。

北四环和五环之间的奥林匹克中心区就成为北京奥运会的主要建筑分布区，这一区域包括了中轴线北延、奥森公园、元大都遗址公园、奥运中心区建筑群。方案中，中轴线上不建超高层标志性建筑，出乎许多人的预料。因为北京传统中轴线是一条摆满了大型建筑的实轴，我曾对在中轴线北端建造两座五百米高的双塔摩天大楼方案，留下深刻印象。

北京正式宣布，奥林匹克中心区不建摩天双塔，这被认为是尊重了北京中轴线的重要性，并要将这一轴线继续北延的象征。

奥林匹克中心区位于北四环中路的北部，北至清河南岸，南至北四环中路，东至安立路、北辰东路，西至林萃路与北辰西路。

奥林匹克中心区分为北区和南区。北区包括会展博览设施、文化设施、商业服务设施、运动员村、地下停车设施、集中公共绿地和广场、国家体育场、国家体育馆、国家游泳中心、奥林匹克公园射箭场等，奥运中心区南区包括原有的亚运会体育设施、新建的网球中心和曲棍球场。

国家体育场俗称“鸟巢”，是奥林匹克中心区的标志性建筑物，它位于中心区中轴线东侧、龙形景观水系的西侧，同国家游泳中心、国家体育馆分列于中轴线两侧。国家体育场占地面积七点八万平方米，有一个四百米跑道的永久性热身场地，总建筑面积约二十六万平方米，可坐八万人，还有临时座位两万个，建筑高度约六十八米。当时，有人认为，鸟巢的建筑设计对钢材的使用是一大考验，最终结果经受了这一考验。

国家奥林匹克体育中心俗称“折扇”，是北京奥林匹克中心区的三大重要场馆之一，位于中心区的南部。规划建设用地约六点八七公顷，主体建筑紧邻城市中轴线，并与国家体育场“鸟巢”相对，沿中轴线均衡布置，建筑面积约八万平方米，建筑高度约四十米，是北京最大的多功能运动、健身、休闲中心。

国家游泳中心俗称“水立方”，总建筑面积约八万平方米，建筑高度三十一米。会展中心位于奥林匹克公园中心区的中部，城市中轴线西侧，总建筑规模约二十六万平方米，建筑控制高度为六十米。在“水立方”的西侧，崛起了盘古大观大厦，一幢一百七十米的高楼带领三幢板楼，像一条游龙，形成了国家体育场西侧的景观。

从空中俯瞰，在一片小型湖泊里，南北全长二点三公里的“千年步道”徐徐展现了出来。北面的奥森公园的一大片绿色暗影稳稳地压于中轴线之上。

这条“千年步道”上，设计了中华文明的历史，上至三皇五帝，下至宋、元、明、清各个历史时期的纪念性标志物。湖泊则与轴线东侧的奥林匹克运河组成一条巨大的水龙，与北京城区内中轴线西侧的水龙——什刹海、中南海遥相呼应，形成了水系的对称格局。这样，南到南苑、北到奥森公园的北京中轴线，延长至此达到了二十六公里，成为了人文与自然相融的一条主轴线，再度焕发出时代和历史交汇的光芒。

一座玲珑塔位于奥林匹克中心区的中部，西侧与中轴景观大道相接，北临体育场北路，东侧和国家体育场训练场相连。玲珑塔的设计吸取了中国传统建筑文化中塔的元素，用钢结构、玻璃幕墙技术和现代手法，抽象表达出轻盈、玲珑、剔透等塔的特征。当初，这座塔建成时的主要设计功能是电视转播。

这段中轴线上，还有一个庭院园林建筑——和园，位于奥林匹克中心区中轴线东侧，集中展示了中国古代建筑文化传统的庭院空间。位于地下九米的和园，其两侧是大型购物中心和地铁的出入口，长达七百米的空间，由七个庭院串联而成，增加了体现中国文化元素的人文景观。

和园的设计理念是“开放的紫禁城”，灵感来自紫禁城建筑和四合院，通过对红墙的重新定义，开放了紫禁城的界线，使皇宫禁地和民间四合院合二为一。使人既能体验中国传统文化的博大精深，又能感受现代奥林匹克运动自由平等参与的精神。

奥林匹克中心区北面的森林公园，在山水风格的设计上和对水的理解上，表现出中国人的宇宙观。

龙形水系总长约二点七公里，水面宽度二十米至一百二十五米，设置多处水景景观。中轴景观大道从南到北，连接着民族大道、庆典文化广场、下沉花园、休闲花园、龙形水系及两侧水岸、森林公园等区域，形成了一道靓丽的风景线。

奥林匹克文化综合区将建设国家文化体育商务中心，打造首都世界城市展示区。由西至东，依次排列为文化建筑群、步行广场以及文化商务区。奥林匹克中心区的中国科技馆新馆已经建成，还要再建几座大型文化建筑——中国国学中心、中国历史研究院、中国国家美术馆新馆、中国工艺美术馆·中国非物质文化遗产展示馆等大型文化建筑。

这些大型文化建筑，是中国作为文化大国塑造自身文化形象所付出的努力，为将首都北京打造成世界大都市增添了文化吸引力和软实力。

2008年的北京，壮美的中轴线延伸到了奥林匹克公园所在的北五环。在北四环到北五环的中轴线北延的东西两侧，分布着造型独特的国家体育场“鸟巢”、国家游泳中心“水立方”，此外，还有盘古大观、国家体育馆、国家会议中心、中国科技馆新馆等现代建筑，这些建筑体量较大、造型独特，呈现出北京成为世界大都市的新面貌，每个经过这里的人，都会感受到当代北京的壮阔气魄。

在北五环内奥林匹克公园的南门，还耸立着一座二百四十八米高的观光塔。这座高高的观光塔实际上由五座高低错落的塔组合而成，身形收束，苗条秀丽，远看就像是一组钉子簇拥在一起。

在早前的规划中，这座观光塔的位置矗立着一座摩天大楼，最终实现这一建筑规划的是现在的观光塔建筑。到了晚上，观光塔上的霓虹灯不断变化着颜色，结合彩色的激光束，让人产生无限的遐想。

这座观光塔造型独特，位于古老中轴线的正北端，了解古代中国风水观念的人说，这是要用钉子钉住龙脉上巨龙的尾巴，不让巨龙扭动，压住龙脉，成为城市稳定的基石。对此我们姑且当作一种谈资吧。

中轴线在北五环的收束，是气魄宏大的构想。观光塔作为伟大的中轴线上的收尾之作，意义非同凡响。

在我看来，北京奥林匹克中心区和国家森林公园作为朝向未来的象征性空间建筑结构，分布在北四环的南北两侧、贯穿东西，大自然的风貌在这里呈现出生机勃勃、郁郁葱葱的样貌，标示着未来的北京，将以生态涵养的方式，不断朝着更加尊重自然、人与自然和谐共生的方向发展。

南来的水

一直以来，北京的发展有摊大饼的说法。这是因为确立了一个中心，就是南北中轴线与长安街东西轴线的十字交叉点——天安门广场。而中南海又是中央的办公地点，北京摊大饼式的同心圆向外围扩展的方式是在所难免的。城市越来越大，城市病也会越来越严重起来，垃圾处理还是次要的，水源却是最要紧的事情。

我们回忆北京城的起源，想想永定河、莲花池、大运河，想想北京的自然河流和运河，假如没有好好经营这些水系，北京作为一座城市，是没有生命力的，不可能走到今天。当北京的城市人口到达两千万人的时候，城市用水的紧迫性就摆在了城市管理者，甚至是国家领导者的面前。

水是包括人类在内的一切生命存活的基础。山川大地，动物植物，没有了水，那么一切都是干枯的，什么都无从谈起了。

南水北调，就是把南方丰富的水资源调到干旱缺水的北方来。这个宏伟而大胆的方案，在新中国成立后的第一代国家领导人毛泽东那里，就开始勾画了。毛主席曾说，南方的水多，北方的水少，把南方的水调到北方来，就解决问题了。他是敢于天马行空想象的诗人和伟人。他敢想，但落到工程技术上，有没有实施的可能呢？这就需要水利专家的论证和科学规划。

这一下就是几十年过去了，南水终究没有来。

改革开放三十多年，北京的经济迅速增长，用水的矛盾在整个华北地区都显得非常突出了。没了水，北京也要成为废都了。因此，南水北调工程就成为了一项必须尽快实施的21世纪重要水利工程，是南方通向北方大地的一条绿色生命线。

南水北调工程是国家重点建设的大型工程。按照规划，分为东线、中线和西线工程。中线工程是经过河南、河北，然后向北京供水、输水的重要生命线。从地图上看，从湖北的丹江口水库一路倾斜着向东北走，一条长达一千三百公里的绿色生命线，利用自然高差，从西南向东北方向延伸了过来。

丹江口水库位于被山丘环抱的湖北省丹江口市。丹江口水库水量很大，据说要抵得上好几条黄河的水量。为了能够更好地蓄水，实现南水北调，水库的大坝加高到了一百七十六点六米。早在1973年，丹江口水库大坝建设完成时，就已经预想到有一天要继续加高大坝，因此特地在混凝土大坝下面设立了基础。在大坝加高到一百七十六米的时候，正常的蓄水位会达到一百七十米，就可以满足一百二十亿立方米的南水北调总量的要求了。

我曾带领几位作家，在南水北调中线工程一线进行了实地采风，沿线走了一个星期。这一工程的特点是规模大、渠线长、建筑物样式多，分为明渠、漕河、管涵洞、泵站等等很多种，丹江口陶岔渠首工程非常壮观，穿黄工程也非常有想象力，南水要加压后穿过黄河河底，再冒出来继续北流。

我们沿着永定河边的道路南下，有一个惠南庄的泵站工程工地。这里是北京和河北交界的地方。惠南庄泵站的作用是什么呢？简单地说，就是从丹江口水库引到北方来的水，有一个一百多米的高差，大部分地段采取的都是水自流的手段，向北流淌。到了惠南庄这个地方，则需要把水进行集中，通过泵站加压，把水推向最后的终点——北京的团城湖。

惠南庄泵站工程非常重要，假如南来的水没有在这里加压，那么，水的流速就会产生问题，就不能在北京段内实现自流。在地下有一个巨大的圆形蓄水池，这个水泥池叫作前池，南来的水在这里聚集起来，然后流入呈扇面漏斗状的进水间，接着流入有八台卧式离心泵机组构成的泵站主体厂房里，被迅速加压，然后，水流再进入出水管道和小流量副管道的输水管里，最后，流入明渠，流向终点团城湖。

在南水北调工程中，渡槽是很重要的水利建筑设施。南来的水向北走，需要穿越山洞，需要跨越开阔的平原继续前进，因此，遇山要开凿隧洞，在平原之上则需要建设渡槽平稳通过。

我们沿途看见了一条从遥远的山色掩映中，蜿蜒而来的大渡槽。工程的建设者介绍说，这个漕河渡槽工程全长九千三百米，由隧道、土渠、渡槽和石渠以及北部的隧洞构成。

站在漕河北部向南望，整个渡槽就像一条盘绕的大虫，滚滚蜿蜒而来。漕河渡槽有三个水槽，可以根据来水量进行控制和随时检修，同时，也可以使渡槽本身的预应力减小。因为水的重量是很可观的，渡槽距离地面有二十七米高，渡槽的宽度也有二十二米以上，减轻渡槽本身的自重很重要。

漕河渡槽工程是宏大和壮观的。这个渡槽的建设成功，确保了当年北京举办奥运会前夕，实现从石家庄向北京进行应急供水。从那时起，石家庄附近的几个大水库的水，就通过这一工程先行引到北京了。漕河渡槽一桥飞架南北，使南水北流变通途。

因南水北调中线工程的顺利完工，从2015年到2019年年底，南水北调中线工程已经累计给北京供水五十二亿立方米，给河北、河南等沿线缺水省份的供水更多一些。

南水的到来，使北京的水资源缺乏问题得到了解决。几年间，南水北调有效解决了北京缺水的问题，2016年之后北京南城的地下水位得到了快速回升，地下漏斗区明显改善，比南水来临之前的地下水位回升二点七六米。

一座城市的营建必须要继续重视水，没有水，缺乏水，一座城市不可能继续生长。

副章：长安街与北京天际线

长安街

长安街号称“中华第一街”，最早命名于明代早期，寓意为长治久安。不仅如此，明代皇城有四座城门，分别叫天安门、地安门、东安门，西安门，寓意为四方平安，天下太平。这自然是好彩头。于水山先生在他的《长安街与中国建筑的现代化》一书中谈道：

历史上的东西长安街具有截然不同的功能与象征意义。

根据中国传统的五行理论：东方属木，象征春季，寓意生长与生命；而西方属金，象征秋季，寓意凋零与死亡。历史上的西长安街主要与刑罚、军事、威权联系在一起，而东长安街则与商业民政、庆典息息相关。书写着当年进士名讳的“黄榜”都会经由长安左门，到达今天的东长安街，于此完成“金殿传胪”的科举揭榜仪式。每年秋季，等待处决的囚犯经由长安右门被带到天安门广场西侧，排列整齐，等待判决和行刑。（《长安街与中国建筑的现代化》第17页，于山水著，程博译，生活·读书·新知三联书店2016年版）

长安街一景

到了中华民国时期，不仅在长安街边安装了路灯，还修了地下排水系统，将这条位于皇城南广场、一直被天安门广场阻断的长安街改为民用了。

新中国成立后，长安街发生了更大的变化，它的功能也日益变得丰富起来。1959年，新中国成立十周年之际，在长安街沿线建成多座大型标志性建筑，像人民大会堂、民族饭店、民族文化宫、北京饭店、军事博物馆等。南池子和南长街之间的核心路段，路面也扩展到了八十米宽。

相对于南北中轴线的历史文化意义，东西长安街作为新时代发展的横轴，在新中国成立后越发显得重要了。1964年，针对长安街核心地段，形成了一个比较详细的控制性建筑规划。西起复兴门，东至建国门，也就是将西二环和东二环之间的这一段，作为一个完整的城市片区进行了建筑设计。建筑规划师们对这一段长安街南北两侧的每一块用地，都进行了设计，预备建设的建筑体大都是中央部委办公楼和大型文化设施建筑。

在这次规划中，对长安街的建设还提出了一些指导性原则：

第一，长安街要严肃与活泼相结合，除了摆办公楼外，可再摆一些文化和商业建筑。长安戏院、东单菜市场等也要保留下来。第二，长安街应体现“庄严、美丽、现代化”的方针，沿街建筑高度以三十米到四十米为基调。长安街布局要求连续、有节奏而又完整，轮廓应简单、整齐，不要有急剧的高低起伏。在适当的位置，如东单、西单、复兴门和建国门，应摆几个高点。建筑轴线过多会冲淡天安门繁荣主轴线，要从整体布局出发来安排个体建筑。新华门对面不宜搞大型高层建筑，并且要多留一些绿地。第三，在建筑风格上，主要处理好民族化和现代化的关系。建筑要在现代化基础上民族化，力求简洁而不烦琐，大方而不庸俗，明朗而不沉闷，采用批判的态度使古今中外皆为我所用。第四，在建筑标准上，长安街为全国、全世界所关注，建筑标准应高一些，但也有专家认为，建筑标准不应与人民生活水平脱离太远。（《北京城市发展与空间结构演化》第82页，于伟等著，科学出版社2016年版）

长安街沿线建筑在20世纪50年代突飞猛进地矗立起一些标志性建筑之后，1960年之后一直到1980年，这二十年间变化不大。20世纪80年代以来，长安街沿线建设进入高潮期。在1982年的《北京城市建设总体规划方案》中，对长安街的南北两侧建筑用地进行了重新规划，对东西延长线的不同路段也进行了拓宽和取直。

1999年新中国成立五十周年之际，长安街沿线所有的管线都埋到了地下管廊中，交通标示、红绿灯、绿化带、隔离墩等全部整修一新。

让我们来看看这条中国最有名的大街吧。它是东西走向，现今的长安街西起首钢总公司的大门，东至通州通胡路，全长四十多公里，是北京最重要的东西主轴、城市主干道。在进入21世纪的前二十年里，长安街基本建设完成了沿线建筑缺口。整条大街一贯到底，气贯长虹，高低错落，变得更加美丽、实用、大气和整洁了。长安街是首都北京最宽的、最长的大街，其他城市也有效仿长安街，修建城市主干道的，但都没有宽过长安街的。

长安街虽然很长，但它的核心段落是西三环的公主坟桥到东三环国贸桥这一段，全长十四公里。这一段的大街两侧，汇集了国家主要的政治、文化、经济、经贸和商业大型建筑，建筑体量大，修建年代层叠，从20世纪50年代持续到21世纪前二十年，前后七十年的营建中，很多北京的标志性建筑都分布在长安街沿线，使得这条东西轴线与北京城南北中轴线平分秋色。

在2004年版《北京城市总体规划（2004年—2020年）》中，对南北中轴线和东西长安街轴线，是这么表述的：

> 中心城以旧城为核心，继续发展传统中轴线和长安街轴向延伸的十字空间构架。
>
> （1）中轴线以文化功能为主，以中部历史文化区、北部体育文化区、南部城市新区为核心，体现古都风貌与现代城市的完美结合。其中，中部地区荟萃北京历史文化名城的精华，应严格保护；北部地区以奥林匹克中心区为主体，建成国际一流的文化、体育、会展功能区；南部地区通过引导发展商业文化综合智能即行政办公职能，带动南城发展。
>
> （2）长安街及其延长线是体现北京作为全国政治、文

化中心功能的重要轴线；规划以中部的历史文化区和中央办公区为核心，在东部建设中央商务区（CBD），在西部建设综合文化娱乐区，完善长安街轴线的文化职能。

由此可见，长安街作为与传统中轴线同等地位的时代轴线，对北京市整体规划与布局非常重要。当代北京的建设原点，是以天安门广场为中心并向东西延伸，长安街刚好是东西主干线。新中国成立以来，长安街南北两侧的建设从未间断，长安街形成了北京城市风景线最重要的一段，长安街就是北京的“门脸”。

观察长安街沿线主建筑，最好从东、西三环之间十四公里的区段入手。这一段集中了几十年来北京的建筑精品和大作。从建筑功能上讲，集中了国家主要的政治、行政、文化、商务、商业、金融、信息机构总部所在。从建筑风格上讲，可以看到古今中外各个时期的建筑理论理念的影响，可以说，长安街既是北京活力的体现，也是国家发展面貌和历史步履的呈现。北京之所以是一座大气磅礴的首都，与长安街现今描画出来的城市天际线密不可分。

我们来看看这十四公里核心区段的主要建筑形态。从东长安街延长线来观察，在东三环国贸桥到东四环西大望桥之间的路北，规划的是北京中央商务区核心区。这是北京最重要的国际金融商贸区，北京最高建筑、五百二十八米的中信大厦矗立在这个核心区。簇拥着它的是一组高度在一百六十米以上的高层建筑，再往西北是二百三十米高、由荷兰建筑大师库浩斯领衔设计的中央电视台新大厦，俗称“大裤衩”，尽管这俗称不大好听，却特别形象，也很好记。

在这一路段的长安街北侧，兴建的标志性建筑还有华贸中心建筑群，这是一组三栋高低错落的蓝灰色玻璃幕墙大厦。在长安街南侧，是现代城建筑群，新亚大厦、高二百三十八米的北京电视台新大厦、一百五十四米高的航华科贸中心大厦。北侧是三座连体的万通广场建筑群。

在国贸桥的西北侧，是经过二十多年建设形成的中国国际贸易中心建筑群，这一组褐色建筑群和蓝灰色高塔建筑，由十多栋大厦和高楼组成，功能不同，有中国大饭店、国贸公寓、国贸商场、国贸中心写字楼、高达三百三十米的国贸三期大厦等，气势宏伟，造型现代，功能齐全。南面是大型商住区建外SOHO和二百四十八米高的银泰世贸中心、大家保险公司大厦（前身是安邦保险大厦）。

从国贸桥到东二环的建国门桥，南北两侧的建筑缺口都已经填满了。这一段建筑高度有所降低，分布有新华保险公司大厦、京伦饭店、建国饭店、华彬大厦、中环世贸广场、贵友商场、北京广播中心大厦、LG双子座大厦、友谊商店、国际大厦、国际俱乐部、赛特广场、长富宫饭店建筑群、华侨城、秀水街等，这一段建筑的功能商业化、国际化，是北京繁华的地段。

从建国门到天安门广场，建筑高度继续放低，南北两侧的主要建筑有华润大厦、中国社科院、长安光华大厦、中国海关、恒基中心广场、交通部大楼、妇联大楼、中粮广场大厦、国际饭店、北京国际新闻大厦、华夏银行、华诚大厦、东方广场、外经贸大厦、北京饭店、长安俱乐部、中国历史博物馆、公安部新楼等，渐渐进入到国家行政、文化与商业设施集中的建筑区段。

这一线的建筑风格，在20世纪90年代建成的比较多，那个时间段里，以“夺回古都风貌”为主，恒基中心和北京饭店是西洋古典式建筑，都有大屋顶的抽象概念。长安街上最大的建筑组团是东方广场建筑群，这是当年李嘉诚投资兴建的，它以三组庭院式建筑群组成。

天安门广场向西，最重要的标志性建筑是法国建筑师安德鲁设计的国家大剧院。虽然饱受争议，但却似乎越来越醒目。建筑风格的反差反而迎来了这座建筑在使用过程中的好评。

从西单开始，时代广场大厦、西单图书大厦、文化广场、中国银行大厦、中国工商银行、国际金融大厦、远洋大厦、国家开发银行、泰康人寿等建筑，组成了体量庞大的风景线。这一段是西长安街段，汇集了国家文化、商业和金融机构的总部大楼。

复兴门外有中央广播电视大厦、中化大厦、建威大厦、首都博物馆、光大大厦、中国科技会堂、八一大厦、军事博物馆、京西宾馆、中央电视台大厦、中都大厦和北京城乡贸易中心大厦等单体建筑。这一段是西长安街的延长线，其中，八一大厦是中央军委办公大楼，是军事指挥中心。在公主坟立交桥东北侧，耸立起三座主楼一百二十米高、二十万平方米的集商务、饭店、商业、住宅一体化的大型建筑群，形成了西长安街延长线的收尾，与东三环对称的天际线。

长安街主要路面宽七十米以上，双向八车道，十分壮观美丽，不过，从局部上讲，这条街的绿化不够完整，因街道太宽，不适宜人行，少了些人气，这条北京最重要的大街，美中不足正在于此。可以说，长安街从大处上讲处处显得大气、凝重、庄严，体现了国家的威严；但从小处上讲，绿化、人行通道、残障设施、服务机构都有些欠缺。

长安街在七十年不断的建设中，在北京的城市空间结构中变成了一条象征性的轴线，成为体现现代性、发展性的新轴线。建筑学家于水山认为：

> 与南北轴线相反的是，长安街沿线呈现的是开放、通透的空间，代表着平等主义的精神。从长安街上任意一点望去，所见的都是一条通畅、无尽的大道。在现代中国，一条明亮、笔直、宽阔的大道赋有着鲜明的符号意义。在1954年，毛泽东写道："使全国人民有一条清楚的轨道，使全国人民感到有一条清楚的明确的和正确的道路可走。"长安街

的意义不仅在于连接着空间上的距离，而且跨越了时间上的间隔，它通往的是一条充满艰难险阻的道路，但却承诺着会带来无限光明的未来。（《长安街与中国建筑的现代化》第329页，于山水著，程博译，生活·读书·新知三联书店2016年版）

长安街所负载的正是这样的意义和价值。

北京天际线

城市天际线是一座城市的建筑轮廓线，每一座城市都有自己的天际线。城市天际线也是从远处第一眼看到的城市的形状。这其中，标志性建筑形成的轮廓线最为醒目。城市天际线还和色彩、周边环境有关。

这是一种独特的视觉效应，与观察者所处的位置有关。我们可以在城内向外看，也可以站在城外的高点向城市内部观察。因此，城市天际线是随着观察者所处的位置不断变化的。

观察城市天际线，也分动态和静态。动态就是你开着汽车在城区的道路上飞奔，眼前的建筑物飞速掠向身后，你会获得一种城市天际线的动感印象。在这种意义上说，天际线是变化的。你疾驰而过，新老建筑物在你的视觉区域掠过，形成高低起伏的线条，和一些块状的结构。这种天际线的轮廓和形状，会在你的内心里唤起对这座城市的感觉和记忆。

在城区观察天际线，观察点应该在地面，而不能太高。这个时候，天际线就是观察者、建筑轮廓线和天空这三者构成的一种视觉效应。

当然，也可以站在高处俯瞰。这样城市会在你的面前展现出另外一种类似地衣般的广大和无边无际。我有一次在上海浦东东方明珠电视塔的观景台上，向黄浦江和浦西市区看去。我看到了上海的广大、建筑物的密集、人的蠕动如同蚂蚁、车辆缓行如甲虫。天空之下，城市却是展开的无垠的一个平面。凸起物就是一些显得突兀的高楼。观察一座城市的天际线，不能站得太高，比建筑物高，你就看不到一座城市的天际线。

北京的城市天际线是中间低、四周高，整座城市依次形成了二环、三环、四环、五环为环线，以天安门广场为中心原点的“城市大盆地”。

通过长安街来观察北京的天际线，能获得绝佳的观感。以天安门广场为原点出发，分别向长安街的东西两个方向延伸，建筑物由三十米的限高，渐渐增高到四十五米……然后是六十米，到二环边上，一般可达到一百米，到三环的节点立交桥附近，如公主坟立交桥和国贸立交桥，建筑物的高度便达到二百米了。这种天际线的变化，是长安街这条东西横轴的建筑所形成的轮廓线，造就的一种逐渐升高的起伏之美。

北京天际线

也有一些区段例外，比如应该限高四十五米的地方，像位于王府井的北京饭店东楼高达十八层、七十米。因此，向东一侧的东方广场、恒基中心写字楼、国际饭店的高度分别是七十米、一百一十米和一百米，也做了相应的抬高。这些建筑所达到的高度，被一些建筑规划学家批评，认为它们都太高了，改变了北京城市的天际线。试想，如果这些建筑都是四五十米高的矮胖建筑，那种天际线的观感和美学效果也不会好。但离天安门仅两公里的地方建起这些超过八十米高的建筑，多少影响了核心城区的天际线。

在三环沿线的建筑设计中，超过一百米的建筑比比皆是。特别三环沿线分布着北京最高的建筑群。由于这些大厦都分布在环路的节点上，单体建筑较多，在立交桥的四角矗立，显得突兀，如同一座座孤岛。北京城区面积大，即使是高达二百米的摩天大楼，也不会给人压迫感。

一些人对北京的建筑迅速长高感到不适应，认为这破坏了北京作为古都的城市天际线。

观察北京的天际线，什么位置最好呢？ 如果是静止观察，可以以天安门城楼和广场为原点，不断变化。站在天安门城楼上向南看去，城市天际线的轮廓是大气、开阔、严整的。站在广场上，对城市天际线的感受就是你在盆地中央。四周逐渐把你包围，你身处人民群众的汪洋大海里，感到温暖和自如。

观察整个北京的城市天际线，能把四个方向看全的地方，在景山山顶的观景亭里。你站在亭子里四下看去，大海般的城市展现在你的面前，四个正面和四个侧面，八个方向的北京，都能被你一览无余。城内都是青灰色的胡同四合院，一眼看上去平缓美丽，视线里没有多少高楼和大烟囱，全是灰瓦的胡同民居。天气好的话，西部和北部的一抹远山，山体的黛色映衬着天空之蓝，绝对是一个好视角。那个时候，北京三百六十度扩展的城市景观，波澜壮阔而又波澜不惊地展现在你的面前。

站在香山香炉峰看北京，会获得另外一种视觉效果。此时的北京是在你的东面，大地似乎在偏转，那些凸出的城市高点建筑作为标志物在提醒你，你看到的北京似乎在转动。是的，北京就像是一座转动的城市，而石景山区的首钢片区反而成为近景，钢铁工业的高炉、烟囱和金属管线在不远处闪着光芒。

站在较高的建筑物上观察天际线，也是一个很好的角度。站在中信大厦顶上的观光餐厅看北京，站在盘古大观顶端看奥运村，站在长安街上的国际饭店旋转餐厅看北京，获得的效果都不一样。

如果你站在奥森公园观光塔上向南看和向北看，你看到的是时代轴线连接了历史文化轴线，并延伸到了北部苍莽的葱郁而深绿的未来去了。在北京不同的位置观察北京的天际线，获得的视觉效果是不一样的。

最新版《北京城市总体规划》对加强城市天际线塑造如此表述：

> 保护老城平缓有序的城市天际线，严格控制老城建筑高度与体量，维护故宫、钟鼓楼、永定门城楼等重要建筑（群）周边传统空间轮廓的完整。保护城市北部及西部壮丽、连绵的山峦背景，严格控制浅山及山前地区建筑高度与体量。整体保护和塑造长安街、通惠河等重要街道、河道沿线城市天际线，加强北京商务中心区、北京城市副中心、颐和园、雁栖湖等城市重要功能区、城市节点、风景区周边城

市天际线管控，塑造特色鲜明、错落有致、富有韵律的城市天际线。

北京的天际线现在是变化多端的。北京已经是一座国际化大都会，一座世界城市，这座城市在天空下不断扩展，还在生长变化，这种变化是不可避免的，而且持续了三千多年。北京的天际线也会更加丰富，如同音符乐谱和画布颜色一样，带来无穷的动感和美感。

第十一章：未来之城

京津冀区域大空间构想

北京仍旧是一座未来之城。也就是说，北京仍旧有着未来发展的巨大空间和可能性。

在《北京城市总体规划（2016年—2035年）》第一节中，明确了北京未来发展的战略定位：

> 北京的一切工作必须坚持全国政治中心、文化中心、国际交往中心、科技创新中心的城市战略定位，履行为中央党政军领导机关工作服务，为国家国际交往服务，为科技和教育发展服务，为改善人民群众生活服务的基本职责。落实城市战略定位，必须有所为有所不为，着力提升首都功能，有效疏解非首都功能，做到服务保障能力同城市战略定位相适

应，人口资源环境同城市战略定位相协调，城市布局同城市战略定位相一致。

北京的城市战略定位更加明确了，北京的空间布局，也有了新的规划：构建“一核一主一副、两轴多点一区”。这个提法比上一次的北京城市总体规划中提出的“两轴两带多中心”要更加丰富和具体了，对北京未来城市空间的描述也更加明确。

我们先从历史沿革来看看北京城空间结构的变化。从辽代南京城作为陪都开始，历经金中都、元大都，一直到明、清京师首都北京城，北京的空间结构不断在扩大。这一阶段，北京城市空间基本上是宫城、皇城、大城层层相套的格局，有城墙包围，城区内公共活动和民众生活区域是棋盘状格子化的，城市的功能分区简单明了。

从中华民国到新中国成立之后，北京城开始以单中心、同心圆的方式，向传统的大城之外不断扩展。城市形态变成带有弧线的准圆形，呈现散点发展。一直到2008年奥运会举办，都是单中心、同心圆的发展模式。

2010年之后，北京城市空间结构的营建，开始由摊大饼的方式逐渐变化为环形放射线道路网构成的大棋盘格局，北京的城市空间完全突破旧城六区，也就是东城、西城、海淀、朝阳、丰台、石景山的格局，向各个远郊区县的卫星城簇拥的组团式结构演变了。北京的单中心，也就演化为多中心布局，或者是一个大中心，多个小中心的结构布局。

在1992年北京市城市规划设计研究院编印的《北京城市总体规划（1991年—2010年）》中，我们看到计划中的总体目标基本实现。2010年，城市建设用地扩大到了一千平方公里，旧城区成为北京的核心区，主要体现在文化和文物古迹保护区、政治中心的功能区。在城镇的建设体系上，体现了中心城区—新城区—郊区市镇的三级城市区域。在迈向国际化大都市的过程中，北京已然形成了“两轴”“两带”“多中心”的整体布局。

这“两轴”，一条是长安街及其延长线构成的东西横轴，全长五十公里，另外一条就是传统的南北中轴线这条纵轴，北到北五环外的北苑，南到南苑，目前已延长到大兴国际机场，全长六十公里以上，形成了十字形架构。“两带”是串联起通州、平谷、顺义、密云、亦庄的东部发展带，和串联起大兴、房山、昌平、延庆、门头沟的西部发展带。“多中心”指的是中关村高科技创新中心、奥林匹克国家体育运动中心、朝阳中央商务区国际金融商务中心、海淀山后地区科技创新中心、顺义现代制造业基地、通州综合服务中心、亦庄高科技产业发展中心、石景山西部综合服务商业中心等等。

北京除了向边缘不断扩展，垂直城市空间的增长也是迅速的。

垂直空间，指的是高层建筑和地下建筑的空间。目前，北京的地下空间利用主要在地面以下十米以内为主，这是浅空间，未来北京的地下空间要逐渐深入到地面以下三十米到五十米，甚至是一百米深。地上建筑的高度如今达到了五百二十八米高，高层建筑在各个分区分布，如正在建设的朝阳区中央商务区、丽泽商务区、东坝商务区、通州运河副中心商务区等不断增加。

城市不光横着长，还在竖着长，向上，向下，这是北京城市生长的新方式。此外，北京的建筑空间的第五立面，也是要不断优化的。第五立面是一个建筑学词汇，指的是城市建筑的顶层平面的建筑设计和美化优化。可以说，从1978年十一届三中全会后，一直到2008年北京成功举办奥运会，三十年的时间里，首都北京既是全国的政治中心、文化中心，又是现代国际城市，既是历史文化名城，又是首善之区和宜居城市。

北京已经实现了国际化大都市的目标。那么，未来的北京会是什么样的？地球上一座有着雄心的城市，又会变成什么样？我想，每一个生活在北京的人，都会有这样的发问。下一步，北京会如何发展呢？

2012年党的十八大召开后，北京迎来了新的发展机遇。随后几年里，习近平主席提出了一系列关于北京未来发展的构想。首先，确定北京的战略定位，为“四个中心”：政治中心、文化中心、国际交往中心和科技创新中心。有了这“四个中心”，北京的发展要把首都功能聚焦在核心功能上，将非首都功能进行疏解。将一些低端产业压缩，商业零售批发企业等也都疏解到周边地区。与之相适应的，就是中央提出京津冀一体化发展思想，并在2014年有一个京津冀协同发展纲要出台。

为了继续疏解北京非首都功能，提出建设雄安新区、进一步构建新型城市发展的思想。由此，北京进入到一核多中心、多层次的城市空间发展新阶段。

2012年之后，北京的发展进入到一个新时期，北京城市空间结构发生了更大的变化，在空间上进一步扩大了，也就有了“一核一主一副、两轴多点一区”的新表述。

“一核”，指的是首都功能核心区，也就是现在北京东城区和西城区，总面积为九十二点五平方公里，这个核心区是中央政务区。早先，北京宣武区和西城区合并为新的西城区，崇文区和东城区合并为新的东城区，为东、西城区形成“中央政务区”做准备。新的东城区和西城区覆盖了旧城区“凸”字形区域，还向边缘溢出了一些部分，这一区域今后将主要为中央政务服务，承接全国政治中心、文化中心和国际交往中心的功能服务。

“一主”，指的是中心城区，也就是现在的城六区，包括了东城区和西城区，还有朝阳区、海淀区、丰台区、石景山区，总面积为一千三百七十八平方公里。

“一副”，指的是北京副中心，规划范围为原通州新城的规划建设区，总面积为一百五十五平方公里。

“两轴”就是南北中轴线和长安街东西横轴线。南北中轴线继续北延到燕山脚下，南延到大兴国际机场。长安街横轴线，向西直达永定河水系和西山山脉，向东延伸到北运河和潮白河水系。

“多点”，指的是五个位于平原地区的新城，包括顺义、大兴、亦庄、昌平、房山新城，主要功能是宜居建设和人口承接。

“一区”，指的是生态涵养区，包括了门头沟、平谷、怀柔、密云、延庆，还有昌平、房山区的山区地带，作为生态保护涵养区进行保护性建设。

由于京津冀一体化发展，非首都功能的疏解也向河北省和天津市位移了。京津冀地区是中国三大城市群之一，也是中国在全球化时代里的经济发展重点区域和参与全球竞争的动能区域。在京津城镇走廊上分布了大型机场、高速公路、出口贸易加工区、经济技术开发区、高科技园区、天津港等发展资源。

雄安新区的设计构想是一个新创举，在河北水源丰富地带白洋淀附近，兴建雄安新区，这一“千年大计”是对北京非首都功能疏解的承接，也是未来城市发展的新设想，以信息技术和高科技作为支撑，将教育、文化、科技、城建、宜居、生态观念统揽，建设一座新都市。但因中国外部发展条件不断变化，逆全球化也在加速，雄安新区营建需要耐心和持续发力，才能建成建好。

除了雄安新区，还有一个大手笔，就是北京城市副中心的设立。北京市委市政府等几套班子的办公机构，和所有市属机关办公机构，全部迁出北京核心城区，迁到东部通州，通州建设规划北京城市副中心，在大运河一带建立副中心新城区。

北京城市副中心的构想，使北京空间结构发生了一次巨变，使北京这座城市有了新的空间结构。另外，2022年北京将要举办冬季奥运会，除了北京城区的赛场，很多赛场赛事安排，都将在河北张家口进行，京张高铁建成通车，也使张家口作为北京的边缘城市，与北京连接起来。京津冀协同发展的空间构架就此搭建起来了。

我们现在谈到北京，还要联想到北京城市副中心、雄安新区、张家口市、天津滨海新区、河北曹妃甸新首钢、北京大兴国际机场等扩大的空间区域了。这些地方所承载的功能，都是北京的非首都功能疏解出来的一部分，或者说，是北京空间结构变化中扩大的部分。北京空间感进一步扩大了。

北京，这座在中国大地上继续生长的城市，又有了一次伸展。

雄安新区远景

为了有序疏解北京非首都功能，在习近平总书记的决策部署下，2018年4月， 中共中央、国务院做出关于《河北雄安新区规划纲要》的批复。雄安新区的构想和规划实施，就是为了打造北京非首都功能疏解集中承载地。

纲要指出，要坚持世界眼光、国际标准、中国特色、高点定位，创造“雄安质量”。规划期限至2035年，并展望到21世纪中叶的发展远景。至此，北京城市副中心和河北雄安新区共同构成了北京新两翼，今后会加强整体谋划、取长补短、错位发展，形成了两翼齐飞、带动京津冀协同发展的新动能。

雄安新区地处北京、天津、保定腹地，距北京、天津均为一百零五公里，距石家庄一百五十五公里，距保定三十公里，距北京新机场五十五公里，区位优势明显，交通便捷通畅，地质条件稳定，生态环境优良，资源环境承载能力较强，现有开发程度较低，发展空间充裕。目前，雄安地区三个县（雄县、容城县、安新县）的全境总人口是一百万零五千。

雄安新区的设立，与北京城市副中心形成北京新的两翼，最终形成北京中心城区、北京城市副中心与河北雄安新区功能分工、共同发展的格局。雄安新区规划范围包括雄县、容城、安新

雄安新区启动区鸟瞰图

三县行政辖区（含白洋淀水域），任丘市鄚州镇、苟各庄镇、七间房乡和高阳县龙化乡，规划面积一千七百七十平方公里。

众所周知，国家设立雄安新区的目的，就是要缓解北京城市人口压力和水资源匮乏导致的发展压力。那么，如何引导较大数量人口的转移，将会成为一切新区建设项目的出发点。也就是说，未来转移到雄安新区的是什么样的业态和人口呢？在新版《北京城市总体规划》中如何对接支持河北雄安新区规划建设中，如此表述：

> 加强统筹，支持部分在京行政事业单位、总部企业、金融机构、高等学校、科研院所等向河北雄安有序转移，为转移搬迁提供方便。……全力支持央属高校、医院向河北雄安新区疏解。积极对接河北雄安新区需求，采取新建、托管、共建等多种合作方式，支持市属学校、医院到河北雄安新区合作办学、办医联体，推动在京部分优质公共服务资源向河北雄安新区转移。

京津冀一体化，把工业、商贸批发零售等产业从业人员转移到天津与河北，并不能带动百万级人口的迁移。在北京中关村从事教育和科学研究工作的人，还有很多企业总部与金融机构等，都在迁移到雄安的规划人口之列。雄安不是一般人口的承载地，而是教育、科研、央企、医疗单位人员的承载地。只有把首都的高科技创新产业输送到河北，送到雄安新区，才能从根本上改变首都北京不断增长的人口现状。

正是因为雄安新区的设立和此前深圳特区、浦东新区有着截然不同的出发点，其规划建设的方向，也会有非常大的不同之处。

雄安新区已经动起来了。前期建设将是以政府为绝对主导，控制社会资本参与程度，严禁产业和人口未到，房价先涨的现象。新区的初步规划以白洋淀为中心，在方圆一百平方公里内进行城区初步建设，留出计划迁至新区的央企用地，并在规划的居住区内，建成国际公寓，未来会低价出租给附近高附加值产业的工作人员，房租价格会根据行业的不同有适当差异化。新区引入两所以上普通高等院校，并至少建有一个高科技产业园，积极拓展海外业务。同时，北京部分央企进入规划园区。

重要的是，现在，北京大兴国际机场已经建成通航，这使得雄安新区向全球化连通的交通环境更加便利。雄安新区完成了起步规划的一百平方公里，其中绿化面积占到百分之三十五以上，并继续向外扩张。远期规划的常住人口达到一百万人以上。

设立河北雄安新区，是一个历史性的战略选择，也是千年大计、国家大事。这是以疏解北京非首都功能为“牛鼻子”，更好推动京津冀协同发展。因此考虑在河北比较适合的地方，规划建设一个适当规模的新城，集中承接北京非首都功能，采用现代信息、环保技术，建成绿色低碳、智能高效、环保宜居，且具备优质公共服务的新型城市。京津冀协同发展领导小组经过反复论证、多方比选，党中央、国务院最后决定设立河北雄安新区。

规划建设雄安新区意义重大、影响深远。中国特色社会主义进入新时代，我国经济由高速增长阶段转向高质量发展阶段，一个阶段要有一个阶段的标志，雄安新区要在推动高质量发展方面成为全国的一个样板。

雄安新区作为北京非首都功能疏解的集中承载地，与北京城市副中心一起，共同承担起解决北京“大城市病”的历史重任，有利于探索人口经济密集地区优化开发新模式。同时，雄安新区的目标还有培育建设现代化经济体系的新引擎，以2022年北京冬奥会和冬残奥会为契机，推进建设形成河北两翼，补齐区域发展短板，建设现代化经济体系的新引擎。

雄安新区的建设特点是：世界眼光、国际标准、中国特色、高点定位、生态优先、绿色发展。雄安新区要建设成为一座现代化城市，建设成京津冀世界级城市群的重要一极，成为推动高质量发展的全国样板。雄安新区的城市功能趋于完善，新区交通网络便捷高效，现代化基础设施系统完备，高端高新产业引领发展，优质公共服务体系基本形成，白洋淀生态环境根本改善。这些目标，都要在未来实现。

雄安新区的建设目标是：到2035年，基本建成绿色低碳、信息智能、宜居宜业、具有较强竞争力和影响力、人与自然和谐共生的高水平社会主义现代化城市。有效承接北京非首都功能，对外开放水平和国际影响力不断提高，实现城市治理能力和社会管理现代化，为解决“大城市病”问题，进行新探索，提供新方案。

雄安新区的规划不仅在图纸上，它已经开始在大地上生长。

世界城市之梦

那么，世界城市的发展，又有些什么样的变化呢？北京如今在世界城市中的地位又怎样？这里就要说一说世界城市或者全球城市这个概念了。

全球城市，又称世界级城市，指在经济、社会、文化、政治层面直接影响全球事务的城市。很长时间里，在西方人的眼里，只有英国伦敦、美国纽约、法国巴黎、中国香港和日本东京是“五大世界级城市”。

现代意义上的世界城市，是全球经济系统的中枢或世界城市网络体系中的组织结点。在现今全球化的时代里，人流、物流、资本流、现金流和技术流，在地球上的大城市中充分流转和配置。以城市为载体，在全球网络中形成了资源要素流转和配置的一个个结合点。

这些结合点根据等级、能量、联系紧密程度等，集结为一个多极化、多层次的世界城市网络。其中，对全球政治、经济、文化具有控制力和影响力的主要结点城市，就是世界城市。

世界城市是城市的高端形态，是城市国际化水平的高端标志，是指具有世界影响力、聚集世界高端企业总部和人才的城市，是国际活动召集地、国际会议之城、国际旅游最佳目的地。

德国诗人歌德在18世纪后期，曾将罗马和巴黎称为世界城市。世界城市在世界城市体系中相互关联、互为依存。但由于各个世界城市自身制度、文化结构的差异，以及全球化经济格局中职能分工的差异，世界城市在类型上也表现出多样性或差异性。

也就是说，世界城市不仅仅有分层，在不同层次上各个城市的内涵和职能也不尽相同。有些城市是综合型的中心，如纽约、伦敦、东京、巴黎；有些城市是金融中心，如香港、新加坡；有些城市是物流信息中心，如芝加哥、米兰、法兰克福；也有些城市是历史文化中心，如马德里、罗马、柏林。

1986年，城市文化学者弗里德曼把世界城市所具有的特征与要素概括为：金融中心、跨国公司总部、国际化组织，商业服务中心、重要的制造中心、交通枢纽中心和较大的城市人口规模。

其中，对全球政治、经济、文化具有控制力与影响力，是世界城市的两个核心功能。

一般来说，硬实力是对经济、军事与资源要素的控制力。软实力是一国文化、制度与意识形态的吸引力和影响力。从本质上讲，世界城市是全球战略性资源、战略性产业和战略性通道的控制中心，是世界文明融合与交流的多元文化中心，也是城市硬实力与软实力的统一体。

世界城市的影响力既有文化和舆论的力量，也有组织和制度的力量。主要表现为城市综合创新体系、国际交往能力、文化软实力和全球化的治理结构。

1998年，三位学者约翰·比佛斯达克（Jon Beaverstock）、理查德·史密斯（Richard G. Smith）和彼德·泰勒（Peter J. Taylor）首次尝试利用有关数据，定义、分类和排列全球各个城市。

当时，他们在英国罗浮堡大学共事。就是这三个人，比佛斯达克、史密斯和泰勒共同成立了全球化及世界城市研究网络（Globalization and World Cities Research Network，简称GaWC）。

1999年，GaWC开始为世界级城市定义和分类。GaWC的城市排名名单，确认了世界级城市的三个级别及相应的其他等级级别，按照由高到低的顺序依次为：

Alpha级（下设四个级别：Alpha++、Alpha+、Alpha和Alpha-）；

Beta级（下设三个级别：Beta+、Beta和Beta-）；

Gamma级（下设三个级别：Gamma+、Gamma和Gamma-）。

另外还有“高度自足”和“自足”两个级别，意思是这一等级的城市能够提供自给自足的服务，无须依赖其他全球城市的帮忙。

我选择近十年来，这一世界城市研究和排名的情况来做一个分析，看看北京在世界城市排行研究中，处于什么位置。

2009年，这个“全球化和世界城市研究小组”将全球二百四十二个世界城市分成五级十二层。在这一次的评选中，最顶级的A级世界城市，公认的有纽约、伦敦和东京这三个城市。

除了这三座顶级城市之外，还有顶级B级的世界城市，有这些城市：巴黎、芝加哥、法兰克福、香港、北京、上海、首尔、洛杉矶、新加坡。那么，在2009年的世界城市的名单里，我们看到有三座城市都是中国的：北京、上海、香港。从2009年开始，北京和上海两座中国内地城市就开始步入这个世界城市排行榜，并进入到世界十大城市之列。

2016年，GaWC世界城市榜单继续推出了全球城市排名的名单，把世界城市划分为特等、一、二、三级城市，以及高度自足的城市，一共有三百六十一个城市上榜。这一次的世界城市等级榜单如下：

特等城市（Alpha++）两个：伦敦，纽约。

一线强市（Alpha+）有七个：新加坡，香港，巴黎，北京，东京，迪拜，上海。

在2016年，我们看到，北京和上海仍旧在世界十大城市之列。

2019年，这个GaWC世界城市排名再次揭榜。在2019年的这一次最近的排名中，第一等级一线城市还是伦敦和纽约，这一点和2016年的排名是一样的。

第一档二线城市，也就是Alpha+级别的城市有：香港、北京、新加坡、上海、悉尼、巴黎、迪拜、东京八座城市。

也就是说，2019年的世界城市排名，北京、上海、香港仍在世界十大城市之列。

那么我们就看到了，这个世界城市研究的排名，在近十年来的多次排名中，北京都位于世界十大城市之列。

可以说，北京作为世界一线城市，不仅有雄厚的经济硬实力，还有文化的多样性，有丰厚历史和文化底蕴所形成的软实力。

有的城市进步很快，比如澳大利亚的悉尼就是这样的。在2016年的榜单里，悉尼只是一档三线的城市，和北京、上海有很大差距，2019年的这一次世界城市排名，悉尼就晋身Alpha+城市，和北京、上海并列全球十大世界城市，显示了澳大利亚这些年的强劲发展。

2019年的世界城市排行榜中，第一档的三线城市，也就是

Alpha级的城市有：米兰、芝加哥、莫斯科、多伦多、圣保罗、法兰克福、洛杉矶、马德里、墨西哥城、吉隆坡、首尔、雅加达、孟买、迈阿密、布鲁塞尔、台北、广州、布宜诺斯艾利斯、苏黎世、华沙、伊斯坦布尔、曼谷、墨尔本。

我们看到，排在世界十大城市之后的中国城市，还有广州、台北，它们也进入世界城市第一档的名单里了。

以上的世界城市的排名榜，我们仅仅是做一个参考。这个城市排名研究，是欧洲的几位大学教授根据一些衡量城市发展要素所作出的研究结果。

从中我们也可以看出，亚洲经济发展有着强劲势头。在这个2019年的世界城市排行名单中，亚洲城市就占了三分之一，如北京、上海、香港、东京、新加坡、迪拜、台北、广州、孟买、首尔、曼谷、吉隆坡、雅加达等都在其列，说明了现在的世界，是以中国为首的亚洲国家，以北京、上海为首的中国城市，带动和引领了21世纪全球化城市发展的新潮流。

副章：城市副中心与北京新机场

北京城市副中心

在通州建设北京城市副中心，是北京城市空间结构变化的新趋向，是北京城市面对未来继续生长的新状态。

《北京城市总体规划（2016年—2035年）》中提出，为落实城市战略定位、疏解非首都功能、促进京津冀协同发展，充分考虑延续古都历史格局、治理“大城市病”的现实需要和面向未来的可持续发展，着眼于打造以首都北京为核心的世界级城市群，拓展京津冀城市体系，在北京市域范围内形成“一核一主一副、两轴多点一区”的城市空间结构。

我在前面已经解读了“一核一主一副、两轴多点一区”这个缩略语的内容。这两句缩略的表述，已经是对《北京城市总体规划2004年—2020年》中“两轴、两带、多中心”表述的加强升级版。在“一核一主一副、两轴多点一区”的表述中，突出了北京核心区是中央政务区，主城区也围绕着核心区的功能提供保障和服务，城市副中心所起的作用，就是将北京市这个地方省级建制的办公地点由主城区搬迁到通州，成立一个城市副中心。这一手笔是很大的，可以说从根本上解决了中央和北京市在城市管理功

城市副中心的规划场景

能区上的不同定位。

“两轴”是南北中轴线及其延长线，和东西长安街及其延长线，这个不用多说了。“多点”的表述，是强调围绕着主城区的新建城区，包括顺义、大兴、亦庄、昌平、房山新城等。这些新城承载了大量疏解出来的北京城区人口。

“一区”指的是“生态涵养区”，这个表述是以前的规划里没有的，显示了未来北京必须高度重视生态环境、高度重视人与自然的和谐发展。

这个生态涵养区，包括了门头沟区、平谷区、怀柔区、密云区、昌平区和房山区山区地带，大都由山林自然生态地带构成了这样的“一区”。既然是“涵养”区，那就是要以保护为主，禁止乱砍滥伐，构建一个绿色的城市之肺。

从地图上看，这个“一区”面积很大，承担着北京的生态涵养功能，包裹了北京的大半个外围地区，像是一个怀抱一样，拥抱着北京城，为北京涵养水分，保护土壤，净化空气，创造出一个和谐自然的宜居城市。

北京要转变城市发展方式，完善城市治理体系，有效治理大城市病，北京城市副中心的作用很重要。副中心承担着示范带动非首都功能疏解和推进区域协同发展的巨大的历史责任。

新的《北京城市总体规划》中提出，北京城市副中心的规划范围为原通州新城规划建设区，总面积一百五十五平方公里。北京城市副中心的战略定位，它是北京新两翼的重要一翼，也就是说，建设城市副中心，首先要处理好和中心城区的“主”与“副”关系；中央行政区所在的核心区是现在的东城区和西城区，是“主”，城市副中心是“副”。再一个就是处理好与北京东部各区县以及河北“北三县”的关系。还要处理好和雄安新区差异化发展的关系，避免同构化，实现“一核两翼”，两翼比翼齐飞，促进北京的首都功能全面优化提升。

北京城市副中心还有发展的外围和纵深地带。首先，这个城市副中心还有一个外围控制区，那就是通州全区约九百零六平方公里的面积；其次，城市副中心还要辐射带动河北廊坊北三县，目的在于激活带动、协同发展。

这个河北“北三县”，由香河、大厂和三河组成，其中三河市距离北京通州最近的一个镇是燕郊，燕郊早已发展为北京的

“睡城”了，在燕郊买房的绝大部分人都是在北京工作的。每天早晨，滚滚人流都要搭乘公交和地铁前往北京市区。

2020年3月，北京城市副中心管委会被赋权部分市级权限，还被赋权管辖河北三县很多权限，如国土空间规划、市政交通规划、自然资源利用等重要事权，实际上将北三县纳入北京城市副中心的管辖中了。

“北三县”的面积有一千二百七十七平方公里，人口一百一十多万，经济总量超过通州，实力雄厚。但在城市规划和国土利用上，“北三县”过去并未与北京衔接发展。赋权之后，无论交通、国土、资源、服务等与北京城市副中心对接，这就为北京城市副中心的未来发展提供了广阔的纵深空间。

2020年，北京城市副中心规划区内，主要基础设施的建设框架要基本形成，主要功能节点也要初具规模。为了实现这一目标，虽然受到了年初新冠肺炎疫情的影响，但仍旧得到了加速推进。到2035年，按照规划，城市副中心要初步建成国际一流的、和谐宜居的现代化城区。

目前，北京正加快建设城市副中心。副中心的外围地区、周围乡镇，将集中力量抓好建设、规划特色小城镇；副中心、通州区及廊坊北三县将形成协同的、全覆盖的管控体系。在新版《北京城市总体规划》中，北京城市副中心的发展方向有三大功能：行政办公、高端商务、文化旅游。副中心还是京津冀区域协同发展的一个示范区，要实现要素有序自由流动，携手构建京津冀协同创新发展的共同体，并且激活带动顺义、平谷、大兴、亦庄经济技术开发区等东部各区，并与廊坊北三县统筹发展。

北京城市副中心先期行政办公区已经投入使用。北京市委、市人大、市政府、市政协“四大班子”机关率先搬迁进驻。这是疏解非首都功能的一项标志性工程，其步骤是以市级机关率先启动搬迁，带动其他功能，再带动人口和产业的疏解，是带有示范性和引领性的工作。

北京城市副中心的建设目标，是成为一个没有城市病的城区，一个人们向往的地方。一个没有“城市病”的城市副中心，将以怎样的面貌示人，可以从越来越整洁的街道看出来，也可以从清澈的大运河水面上看出来。

按照规划，到2035年，城市副中心的城市功能与城市品质显著提升，承接北京中心城区非首都功能和人口疏解作用全面显现。

城市副中心依托六环路，建设功能融合活力地区，形成一条清新明亮的创新发展轴。空间结构是以人民为本，以生产生活单元为城市底色，集约紧凑组团化发展。城市副中心将成为低碳高效的绿色城市、蓝绿交织的森林城市、自然生态的海绵城市、智能融合的智慧城市、古今同辉的人文城市、公平普惠的宜居城市。

北京城市副中心还有一个人口刚性管控的底线：到2035年，副中心的常住人口规模要控制在一百三十万人以内，规划城乡建设用地一百平方公里左右，规划地上建筑规模控制在一亿平方米以内。以舒适宜居为标准，处理好效率和宜居环境之间的关系，合理确定城市密度。我个人觉得这个人口控制目标可能过于保守了。如果今后北三县也划入城市副中心行政辖区的话，包括北三县、通州全区和城市副中心区在内的总人口规模，应该规划为五百万人。

城市副中心也将有一个可与纽约中央公园相媲美的“城市绿

心”。城市绿心总用地面积约二点九三平方公里。2020年2月，北京城市副中心发布本年度的重点工作及重大工程安排。目前，城市副中心大剧院、图书馆、博物馆三大建筑工程已全面复工。节后开工建设的还有环球影城北交通枢纽、广渠路东延、东六环加宽入地改造工程等多个重大工程项目。大剧院、图书馆、博物馆三个公共建筑的地上总建筑面积约十九万平方米。在城市绿心周边还规划了北京国际文化艺术交流中心建筑。

未来纵横发达的交通网也将密织在副中心，从出行结构上，解决好交通拥堵这个城市病。按照规划，城市副中心与中心城区、各个新城之间，将构建“七横”“三纵”的轨道交通线网，五横两纵的高速公路、快速路网；在城市副中心内则将加密路网形成小尺度街区，从而实现宜居、宜业和职住平衡。

七横三纵地铁网中的七横指的是平谷线、京唐城际、市郊铁路、M6线、八通线、M7线和R1线；三纵指的是M17线、S6线、城际铁路联络线。联系中心城区和副中心的“五横”“两纵”也有讲究。其中，五条横向通道指潞苑北大街、广渠路东延等；联系副中心和东部地区的两条纵向通道指六环路和密涿高速公路。

建设北京城市副中心，要有21世纪的眼光。规划、建设、管理都要高起点、高标准、高水平，落实世界眼光、国际标准、中国特色、高点定位的要求。加强主要功能区块、主要景观、主要建筑物的设计，体现北京的城市精神、提升北京内在的地域文化价值。

通州自古是个好地方，位于大运河北首、百里长安街东端，自古为京畿咽喉重镇，在西汉，这里是路县故城；在北齐，这里是通州古城；在明嘉靖年间，这里有一座著名的张家湾古镇。这些历史文化资源都可以在今后转换再生成为文化旅游资源。建设北京城市副中心，要塑造集约紧凑、大疏大密的城市格局，形成长安街东延长线规整有序、端正大气的畿辅门户形象。所以，城市副中心的建设还要依托大运河，构建城市水绿空间格局，形成一条蓝绿交织的生态文明地带。

运河边上，一座初建于辽代的燃灯塔跨越了历史的雾霭，注视着今天城市副中心的营建。八角十三级密檐式的砖塔，看尽风流云散，世间繁华，而今守护着五河交汇处的整体空间景观。这里围绕一带一轴交会之地，正在精心建设市民活力中心，未来将徐徐展开一幅熔古铸今的美丽画卷。

北京新机场

我在首都机场附近的一个小区住了十年，经常在阳台上看见不远处飞机的起飞和降落。飞机低沉的轰鸣从远方传来，我写过一首诗，描述这一刻是“大地在收回她金属的儿子”。

从20世纪90年代开始，首都机场的改扩建提速了。1993年，建造了漂亮的首都机场 2 号航站楼，这个哑铃形状的全天候机场，建筑面积达到了十八万平方米，1999年正式启用，每年的旅客人流量是三千五百万人次。

为了举办2008年北京奥运会，扩大北京的国际影响力，首都机场2号航站楼完全满足不了需要，扩建已迫在眉睫。于是，首都机场 3 号航站楼于2007年年底建成，2008年奥运会举办前夕投入使用，使北京首都机场年旅客吞吐量超过了八千万人次，跻身全球机场旅客吞吐量的前十名。

首都国际机场的年旅客吞吐量在2016年达到了九千万人次，

连续多年成为世界旅客吞吐量排名第二名的国际机场。首都国际机场的三个航站楼不断挖潜，已建设成为中国的国际枢纽航空港，逐渐开始饱和。

2019年，首都国际机场旅客吞吐量达到了一亿零一万一千人次，年旅客吞吐量连续两年突破一亿人次，已经完全饱和了。

我们都曾经经历过在首都机场等待飞机起飞的痛苦与焦虑。由于首都机场旅客吞吐量已经饱和，即使登上飞机，飞机在跑道上滑行，也要继续排队等待起飞的命令。透过飞机的舷窗，能看见一架架飞机在前面起飞，在起飞的间隙，同一条跑道上还有一架架飞机在插空迅速降落。

这是世界上最繁忙的机场了。飞机也要拥堵，这是2019年前的现实。不久，好消息来了：2019年9月25日，北京大兴国际机场正式通航！

这是北京新机场建成并投入使用的绝好消息。从2014年12月26日开始，五年的建设工期，北京新机场建成面积达到了七十万平方米，建成了跑道四条，停机位二百六十八个，预期2025年旅客吞吐量达到七千二百万人次。

北京新机场——北京大兴国际机场的建成，解决了未来多年北京航空旅客运输的难题，也为北京两大机场组合成为国际枢纽航空港创造了条件。

北京大兴国际机场位于北京最南端与河北接壤之处，距离天安门四十六公里，距离雄安新区五十五公里，距离天津市区八十公里，是一座能起降最大飞机的4F级国际机场。这是最高级别的国际机场，也将是一座国际枢纽航空港。这座机场，更是国家发展的一个动力源。人流、物流、信息流，伴随着大兴国际机场的建成，都要加速流动起来。

从北京新机场的十年远期规划来看，今后的年旅客吞吐量可

大兴国际机场

以达到一亿人次。这座机场巨无霸一共规划了七条跑道，是一座超大型的机场，也是一座21世纪的超级工程，代表着当代中国最先进的建设能力，体现着中国引领世界的工程水平。这座北京新机场将和首都国际机场一起加强协调，成为北京双枢纽形态、服务于京津冀一体化的国际航空枢纽港。

北京新机场在2016年被英国《卫报》评选为“新世界七大奇迹建筑”，可见当时就已经深受期待了。从外形上看，这座机场酷似一枚海星，就像国家体育场俗称“鸟巢”，央视新大厦俗称“大裤衩”，国家大剧院俗称“鸟蛋”，这座机场你尽管叫它“海星”好了。它的设计灵感的原型，来自于英国奥雅那工程顾问公司和罗杰斯建筑事务所联合体的方案，经过了方案优化，最后的中标者，是法国巴黎集团建筑设计公司。领衔设计者是著名的女性建筑设计师扎哈·哈迪德，她是世界建筑界的一位非常有想象力的杰出建筑设计师，解构主义建筑代表人物，但她没能看到这座“海星”机场的建成，2016年因心脏病在美国迈阿密不幸去世，享年六十五岁。

扎哈·哈迪德的建筑设计往往别出心裁，不过，作为一位女性，她所主持设计的建筑方案，都带有着鲜明的弧线，流畅的线条，带着女性特有的柔媚感。

北京已经矗立了多座她所设计的建筑。东二环边上，由潘石屹投资兴建的银河SOHO大厦，还有望京地区的望京SOHO大厦，类似两块巨型的中国山水中的银色石头，十分漂亮。丽泽商务区的丽泽SOHO大厦，银色的弧线使得建筑外形非常醒目，不同于很多刀砍斧削、有棱有角的钢结构大厦，显得极具线条美。此外，国内还有广州大剧院建筑、长沙梅溪湖国际文化艺术中心建筑、南京奥林匹克青年文化中心大厦、成都当代艺术中心大厦、澳门新濠天地酒店等结构精巧复杂、外形独特的建筑，都是她主持设计，符号性很强，令人叹为观止。

北京大兴国际机场地上有五层，地下两层，首次采用了双层出发的航站楼。它从中国传统建筑理念中汲取灵感，强调了庭院的中空和汇集的作用，把所有的旅客都引导到了中央庭院。这是一个位于机场航站楼中心位置的、上下七层的公共空间。出发和抵达都在这里交汇，天、地、人在此刻融为一体，时间和空间在这里握手。顶层外立面的暗金色与首都机场三号航站楼的颜色是一样的，形成了龙凤配的巧妙呼应。

北京这座新机场，它的主航站楼向四周散射六条长廊，有趣的是，有三条分别指向了北京、雄安和天津。从下车的地方到登机口的最远距离是六百米。屋顶的钢结构以空间架网的方式，密集地编织在一起，形成了蛛网般细密的结构预应力。巨大的屋顶形成了一个华美的曲面，从空中看去，颜色是金黄暗红和褐色结合的暗金色。据统计，航站楼使用了一万二千八百块玻璃。你去仰望中庭顶端的玻璃，不会看到两块是一样的。阳光投射进来，类似欧洲大教堂彩色玻璃的效果在你的眼前呈现，但又像是独特的中式窗棂和窗户组合产生的效果，更加自然、生动、中国化。

在整座航站楼，绿色、节能材料大量使用，垃圾无害化处理系统、雨水污水分离系统都很先进。大量流动的、抛物线般的曲线形成的钢结构使得我们仿佛置身于外星空间，或者是在一艘巨大的飞船中。这毫无疑问带有未来建筑的特征。铝网制成的屋面曲面不断变化，自然光一束束打进来，银色和白色的主色调让人心旷神怡，倍感轻松。

行李处理是所有机场的一大难题，必须要准确无误，还要快捷迅速。这座新机场设计的高峰时期行李处理如果全系统运行，你的行李会飞快地跑出来。

北京新机场有一条从草桥站到航站楼的地铁主线，时速一百六十公里，半个小时就可到达。二期地铁要向北延伸，通达西南二环外侧的丽泽商务区，可以与多条市内地铁线路换乘。从公路交通来看，通往机场的直达高速公路的起点，位于南五环的团河桥，从这里到达新机场航站楼是二十七公里。这条高速公路双向八车道，非常宽敞。

但据我实际驾驶体验，发现从北京市区前往新机场，从南部、西部城区出发比较方便，而从东部和北部地区前往新机场，就显得路途遥远，很不方便。而且新机场高速的入口设在南五环的团河桥，过于偏远。实际上完全可以通过高架的方式延伸到南四环和南三环。因此，今后很长一段时间，北京东北城区居住的人员，选择首都国际机场出发，还是首选。所以，两座机场的分工与协同发展至关重要。

北京新机场的未来发展方向是一座航空枢纽港。枢纽港的概念要比一般机场的概念大，它包括了机场的宾馆、仓库、道桥、灯塔等设施，最重要的是枢纽的意义在于转机后通达更多的地方。航空港和火车站一样，是一座城市之门，是出发和回归之地，在交通出行方式上，空中飞行方便快捷，因此所有的航空港都显得人群密集，更加繁忙。

住在机场附近，我常想，如何描绘一座飞机场呢？

大家都去过飞机场，我们在靠近它的时候，可以听到飞机起落时那引擎的巨大的轰鸣声。我产生过一些想象，机场的满负荷运作，使它看上去像个忙乱的蜂巢遭受了袭击，到处都是蜂群在飞动。

天空是召唤飞机的，飞机在大地上的停留是短暂的，天空像召唤飞鸟一样召唤它，它起飞了，似乎比云还轻，它可以飞到云之高处。这时，在飞机的肚子里的人们睡觉、交谈、沉思、吃东西，很多旅客的心早已在另一个地方悄悄降落。有时候，降落下来的飞机就像雄鸡抖动翅膀，空气嘶鸣，又像空气中有很多马在奔跑。

航空港是一种流水作业，在这里，人们排列成队，办理登机手续，安全检查，预备登机，登机后准备起飞。然后飞机起飞，向不同的地方出发。在机场观察旅人是一件有趣的事，这非常考验你的眼力，看看你是否能判断眼前的旅人是做什么的，他或她要去哪里。人们或坐或站，他们的表情是复杂的，仿佛每一个人都心事重重，内心之中一定闪耀着想象中的场景，因为飞机很快要把他们送进更远的生活中，那种生活中有冲突、阴影、挑战、安逸和甜美。对于每一个出发的人来说，生活的果实都在别处闪耀，飞机是两个地点之间虚拟的连接。它只是一条线，或者是一条道路，让人们在旅行中感到方便和安全。

在停机坪上，很多飞机安静地待在那里，没有树木包围，它们在等待加油和检查，然后重新装载，起飞。我觉得和火车站相比，机场的伤感气氛要轻一些。当火车开动的时刻，在很多电影画面中，这个告别最为深情，老式蒸汽火车的汽笛一响，送行的人、远行的人的泪水夺眶而出。

在机场，现在我们看不到送行人和远行人的强烈情绪表达。毕竟，飞机是会很快回归大地的，而火车则是一种一往直前、一去不返的象征。火车站和飞机场，一个是古典的，而另一个是后现代式的。在农业社会中，人们通婚一般不超过村子的方圆五十里。而在今天的城市里，人们可以相隔几千公里谈恋爱，出门坐飞机是很多现代人的日常生活，而机场则是最重要的停留地。

我喜欢在机场内到处转悠，观察航站楼的每一个细节。有几次，暮色将机场包围，这一刻仿佛所有的移动和飞行都暂时停止了。等了一会儿，在空旷的天空中，又有一架飞机从天而降。我突然地有一种感动：飞机自空中降落，仿佛是大地在回收原本属于它的金属，就像母亲期盼远游归来的儿子，大地要在夜晚收回它的飞机。我似乎理解了飞机的大地属性。

当然，这样的描述是文学化的。在今天的城市与城市之间、国与国之间，最方便的交通，当然是乘坐飞机了。高铁次之，在一千公里的范围内也很方便了。中国高铁已经对航空业形成了很大冲击。

北京大兴国际机场的建成，使首都北京的空间建设扩展到了北京最南端，并将京津冀以北京新机场——大兴国际机场这个航空枢纽港，联结在了一起。

北京新机场是一座面向未来的机场。北京南北中轴线继续延伸，就能到达这座新机场。也就是说，北京新机场位于传统中轴线延长线的最南端。这就使得新机场和伟大的中轴线产生了联系。

北京新机场与永定门、天安门、故宫三大殿、景山、钟鼓楼、鸟巢和水立方、奥森观光塔、奥林匹克森林公园北端仰山，一起成为节点标志，并一直通达北苑往北的燕山脚下。南北中轴线在当代的延伸和生长，因北京新机场的建成而被赋予了全新的含义。

终章：智慧北京

智慧城市

人是一种智能生物，人拥有智慧，人的智慧进入被技术强力支持的时代后，人所建设的城市，必将成为智慧城市。

智慧城市的概念与传统的城市概念已经大不相同了。它是人类第一次从技术角度来定义城市，也就是说，城市还是那个城市的外形，但是内里却大不相同了。是数字技术崛起的浪潮为人类建设智慧城市提供了有力的工具。没有数字技术的支撑，智慧城市就不会在人类的这一阶段出现。

但归根结底，智慧城市还是一个活体城市，不是被技术统摄，而是人在利用技术，不仅仅是技术与信息的空间集合体，更是以人为中心，继续建设文明社会的聚集地——城市，因此，智慧城市诞生了。这就是技术赋能要聚焦于城市建设，更要聚焦于以人为中心的城市建设的根本原因。

对智慧城市的概念，也有一个比较清晰的表述：

> 智慧城市是指通过广泛采用物联网、云计算、移动互联网、大数据等新一代信息技术，提高城市规划、建设、管理、服务、生产、生活的自动化、智能化水平，使城市运转

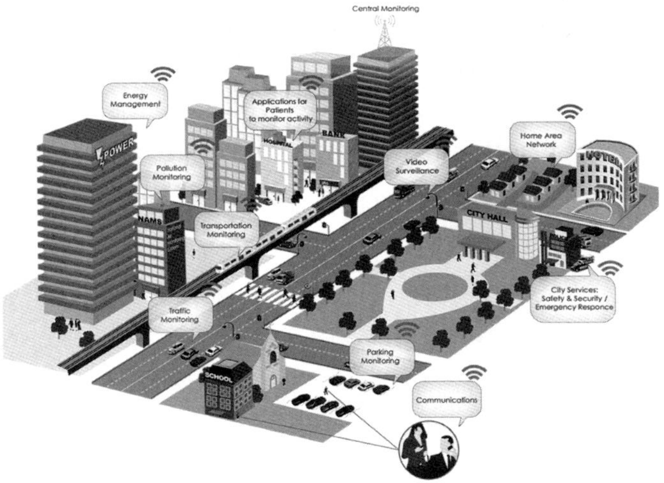

智慧城市

更高效、更敏捷、更低碳。智慧城市是继数字城市、信息城市之后城市信息化的高级阶段，是中国城市转型发展的重要方向。（《智慧城市》第8页，金江军、郭英楼著，电子工业出版社2018年版）

我常常想，为什么大地上会有城市？为什么城市会成为人类的生活空间和大地居所？城市是人类物质文明和精神文明的聚集地，它的功能就是为人类创造更好的生活。人创造了城市，城市为人服务，城市本身也是一个生命体，在不断生长。

智慧城市也一样，智慧城市阶段，就是为了以更方便和智能化的方式，让人在城市里更加宜居。早在2008年，IBM公司就提出了“智慧地球”的概念，这一概念的意思，是以互联网数字技术为依托，将全球互联网、电信网络、无限移动宽带、云计算、物联网、广播电视网等联结起来，使人居住的城市智慧化。很多城市在全球化时代里不是孤立的，而是可以联结起来的，最终形成一个智慧的星球。

与之相适应的，就是“智慧城市”，这是因为城市是现今人类生活的中心场域。城市建设的智慧化，是一种新趋势和新特征。只要你把目光投向城市街头的任何一个人，他们随身携带的手机、电脑等，就构成了智慧城市的终端使用器。可以说，在智慧城市中，对信息资源的集中和开发利用，使之网络化、智能化，让每一个城市人在交通、医疗、购物、工作等各个方面，体会到软城市的方便。过去关于城市的概念都是硬城市的概念，比如城墙、宫殿、民居、医院、道路、地铁、高速公路、航空港，都是城市的硬组件，这些城市硬件一旦装上了软件，就变成了智慧城市的一部分。

智慧城市，就像是城市作为一个巨型生命体，被装上了智慧的大脑、血管、心脏和神经系统。智慧城市，就能以智慧交通来充分赋能，以智慧产业、智慧技术、智慧服务、智慧管理、智慧生活形成一座城市的发展新模式。毫无疑问这是一种城市发展的高级阶段。

在不同的历史时期里，城市的功能也是不一样的。城邑诞生在奴隶制社会的方国。比农业社会更早期的原始社会，以狩猎为生的人，平时的活动状态是流动的，他们建造的是村落，还不能叫作城市。城市必须有城，也有市。城就是城墙和城区，市就是交易买卖的地方，这两者缺一不可。

农业社会让人稳定在农田土地边上，他们建筑房屋、集市、城墙、官署，于是渐渐地城市出现了。它是居住地和物资交流地。从军事上讲，城市是封闭性的，保守的，防御性的，城市都有城墙和堡垒。城市是一个地区的行政中心，政权组织从城市内向外发号施令，而传令兵星夜兼程，将统治者的命令由城市迅速地传到各个边区。

这一阶段的城市是初级的，城市一定会有一个大集市，主要由四面八方来的人建立的店铺、饭店、娱乐场所构成，白天喧闹，夜晚沉寂，人们在这里进行粮食、布匹和生产用具的交易。

人类进入了工业社会之后，由英国发明了蒸汽机，率先进入了蒸汽时代。工业时代的来临，使人们的劳动生产率提高了，各种工业制成品便大量出现，人们的生产与交易对象渐渐由农产品变成了工业制成品。由于工业化生产，使得农业社会的人口迅速集聚，城市化加快了，规模也扩大了，当时英国的很多城市就是这样形成的。城市取代了农田和山林，成了物质与文化财富的主要创造地。这一时期的城市就是工业品制造地与消费地。

这时候城市的景观，已没有了小国寡民的宁静，城市开始有了规划，有了行政中心区、工业区、居住区和商业区，其间由四通八达的道路连接。各种城市病，交通、能源、犯罪、环境问题开始出现。

随后，人类社会进入了后工业社会，也叫后现代社会。在欧美一些发达地区，人类在进入信息社会，可以称之为第四产业的信息产业与高科技产业异军突起，它的产值将超过贸易与服务业为主的第三产业，成为城市中新的财富生产方式，知识成为经济生产的重要因素。在欧美，最新最快崛起的亿万富豪，不再是钢铁汽车和石油大亨，不再是房地产、饮料和商业大亨，而是电脑和高科技大亨。这一时期，城市是信息管理流通地。中心城市将会社区化，因为电脑和电视系统的发达，商业、居住、大学、金融、行政、贸易各区将进一步协调，办公将家庭化，城市因出行人员的减少，逐渐园林化。

自从进入21世纪前十年，数字技术突飞猛进，“智慧城市”这一理念被创造了出来。美国、日本和中国等在信息技术应用上走在前列的国家，都成为了这一理念的实践者。不仅商业公司在借此谋求发展，政府也在大力推动，进行顶层设计、加大资金的投入，政府与企业一起，为“智慧城市”寻找着实现的最佳路径。

此外，还出现了“新硬件”这一产业形态：

> “新硬件”是以美国强大的软件技术、互联网和大数据技术为基础，由极客和创客为主要参与群体，以硬件为表现形式的一种新产业形态。这里说的新硬件，不是主板、显示器、键盘这些计算机硬件，而是指一切物理上存在的，在过去的生产和生活中闻所未闻、见所未见的人造事物，如多轴无人飞行器、无人驾驶汽车、3D打印机、可穿戴设备、智能机器驮驴、机器人厨师等。（《智慧城市》第150页，金江军、郭英楼著，电子工业出版社2018年版）

智慧城市，绝对不仅仅是一个概念，是基于为城市居民创造更美好的生活这一基本理想而正在施行的城市改变。这是城市功能的又一次转变。这种转变，将在21世纪前半叶，改变中国主要城市的面貌，也将使首都北京成为一座智慧赋能的中心型智慧城市。

比特之城

建设智慧城市，根本在于人类进入了数字技术发展和应用的新阶段了。1999年，生活·读书·新知三联书店出版了《比特之城》一书，这是由范海燕和胡泳翻译的、由美国麻省理工学院建筑与规划学院院长米切尔教授所写的。二十年过去了，现在再来阅读这本书，我们仍旧能够看到智慧城市的来由和可能性。

在这本书中，米切尔先生全面描绘了未来社会，尤其是即将全面到来的信息化社会的人类城市生活的场景。他的这种场景描述有点像是邀请我们进入了一个虚拟电脑空间里一样，实际上这种生活正在悄悄地逼近我们的生活，并改变我们的生活。

米切尔教授是一位擅长从信息、计算机网络技术的发展来进行建筑、人与城市发展方向研究的未来学建筑学家。他认为，全球信息网络的建立，开拓了一个不同于以往的实在与具体空间的电脑空间。这个空间，他称之为“电脑控空间”，而在这一空间中漫游的人，叫“cyborg”，中文译本译为“稀宝”，这个电脑控空间，则可称为“稀宝空间”了。

米切尔描述的这个电脑控空间的出现，将使人类的时空概念发生变化。我们在牛顿和爱因斯坦、霍金交给我们的时空世界里，生活得不短了。在米切尔的描述下，未来城市人将浑身布满电子网线，衣服中也缝有电脑，每个人的电脑都可以与地球人造卫星直接联系。

这种城市人的肌肉可以发出各种信号，他的这些信号又可以传送出去。比如，他可以在千里之外操纵机器人工作，可以坐在家中指挥电脑收发电子邮件，参加与会者都未曾谋面的跨洋国际会议、调阅全球开放的各国家主要图书馆的资料，在银行存款取款，点看各个年代创作的电影等等。

一旦出门，汽车也将是全电脑控制的，它是自动驾驶的，只要你输入到达地点就可以了。如果你自己驾驶，它也在自动指挥主人绕过交通堵塞的路口，沿途还可以进行导游等。

这种电脑控空间的人的生活将全息化，他的一举一动都可以被电脑完全地协调好，人体与思想进一步解放了，同时也全部数据化了，在某种程度上，也完全变成了一个透明人，更好地被管理和控制。

每一个人都有电子信箱代码，人们通过这种代码在任何情况下都可以和你取得联系，无论你在旅行中还是在睡觉，你跑不了，就像是你随时能够被天眼发现，你是巨型网络中的一个小网眼。不过，我想，有些人是不喜欢这样随时能够被无形之眼看到的生活的。

家庭又重新成为重要社会单元，类似农业社会中的，集生产、生活、学习、娱乐于一体的综合空间。人们无论办公、上课、看书、购物都是在家里，当然也可以在公司里、单位里，在电脑的虚拟空间中完成。

在这种情况下，城市的建筑空间也会发生变化。比如，一座图书馆，它馆藏的几百万册图书，用一套电脑装置一年内可以扫描几万册图书，因而虚拟图书馆就可以代替实体的图书馆。

在城市中，一种没有固定场所的虚拟空间出现了，城市的这种因电脑互联网络连接的空间中可以出现很多虚拟商场、银行、餐厅、图书馆、展览馆、大学、商务中心等，它的出口就是电脑显示屏上的视窗，人们在这个虚拟的空间中自由出入，即可完成各种工作活动与交易活动。

在这样虚拟空间的形成下，相对于已有的实体城市，也会出现一个虚拟的城市。在这个虚拟的城市中，以往像摩天大楼之类的城市标志性建筑将不复存在，而会出现一些虚拟性标志。

建筑学家张钦楠说：

> 这个虚拟的城市全部是电脑空间中的，比如交通网络被电子通信网络所替代，交通法规变为软件使用规范，公共场所变为非物质、非共时的电子虚拟广场。甚至监狱也可以虚拟，犯人在家中坐牢，身上插入一个信号器，每走出虚拟牢房的范围之外，身上的信号系统就会发出警报同时会打上一支麻醉针，从而让你动弹不得。

我们畅想的这个未来的社会中，人、建筑空间与城市，都可以另有一个虚拟的系统。它与实体存在的人、建筑与城市同时存在，人们除了在实体城市中生活以外，也在这种虚拟的城市中生活。

实体空间为了配合这种虚拟的空间，也要做很大的修正。比如在居民小区中，每个小区都有与全球通信系统相连的网络，而小区内则布满了各种电子插座开关、遥控器等，用于人在虚拟空间中漫游。

这种被数字化的虚拟的城市，是正在到来的城市图景。当然，正如有了全球化，也必然有反全球化。两者的角力随时存在。米切尔教授这本书，按张钦楠先生的话说，似乎更像是一本科幻小说，但毫无疑问，这种虚拟城市正在迅速地出现，来到我们的生活中，或者是我们将生活于其中。

身在北京，我想到虚拟的城市，再看看眼前的具象的城市，我仿佛看见了北京的未来正在一台巨大的电脑屏幕上和虚拟的城市相互重叠。

智慧北京

北京会变成一座智慧城市，也就是智慧北京。智慧北京，一定是安全的、创新的、数字的、方便的、发展的、具有活力的北京。

除了智慧城市，还有软城市、比特城市、虚拟城市、海绵城市、生态城市、紧缩城市等概念，这些都是对未来城市的形容，各有各的侧重点。

软城市，是和硬城市相比拟，侧重于信息服务和第三产业的极大发展。比特之城，着重在于信息技术发展之下，再造第二生活的能力，是对城市硬件生活之外的虚拟生活的塑造。

这让我想起来，意大利作家卡尔维诺的一部小说《看不见的城市》，说的是马可·波罗见过了无数城市，然后他一一给忽必烈进行描述。忽必烈没有见过这些城市，但通过马可·波罗的讲述，他实际上看到了。

看不见的城市是信息化再造之后的城市。城市的一部分可见，更多的一部分，你从表面上是看不出来的。

海绵城市，强调的是对雨水和水源的收集与保护，就像是海绵一样，无论下了多大的雨，无论有多少山洪，来水都能被城市硬地面、街道、胡同、草坪、森林、河沟、排水系统吸收，地下水资源丰富，特别善于利用水资源，就是海绵城市。北京是缺水的城市，也应该营造海绵城市。

生态城市是强调城市不光是高耗能的，也可以低耗能，可以有更多办法利用能源。人们在城市里塑造了钢铁水泥的森林，人也会重新在钢铁水泥的森林，再造一个大自然的怀抱，获得最亲近自然的阳光、空气和水。

紧缩城市，就是最充分利用城市空间，向上、向下、向现有的空间要空间，最大可能地紧缩城市的盲目生长，对空间进行新技术再造。

智慧城市，体现在交通上，就是以云计算、大数据和人工智能，将现有的交通设施的硬件设施网络化、智能化，以新方式来解决交通运营和交通出行的难度，提供一种更加精细、贴身的服务。

智慧城市

北京的路面交通一直很拥堵，2019年汽车保有量超过了六百三十万辆。尽管城市交通管理部门想了很多办法，交通拥堵问题一直是一个瓶颈，处于一种紧平衡状态。

北京的小汽车增长量开始压缩和限制，而促进交通智能化变革，也是国家推动的一项战略决策。在建设智慧城市的过程中，以云计算、物联网、大数据、移动互联网、智能控制、人工智能等等最新的技术，与交通运输进行深度融合，实现交通工具在城市中的基础设施的数字化、网络化，最终使得运营智能化，最大可能解决拥堵问题。

为建设智慧北京，北京市推出了《智慧北京行动纲要》。在这一纲要中，提出了八大计划：市民数字生活行动计划、城市智能运行行动计划、企业网络运营行动计划、政府整合服务行动计划、信息基础设施提升行动计划、智慧共用平台建设行动计划、应用与产业对接行动计划、发展环境创新行动计划等。

这八大行动计划，在建立智慧北京方面提供了明确的思路。

人工智能的发展在城市中的应用，也非常迅速。传统的机器学习速度比较慢。基于浅层神经网络进行简单的分类判断，现在新机器在进行深度学习方面，结合了应用参数无限增加、网络结构立体化复杂的有利条件，机器的学习速度非常快。机器人的应用也会在智慧北京的很多方面铺展开来。

智慧北京，意味着这座城市的道路管理、地下管廊、突发灾害应急、流行性传染性疾病应急、城市治安管理、反恐、维稳等等，全部进行智慧化技术保障，都有了技术上的准备。人脸识别、语音识别、姿态识别、基因技术的发展速度都是爆炸性的。

人类的城市建设终将更加智慧，也更加方便。

特别是2020年1月之后爆发的新冠肺炎，变为全球性流行病，对智慧城市概念之下的智慧医疗，提出了新挑战。智慧医疗，也需要物联网、云计算、移动互联网、大数据等信息技术融合利用，来提高一个城市的医疗卫生管理和服务的水平。智慧城市的智慧医疗建设非常重要，它体现在首先要以患者为中心，提供个性化的医疗服务，城市中所有各级医院，都可以通过电子病历建立患者医疗档案共享患者信息，加快了对患者的诊治和准确治疗。

智慧医疗的特点还在于远程化。因有信息技术的支持，远程医疗在智慧城市中非常普遍。此外，自动化和智能化也是智慧医疗的重要特点。植入患者体内的芯片能够将检测到的患者数据参数随时传递给分析仪器，仪器就会做出判断，节省了等候和诊疗时间，提高了效率。

智慧医疗也意味着，我们应对各种病毒性流行性疾病的能力更加强大，检测更加迅速，预警时间缩短，救治手段更加多样，为我们的生存赢得宝贵的时间。这一点，在2020年被新冠肺炎重塑的世界里，可能尤其显得重要。在这个方面，未来的北京必将做得更加出色。

智慧城市意味着，人的发展的可能性在这样的城市里会体现出更多可能性。因为人想要生活的方式也更加多样。城市的魅力正在于此，那就是，各种生活的可能性，在城市之中不断呈现，在法律的框架中，智慧城市的管理也从扁平到了无限极，对罪犯的追捕都是迅速完成的，犯罪率也将大大降低。

2020年后，我们进入到新世纪第三个十年。

眼下，人类城市生活的最大变化，在于信息和虚拟空间与人工智能、大数据、云计算的深度融合，形成了云城市和智慧城市发展方向。其实，城市是否智慧，并不完全是由于技术发展到一定程度的自然产物。智慧城市的建成与否，关键在城市人。

人是决定性的因素，只有人的智慧的高度达到一定的高度，那么人所居住的城市才能在信息技术的帮助下，达到相应的智慧程度。

看看身边的巨大变化吧。小到微信支付、扫码结账、扫地机器人、语音识别、人脸识别，大到智能机器人、无人机、云计算、3D打印、远程医疗手术、大数据、人工智能，智慧北京不再是科幻电影里面的存在了，它就在我们的不远处，正在向我们走来。

2020年1月29日初稿

3月31日修改

后记

2017年夏末的一天，我碰到了北京十月文艺出版社的总编辑韩敬群。他问我在读什么书，我说我在读《伦敦传》，这是一本英国作家兼记者彼得·阿克罗伊德写的，很厚，规模约在八十万字。关键是我后面还来了一句："读了这本《伦敦传》，我觉得我也能写一本《北京传》。"

言者无心，听者有意，韩敬群是编辑家，他听进去了。没多久，他就打电话来说，要跟我签一个约稿合同，先把选题定下来，就请我写一本《北京传》。我有点犹豫，后来觉得这是一个很有意思的挑战，就答应了。

实际上，多年以来，我不断地积累着关于北京的资料，已经有二三百种。得闲的时候就在翻阅，一直在做准备。我是1992

年夏天大学毕业后就来到北京工作，到今年已经二十八年了。二十八年生活在北京，不算短了。作为一个新北京人，我对北京一直充满了好奇和热爱，那么，给这座伟大的城市写一本“传记”，也是我自己的小心愿。

2017年10月，在“十月文学月”的一次活动中，韩敬群请我和阿来、刘庆邦、李洱、宁肯、徐则臣等几位作家，一起签约给北京十月文艺出版社写新作。签约之后，等于是给套上马嚼子了，我不写也得写了。

两年多来，工作很繁忙，我总是想着这本书，就利用节假日和晚上的空闲时间写，2020年1月完成了初稿。

我对城市建筑文化感兴趣，是受到了刘心武老师的影响。二十多年前，我在一家报社当记者和编辑，曾向刘心武老师约稿。我记得那段时间，他写了一系列解读长安街建筑的文章，叫作“通读长安街”。后来，这些文章结集为《我眼中的建筑与环境》出版。他还出版过一本有关建筑材料的随笔集《材质之美》。一个当代小说家对建筑这么感兴趣又很懂行，我很好奇，平时和他交往聊天，也常常聊到城市建筑与规划，这就影响了我。

刘心武老师有一个观点对我很有启发，那就是，我们平时可能最注意建筑的外观，但我们更应该走进建筑物，获得身在建筑之内的体验才是最重要的。走进建筑，才能更好地理解建筑，而不是远观，更不是俯瞰。所以，我常常把自己置身于某栋建筑之内，来感受建筑的空间和我的生命体验交汇的感觉。

对一座城市也是如此，要身在城市中，在城市的各个空间中去感受你所在之处，就能感受到城市的空间与时间交汇时的丰富意味。

我可以说是一个建筑文化的爱好者，家里也有很多关于建筑的书籍，有空就会翻一翻。另外，很有一些作家对建筑感兴趣。20世纪90年代，我就曾和冯骥才、张抗抗、韩小蕙、叶廷芳、刘元举等诸位先生老师，参加过两次作家和建筑学家的对话论坛。这一交流平台，在文学和建筑文化之间搭建了桥梁，我也认识了很多建筑学家。

近几年，我又读了不少关于城市的传记书。像《伦敦传》《罗马》《巴黎》《柏林》《威尼斯》《伊斯坦布尔》《纽约史》《阿姆斯特丹》《耶路撒冷三千年》《南京传》等等，读罢也有很多启发。看来，给一座城市立传，是一种非虚构文学的新写法、新题材，只要你愿意写，都可以写一本。

我也喜欢收藏地图，每到一处，我都尽量搜集到当地的地图，然后在地图上确定自己所在的位置。我就能以自身的经验和对地图的阅读，确定这个城市的建筑空间结构。

我心目中的《北京传》，还有一个副题“时空中的人与万物”，最开始是想写一本规模更大、更具个人化体验的《北京传》。但因工作繁忙，两年的时间我才写出了这本《北京传》，已经有点疲倦了。要知道，一座伟大的城市，的确是万花筒般千变万化中又包罗万象，很难在二十万字的篇幅里写出一部全息式的传记。那么，我的这本《北京传》，等于是纲举目张中的“纲举”，是一个骨架，是一座城市发展的历史传承、空间变化、功能演进的大致脉络。这本书的“目张”却远未达到，以后有时间，我再努力增写。

北京三千年的城邑史（从公元前1046年算起），八百年多的首都史（从建立金中都的公元1153年算起），如今是一座世所瞩目的全球城市了，在世界城市评价体系中占据着举足轻重的地位。这和中国在当代世界的发展和地位是相关的。对北京这座城市的来路和未来发展，很多人可能有兴趣去了解。那么，我的这本书，就是是一个纲要性的简约版，很适合你来阅读。

北京城市空间生长变化的历史过程，时间跨度有三千年。北京城市空间格局演进的变化，是我一直关心的。这和从历史事件和人物的角度去写一本城市的传记不一样。

这本非虚构文学作品，不是城市人文历史、不是建筑文化史，也不是散文随笔，但又都与之有关。我在结构上将其分为了主章和副章，主体章节是城市演进过程中的重点叙述，是对朝代更替过程中城市的状态的描述。副章选取了一些代表性的人物、事件和建筑、规划等，作为一种补充性的叙述。这样主、副搭配，主干清晰可辨，副线点缀强调，能让读者迅速了解北京这座城市是如何随着时间演进，在空间结构发生变化的。

在我看来，城市本身就是一个生命体，人创造了城市，但城市自己也在不断地生长，这座城市的生命比一个人的生命长很多，人是城市的过客，但人可以改变城市的空间，构成新的关于城市的记忆。

建筑是历史和文化的载体，人又创造了历史和文化，人与城市建筑是共生的关系。但我还是把城市看作一个生命体。北京已经存在了三千年，如果三十年算一代人，那么都过去一百代了。一代人接着一代人，努力地创造着属于自己的城市文化和记忆。因此，我们这些城市的过客和大地上的短暂栖居者，必须谦逊地对待城市。无论是作为城市的主人，还是过客，我们必将和城市一起生长。

非常感谢韩敬群先生对此书的巨大帮助，也特别感谢《芙蓉》编辑杨晓澜先生首发这部书稿。由于写作时间局促，加之我消化材料能力的限制，这本书不可避免地会有一些错讹之处，希望朋友能给我指出来。我的邮箱是：qhd1969@sina.com，以期今后修订改正。

每个生活在北京的人都有自己的北京经历与记忆，希望你也来写一本属于你自己的“北京传”。

2020年4月1日

主要参考文献

1.《周礼译注》，杨天宇撰，上海古籍出版社2004年版。

2.《南村辍耕录》，陶宗仪著，中华书局1959年版。

3.《帝京景物略》，于奕正、刘侗著，上海远东出版社1996年版。

4.《日下旧闻考》，于敏中总纂，北京古籍出版社1981年版。

5.《析津志辑佚》，熊梦祥著，北京古籍出版社1983年版。

6.《历代宅京记》，顾炎武编，中华书局1984年版。

7.《昌平山水记》，顾炎武著，北京出版社1982年版。

8.《京师五城坊巷胡同集》，张爵著，北京古籍出版社1982年版。

9.《金鳌退食笔记》，高士奇著，北京古籍出版社1982年版。

10.《宸垣识略》，吴长元辑，北京古籍出版社1981年版。

11.《北平历史地理》，侯仁之著，邓辉等译，外语教学与研究出版社2013年版。

12.《北京历史地图集》，侯仁之主编，北京燕山出版社1988年版。

13.《北京城的生命记忆》，侯仁之著，生活·读书·新知三联书店2009

年版。

14.《燕史》(上下册)，郭造卿（明）著，北京出版社2015年版。

15.《北京通史》(10卷)，曹子西主编，北京燕山出版社2012年版。

16.《北京古建筑地图》(三卷)，李路珂、王南等编著，清华大学出版社2009年版。

17.《中国古典园林史》，周维权著，清华大学出版社1999年版。

18.《大城北京》，林语堂著，陕西师范大学出版社2008年版。

19.《首都中国》(上下册)，倪健中主编，中国国际广播出版社1997年版。

20.《宋辽西夏金社会生活史》，朱瑞熙、刘复生著，中国社会科学出版社1998年版。

21.《元大都的规划与复原》，郭超著，中华书局2016年版。

22.《元代及元代以前北京城市形态与功能演变》，朱祖希著，华南理工大学出版社2015年版。

23.《元代社会生活史》，史卫民著，中国社会科学出版社1996年版。

24.《元大都史话》，孙勐著，社会科学文献出版社2018年版。

25.《刘伯温与哪吒城》，陈学霖著，生活·读书·新知三联书店2008年版。

26.《忽必烈传》，李治安著，人民出版社2015年版。

27.《明清北京城垣和城门》，张先得编著，河北教育出版社2003年版。

28.《北京城》，朱祖希著，北京联合出版公司2018年版。

29.《中国空间策略：帝都北京1420—1911》，朱剑飞著，生活·读书·新知三联书店2017年版。

30.《中国建筑史》，梁思成著，百花文艺出版社1998年版。

31.《建筑文萃》，梁思成著，生活·读书·新知三联书店2006年版。

32.《梁》，梁思成著，林洙编，中国青年出版社2013年版。

33.《重建中国：城市规划三十年》，华揽洪著，生活·读书·新知三联书店2006年版。

34.《北京旧城二十五片历史文化保护区保护规划》，单霁翔等主编，北京燕山出版社2002年版。

35.《领导干部城市规划知识读本》，洪铁城编著，同济大学出版社2002年版。

36.《长安街与中国建筑的现代化》，于水山著，程博译，生活·读书·新知三联书店2016年版。

37.《京华往事》，韩茂莉、岳升阳等著，北京大学出版社2019年版。

38.《巍巍帝都》，萧默编著，清华大学出版社2006年版。

39.《北京历史文化十五讲》，刘勇等著，北京大学出版社2009年版。

40.《明代北京城市形态与功能演变》，王越著，华南理工大学出版社2016年版。

41.《清代北京城市形态与功能演变》，赵寰熹著，华南理工大学出版社2016年版。

42.《老北京皇城写真全图》(两册)，喜仁龙（瑞）著，沈弘译，广东人民出版社2017年版。

43.《故宫营造》，单士元著，中华书局2015年版。

44.《紫禁城全景实录》，王镜轮著，华艺出版社2003年版。

45.《故宫六百年》，祝勇著，人民文学出版社2020年版。

46.《争议圆明园》，文史参考杂志社编，人民日报出版社2012年版。

47.《北京天坛》，王贵祥著，清华大学出版社2009年版。

48.《北京土话》，齐如山著，北京燕山出版社1991年版。

49.《京华心影：老地图中的帝都北京》，李弘著，中信出版集团2018年版。

50.《旧京史照》，北京正阳门管理处编，北京出版社1996年版。

51.《北京私家园林志》，贾珺著，清华大学出版社2009年版。

52.《中国建筑图解词典》，王其钧主编，机械工业出版社2013年版。

53.《北京乎》(上下册)，姜德明编，生活·读书·新知三联书店1992年版。

54.《重写旧京》，季剑青著，生活·读书·新知三联书店2017年版。

55.《民国北京城》，董玥著，生活·读书·新知三联书店2018年版。

56.《民国北京城市形态与功能演变》，孙冬虎、王均著，华南理工大学出版社2015年版。

57.《老北京实用指南》，徐珂编纂，社会科学文献出版社2017年版。

58.《老北京的风俗》，常人春著，北京燕山出版社1996年版。

59.《北京金代皇陵》，北京市文物研究所编，文物出版社2006年版。

60.《北京四合院》，王其明著，中国书店1999年版。

61.《北京：城与人》，赵园著，上海人民出版社1991年版。

62.《与时代同行的恭王府》，孙旭光主编，中国文联出版社2016年版。

63.《新中国成立后北京城市形态与功能演变》，吕拉昌、黄茹著，华南理工大学出版社2016年版。

64.《北京城市总体规划——1991年至2010年》，北京市城市规划设计研究院编印，1992年。

65.《北京城市总体规划——2016年至2035年》，北京市人民政府编，中国建筑工业出版社2019年版。

66.《北京微观地理笔记》，王彬著，生活·读书·新知三联书店2007年版。

67.《建筑学的未来》，吴良镛著，清华大学出版社1999年版。

68.《城记》，王军著，生活·读书·新知三联书店2003年版。

69.《拾年》，王军著，生活·读书·新知三联书店2012年版。

70.《采访本上的城市》，王军著，生活·读书·新知三联书店2008年版。

71.《历史的峡口》，王军著，中信出版集团2015年版。

72.《建极绥猷》，王军著，同济大学出版社2019年版。

73.《城市设计与历史文脉》，蔡青著，中央编译出版社2017年版。

74.《中国古代建筑师》，张钦楠著，生活·读书·新知三联书店2008年版。

75.《城市的足迹》，陈燮君主编，北京大学出版社2013年版。

76.《北京野花》，杨斧、杨菁编著，北京大学出版社2019年版。

77.《中国常见植物野外识别手册·北京册》，刘冰等主编，商务印书馆2018年版。
78.《城市发展史》，刘易斯·芒福德（美）著，宋俊岭、倪文彦译，中国建筑工业出版社2005年版。
79.《溢出的都市》，蒋原伦主编，广西师范大学出版社2004年版。
80.《阅读城市》，张钦楠著，生活·读书·新知三联书店2004年版。
81.《疯癫的纽约》，雷姆·库浩斯（荷兰）著，唐克扬译，生活·读书·新知三联书店2015年版。
82.《纽约史》，弗朗索瓦·维耶（法）著，吴瑶译，社会科学文献出版社2016年版。
83.《芝加哥规划》，卡尔·史密斯（美）著，译林出版社2017年版。
84.《美国大城市的死与生》，简·雅各布斯（加）著，金衡山译，译林出版社2005年版。
85.《罗马》，克里斯托弗·希伯特（英）著，孙力译，译林出版社2018年版。
86.《巴黎》，若昂·德让（美）著，赵进生译，译林出版社2017年版。
87.《比特之城》，威廉·J.米切尔（美）著，生活·读书·新知三联书店1999年版。
88.《伦敦传》，彼得·阿克罗伊德（英）著，译林出版社2016年版。
89.《威尼斯》，彼得·阿克罗伊德（英）著，上海文艺出版社2018年版。
90.《柏林》，罗里·麦克林（英）著，上海文艺出版社2017年版。
91.《伊斯坦布尔》，埃布鲁·宝雅（土耳其）等著，上海文艺出版社

2018年版。

92.《圣彼得堡》，乔纳森·迈尔斯（美）著，吴莉苇译，上海人民出版社2019年版。

93.《耶路撒冷三千年》，西蒙·蒙蒂菲奥里（英）著，民主与建设出版社2015年版。

94.《午夜北平》，保罗·法兰奇（英）著，社会科学文献出版社2019年版。

95.《高的历程》，大泽昭彦（日）著，郭曙光等译，南海出版公司2019年版。

96.《北京：一座失去建筑哲学的城市》，王博著，辽宁科技出版社2009年版。

97.《三城记》，梁雪著，生活·读书·新知三联书店2004年版。

98.《马可波罗行纪》，冯承钧译，东方出版社2011年版。

99.《我怎样写小说》，老舍著，译林出版社2012年版。

100.《后现代都市状况》，米切尔·戴尔（美）著，李小科等译，上海教育出版社2004年版。

101.《中国新闻周刊》2018年第37期，2018年10月。

102.《后汽车时代的城市》，莫什·萨夫迪（美）著，吴越译，人民文学出版社2001年版。

103.《未来城市的历史》，丹尼尔·布鲁克（美）著，钱峰、王洁鹂译，新华出版社2016年版。

104.《北京城市发展史》，尹钧科著，北京出版社2016年版。

105.《北京：公共空间和城市生活》(上下册)，韩书瑞（美）著，孔祥文译，中国人民大学出版社2019年版。

106.《明清休闲地理》，吴承忠著，北京出版社2016年版。

107.《历代建置与机构》，魏开肇著，北京出版社2016年版。

108.《北京城市生活史》，张艳丽主编，人民出版社2016年版。

109.《中国城池史》，张驭寰著，中国友谊出版公司2015年版。

110.《北京建筑史》，陆翔著，中国建筑工业出版社2019年版。

111.《北京城市发展与空间结构演化》，于伟、宋金平等著，科学出版社2016年版。

112.《智慧城市》，金江军、郭英楼著，电子工业出版社2016年版。

图书在版编目 (CIP) 数据

北京传 / 邱华栋著. — 北京 ：北京十月文艺出版社，2020. 12
ISBN 978-7-5302-2061-0

Ⅰ. ①北… Ⅱ. ①邱… Ⅲ. ①北京—地方史 ②散文集—中国—当代 Ⅳ. ① K291 ② I267

中国版本图书馆 CIP 数据核字 (2020) 第 095975 号

北京传
BEIJING ZHUAN
邱华栋 著

出　　版　北 京 出 版 集 团
　　　　　北京十月文艺出版社
地　　址　北京北三环中路 6 号
邮　　编　100120
网　　址　www.bph.com.cn
发　　行　新经典发行有限公司
　　　　　电话（010）68423599
经　　销　新华书店
印　　刷　北京盛通印刷股份有限公司
版　　次　2020 年 12 月第 1 版
印　　次　2023 年 12 月第 5 次印刷
开　　本　850 毫米 ×1168 毫米 1/32
印　　张　17.125
字　　数　261 千字
书　　号　ISBN 978-7-5302-2061-0
定　　价　68.00 元
质量监督电话　010-58572393
如有印装质量问题，由本社负责调换。